सांस्कृतिक उत्थान का मार्ग

सांस्कृतिक उत्थान का मार्ग

राम सहाय

प्रकाशक • **प्रभात प्रकाशन प्रा. लि.**
4/19 आसफ अली रोड,
नई दिल्ली–110002

संस्करण • 2026
मूल्य • छह सौ रुपए
मुद्रक • आर–टेक ऑफसेट प्रिंटर्स, दिल्ली

SANSKRITIK UTTHAN KA MARG

by Shri Ram Sahay ₹ 600.00

Published by Prabhat Prakashan, 4/19 Asaf Ali Road, New Delhi-2

e-mail: prabhatbooks@gmail.com ISBN 978-93-5266-581-5

प्रेरणास्रोत

प्रेमलता (पत्नी)

स्मृतिशेष

स्व. पूज्य माता श्रीमती बसंती देवी एवं पिता श्री बाबूलाल

हरियाणा राज भवन,
चंडीगढ़-160019
HARYANA RAJ BHAVAN
CHANDIGARH - 160019

संदेश

'सांस्कृतिक उत्थान का मार्ग' पुस्तक समसामयिक विषयों पर लिखे लेखों पर आधारित है, जो हमारे ज्ञानार्जन की दिशा में मील का पत्थर है। लेखक का यह प्रयास सराहनीय है। समाज-जागृति की दिशा में ये लेख अपना महत्त्वपूर्ण स्थान रखते हैं।

सामाजिक क्षेत्र में इस पुस्तक में लिखे लेख भावी पीढ़ी के लिए दर्पण का काम करेंगे। आज की प्रजातंत्रीय व्यवस्था में व्यक्ति की अभिव्यक्ति की स्वतंत्रता परम आवश्यक है। ये लेख इस दिशा में अत्यंत उपयोगी सिद्ध होंगे। इन लेखों का चयन लोगों में पठन के प्रति रुचि जाग्रत करेगा, ऐसा मेरा अभिमत है।

पुस्तक में संकलित लेखों का स्तर अत्यंत उत्तम है। बड़े-बड़े सामाजिक परिवर्तनों में पुस्तकों की महत्त्वपूर्ण भूमिका रही है। भारतीय राजनीति में कुछ विचारकों की पुस्तकें ऐसे मूल्यों की स्थापना करती हैं, जिनका महत्त्व दीर्घकालिक है। ये पुस्तकें ही हैं, जिनमें ऐसे युगपुरुषों की भावना झंकृत होती है, जो हमारे जीवन-पथ को आलोकित करते हैं। ऐसे ऐतिहासिक पुरुष, जो पग उठाते हैं, वह नई पीढ़ी के लिए प्रेरणास्रोत बन जाता है।

भविष्य में पुस्तक के लेख साहित्य की दृष्टि से जन-जागृति का आधार बनें, ऐसी मेरी इनके प्रति शुभकामना है।

(प्रो. कप्तान सिंह सोलंकी)

Web.-http//haryanarajbhavan.gov.in Twitter: @Profkaptansingh

EPABX 0172-2740581, 2740583 • Fax - 0172 - 2740557 • E-mail : governor@hry.nic.in

भूमिका

विभिन्न विषयों पर आधारित इन लेखों के विवरण के अंतर्गत जो प्रसंग उद्धृत किए गए हैं। वे ज्ञान के बेजोड़ उदाहरण हैं।

विभिन्न वर्ग के विद्यार्थियों के लिए यह लेख ज्ञान का एक ऐसा कोश है कि जब हम इन लेखों को पढ़ते हैं तो ये लेख हमारे ज्ञान के कपाट खोलने के लिए नई प्रेरणास्रोत्र के रूप में सहायक सिद्ध होते हैं।

'सांस्कृतिक उत्थान का मार्ग' यह पुस्तक हमारे संग्रह का भाग होना चाहिए। ऐसी पुस्तकों से लोगों के ज्ञान के स्तर का पता चलता है। साथ-ही-साथ इन लेखों में ऐसे लेख देखने को मिलेंगे, जो अंधविश्वास पर आधारित धर्म की अनुचित परंपराओं के प्रति हमें जागरूक बनाते हैं।

स्वच्छता और दीर्घ जीवन पर आधारित लेख हमारे प्रधानमंत्री श्री नरेंद्र मोदीजी द्वारा चलाए जा रहे अभियान 'स्वच्छ भारत मिशन' में हम सबको सहयोग के लिए प्रेरित करता है।

इस पुस्तक के आकल्पन और प्रकाशन में प्रिय धीरा खंडेलवाल (आई.ए.एस.) व डॉ. के.के. खंडेलवाल (आई.ए.एस.) का अपूर्व योगदान है; उन्हें मेरा कोटि-कोटि आशीर्वाद। पुस्तक की टाइपिंग के लिए अक्षय कुमार व डिजाइनिंग के लिए सुनील कुमार गर्वाण के सहयोग के लिए हार्दिक आभार।

—राम सहाय

अनुक्रम

संदेश *7*

भूमिका *9*

जीवन परिचय

1. युगदृष्टा महान् संत कवि श्री सुंदरदासजी 17
2. संत श्री सुंदर दासजी का जीवन परिचय (कविता) 21
3. संत शिरोमणि रामभक्त श्री बलराम दासजी 24
4. जन आस्था के प्रतीक बापू 28
5. महाभारत की अद्‍भुत कहानियाँ 33
6. भगवान् शंकर से जुड़ी वस्तुओं का उद्‍गम 36
7. शिव की झूठे लोगों से दूरी 40
8. गणेशजी के जीवन से जुड़ी गाथाएँ 41
9. भगवान् गणेश का स्वास्थ्य से संबंध 45
10. ईमानदारी के आदर्श प्रतीक 49

धार्मिक

11. कृष्ण राधा का अन्योन्याश्रित संबंध 55
12. योगेश्वर श्रीकृष्ण और उनका दिशा बोध 59

13. भूमि कन्या के रूप में श्री राधा का प्राकट्य 63
14. हनुमानजी को महावीर कहते हैं, क्योंकि 65
15. हनुमान चालीसा का महत्त्व 66
16. राम भक्त हनुमान 68
17. सनातन धर्म और मूर्ति पूजा 73
18. लक्ष्मीजी का उत्कर्ष एवं दीपोत्सव का विधान 77
19. प्रकाशोत्सव और लक्ष्मी निवास 80
20. पावन पर्व दीपावली… 84
21. होली मिलन—पर्व के रूप में 89
22. धर्म से जुड़ी 2050 में दुनिया 91
23. पूजन में शहद का महत्त्व 94
24. हिंदू धर्म और ईश्वर का अस्तित्व 96
25. देश में फैले पूजा/उपासना स्थल 101
26. पुनर्जन्म शास्त्र सम्मत तथा वैज्ञानिक 105
27. गोधन संवर्धन 109

सामाजिक

28. महिलाशक्ति : भ्रूण हत्या और घटता लिंगानुपात 117
29. चारों दिशाओं में फैलती है मनुष्य की अच्छाई 121
30. समाज संगठन एवं एकता 124
31. गृहस्थ जीवन की उन्नति के 16 स्वर्णिम सूत्र 128
32. बेटी का सहारा 132
33. बुजुर्ग एवं युवा पीढ़ी का अंतर्द्वंद्व 138

34. बुजुर्गों के प्रति बढ़ती असंवेदनशीलता 142
35. युवा-शक्ति 149
36. हिंदू विवाह में स्त्री धन 153
37. राज विरासत का अंतर्द्वंद्व 155

उपदेशात्मक

38. जीवन के सच्चे मूल्यों को पहचाने 161
39. मरते वक्त रावण ने लक्ष्मण को बताई थीं ये बड़े काम की 3 बातें 165
40. दूसरों के गुण अपनाएँ 167
41. कर्णीय कार्यों की सूची 169
42. छोटी उम्र काम बड़े 171
43. विपत्ति के समय कोई किसी का नहीं होता 173
44. जीवन में कर्म की प्रधानता 177
45. मानव जीवन में संस्कारों का महत्त्व 179
46. अभिव्यक्ति की स्वतंत्रता 182

जीवन से जुड़े पहलू

47. बढ़ता प्रदूषण और घटता पर्यावरण 187
48. स्वच्छता और दीर्घ जीवन 191
49. दुनिया में लंबी उम्र वाले लोगों की जीवनशैली 197
50. धूम्रपान द्वारा जीवन के घटते पल 200
51. दीर्घ जीवन के गुण सूत्र 202
52. मानव योनि की सर्वश्रेष्ठता 208
53. संत-असंत स्वभाव 211

54. नौकरी में खतरनाक आरक्षण 213
55. कर्कशता के स्वर 219
56. अंधविश्वास, आस्था, परंपरा एवं विज्ञान 221
57. रूस के विचित्र अंधविश्वास 226
58. कैसे-कैसे अंधविश्वास 229
59. तिलों का निहितार्थ 234
60. वास्तु द्वारा शुभ-अशुभ का संकेत 236
61. देशों में अजीब पाबंदियाँ 238
62. स्वप्नों के निहितार्थ 243
63. 9 अनमोल बातें, जो हम सबको जानना जरूरी 245
64. माता-पिता-गुरु की सेवा 250
65. आयु वृद्धि एवं कम होने का रहस्य 253

जीवन परिचय

1

युगदृष्टा महान् संत कवि श्री सुंदरदासजी

नमो-नमो मंत्र के साथ आज जब हम भारत के भावी प्रधानमंत्री के रूप में भाजपा के उम्मीदवार श्री नरेंद्र मोदी का स्तुतिगान के पूर्व से पश्चिम और उत्तर से दक्षिण तक देखते हैं तो सोलहवीं शताब्दी के महान् संत 'श्री सुंदरदासजी' के 'सुंदर नाम का जाप हमारे जीवन' का जब तक आधार नहीं बनेगा, तब तक हम अपने जीवन में शांति कभी अनुभव नहीं कर सकते।

जिस समय संत 'श्री सुंदरदासजी' का प्रादुर्भाव हुआ देवनगरी दौसा में 418 वर्ष पूर्व (1596) जब हुआ तो दौसा नगरी पर संत 'श्री सुंदरदासजी' के चरण पड़ने के साथ इस नगरी की संत नगरी के रूप में पहचान बनी। आज दौसा प्रवेश पर जब हम उनके जन्म से संबंधित प्रतीक चिह्नों के देखते हैं तो उस महापुरुष को हम अपने जीवन उद्धारक के रूप में पाते हैं। वे एक ऐसे संत थे जीवन भर (93) मानव कल्याण के लिए अनवरत् प्रयास करते रहे, यद्यपि वे संत दादूजी के 52 शिष्यों में एक थे, परंतु स्वयं दादू पंथियों ने उन्हें सर्वाधिक श्रद्धा का केंद्र माना इस संबंध में एक दोहा प्रचलित है—

दादू दीनदयाल के शिष्य दुई पचास।
कोई उडगन, कोई इंदु है दिनकर सुंदरदास।।

ऐसे महान् संत का जन्म देश के लिए गौरव की बात है, यद्यपि महापुरुष सभी मानव जाति की धरोहर होते हैं—सभी मानव जाति उनके सद्उपदेशों से प्रेरणा ग्रहण करती है तथा अपना आराध्य देव मानती है, जो भी व्यक्ति उनके

संपर्क में आया वही उनके ईश्वरीय चमत्कारिक गुणों से प्रभावित हुए बिना नहीं रहा। फतेहपुर के नवाब को जब उन्होंने अपने आसन के नीचे खुदा का दीदार कराया तो वह हतप्रभ रह गया।

आज जब हरिजन उद्धार के प्रणेता के रूप में महात्मा गांधी, ज्योतिराव फुले, दयानंद सरस्वती एवं डॉ. अंबेडकर आदि के नाम को जोड़ा जाता है, उससे बहुत पहले इस महापुरुष ने अस्पृश्यता के विरुद्ध बिगुल बजाया—उन्होंने तालाब, बाबरियाँ, मंदिर, सार्वजनिक स्थलों पर हरिजन प्रवेश के पक्ष में अपनी प्रबल आवाज उठाई—उनके इसी गुण के फलस्वरूप भारत के पूर्व राष्ट्रपति डॉ. शंकर दयाल शर्मा ने इस महान् संत के बारे में जो अपने उद्गार व्यक्त किए उन पर अपना समाज ही नहीं अपितु सारा देश गर्व कर सकता है—मानव जाति पर कलंक के रूप में माने जानेवाली ऊँच-नीच की भावना के विरुद्ध संत ने जो आवाज उठाई तथा इस भेद को मिटाने के लिए जिस प्रकार वे कृत संकल्पित थे—वैसी भूमिका आज तक किसी न नहीं उठाई।

वे भारत की एकता के जनक थे, वे सदैव देशवासियों को एकता के सूत्र में आबद्ध करने में जीवन पर्यंत सचेष्ट रहे, यद्यपि उनका लंबा कार्यकाल (20 वर्ष) काशी में बीता उसका उपयोग उन्होंने ज्ञानार्जन में किया, वे संत तुलसी के समकालीन थे तथा संत तुलसी की अंत्येष्टि में काशी नगरी में सम्मलित थे।

उनके द्वारा रचित 48 ग्रंथों में से दो महान् ग्रंथ उनकी विद्वत्ता के परिचायक हैं—ज्ञान समुद्र और सुंदर विलास। जिस प्रकार भारतेंदु हरिश्चंद ने 5 वर्ष की अल्प आयु में कविता करना शुरू कर दिया था, उसी प्रकार इन्होंने 11 वर्ष की आयु में अपनी कवि प्रतिभा का परिचय दे सबको चमत्कृत कर दिया, जिसके आधार पर कहा जाता है कि वे मात्र ऐसे संत थे तथा कवि प्रतिभा के धनी थे, जिस पर टिप्पणी करते हुए **श्री वियोगी हरि ने लिखा था—निर्गुण पंथी संतों में कवि केवल सुंदरदास ही थे**। आज आवश्यकता इस बात की है कि हम दादू कॉलेज जयपुर के प्राचार्य श्री बजरंग दासजी के समान उन्हें देवतुल्य प्रतिमा के प्रतीक के रूप में देखें—उनसे जुड़ा प्रत्येक

स्थल, प्रत्येक वस्तु हमारे लिए वंदनीय हो।

वे गुरु को एकमात्र ज्ञान का आधार मानते थे, वे कहा करते थे कि गुरु ईश्वर तक पहुँचाने का मार्ग प्रशस्त करता है। यद्यपि उन्होंने अनेक देवी-देवताओं के स्थान पर एक ईश्वरीय भक्ति पर बल दिया तथा कहा कि अनेक देवी-देवताओं का पूजन करनेवाला व्यक्ति/औरत ठीक वैसे ही है, जैसे कोई औरत अपने पति को छोड़कर अन्य व्यक्ति से प्रेम करे।

इनके नाम पर भारत सरकार द्वारा 1997 में डाक टिकट जारी करना, उनके व्यक्तित्व को सार्वभौमिक महत्त्व प्रदान करना था। उनकी हिंदू-मुस्लिम एकता के प्रति प्रतिबद्धता उनके उच्च मानवीय गुणों का परिचायक है। आज के संदर्भ में उनके ये विचार उच्च राष्ट्रीय भावनाओं के परिचायक हैं, उस समय औरंगजेब की अनीति-अन्याय से सारा हिंदू समाज त्रस्त था, वहाँ इनके चमत्कारिक व्यक्तित्व का फल था कि इन्होंने नैराश्य से भरे हिंदू समाज को समरसता का संदेश दिया, जिससे हिंदुओं का मुस्लिम धर्म की ओर पलायन रुक गया—आज जिन अनेक अत्याचारों को झेलता हुआ हिंदू समाज अपने अस्तित्व को सुरक्षित बनाए हुए हैं, उसका एकमात्र कारण संत श्री सुंदरदासजी जैसे आदर्श देवतुल्य व्यक्तित्व के धनी इन जैसे संतों को ही जाता है। उनके संत साथियों में मुस्लिम संतों का विशेष स्थान है, उनमें एक रज्जव थे वे एक ऐसे निश्दल संत थे, जिनकी आत्मा पूर्णतया परिष्कृत/विकार रहित थी।

उनका व्यक्तित्व महान् था। उनका तेजस्वी मुखमंडल—गंभीर मधुर मुस्कान—दया प्रीति युक्त दृष्टि उनके प्रति सम्मोहन का कारण था। निरोग रहकर किसी भी रुग्णावस्था में बिना औषधि प्रयोग किए हुए 93 वर्ष (सन् 1689) तक का उनके जीवन का लंबा सफर हमें ये संदेश देता है, जब धरा धाम पर सेवा/मानव कल्याण का कार्य समाप्त हो जाए तो असार संसार के प्रति मोह निरर्थक है।

मुझे पिछले दिनों सांगानेर/जयपुर इनके समाधि स्थल को देखने का अवसर मिला। वह जहाँ आज भी अपनी शैशावस्था में प्रतीत होता है, जब

हम उनके समाधि स्थल को एक ऐसे धार्मिक/पर्यटन की दृष्टि से विकसित नहीं कर सकते, यहाँ सभी लोग स्व प्रेरित होकर उनकी समाधि पर पुष्पांजलि अर्पित कर अपने को धन्य समझ सके। यह स्थान/समाधि स्थल संत श्री सुंदरदासजी की तुलना में दादू समाधि स्थल के रूप में अधिक दिखाई देता है। जब तक समाज के शीर्ष व्यक्तियों का ध्यान इसके सौंदर्यीकरण की दिशा में नहीं जाएगा, तब तक यह स्थल जनजन का आराध्य स्थल नहीं बन सकता। आज शायद ही दो-चार व्यक्ति एक माह में यहाँ आते हों, वह दिन शीघ्र आए, जब जयपुर आनेवाला व्यक्ति उनके समाधि स्थल पर श्रद्धा सुमन अर्पित करके आए।

उनके नाम को चिरस्थायी बनाने के लिए समाज द्वारा सन् 2013 से उनके नाम पर एक लाख रुपए का पुरस्कार महासभा के तत्त्वावधान में प्रतिवर्ष दिया जाना निश्चित किया गया है। इस कार्य संपादन हेतु एक स्थायी कोष एक करोड़ रुपए का बनाने का निर्णय लिया गया है। निःसंदेह समाज का यह निर्णय अपने आप में प्रशंसनीय है। इससे संत श्री की निर्मल जीवन गाथा के प्रचार-प्रसार तथा शोधकार्य आदि के द्वारा उनकी कीर्ति के विस्तार के क्षेत्र में यह कदम मील का एक पत्थर सिद्ध होगा।

वे बालयोगी-बालकवि-बालब्रह्मचारी थे। ऐसी अलौकिक विभूति को उनके 418वें जन्म दिवस पर शत-शत बार नमन्।

□

2

संत श्री सुंदर दासजी का जीवन परिचय
(कविता)

सुनो–सुनो इक बहुत पुरानी सबको बात बताते हैं
संत कवि श्री सुंदर दासजी की हम कथा सुनाते हैं।
एक समय श्री दादूजी ने आमेर में डेरा डाला था
उनका शिष्य जग्गा शहर में भिक्षा लेने आया था।
इक घर के द्वारे पे जाकर शिष्य ने अलख जगाया था,
दे रोटी सूत माई ले तू पूत उसने आवाज लगाई थी।
उस घर में एक सती कुँवारी लड़की बिन परणाई थी,
ले सूत कूकड़ी द्वारा खड़े साधू को देने आई थी।
तूने दिया सूत हो तेरे पूत ये वर साधू दे जाते हैं,
संत कवि श्री सुंदर दास।

भिक्षा ले साधू जग्गा ने आश्रम को प्रस्थान किया,
दादूजी ने इस घटना को योग सिद्धी से जान लिया।
सती कुँवारी लड़की को जो जग्गा ने वरदान दिया,
दादू बोले भोलेपन में जग्गा क्या कर आया तू।
सती कुँवारी लड़की है, जिसे देकर के वर आया तू,
भाग्य में सुत नहीं तो कैसे बदलेगा हर चाहा तू।

दिए वचन से बँधे हुए, फिर जग्गाजी घबराते हैं,
संत कवि श्री सुंदर दास।

अपने मुँह से दिए वचन को जग्गा तुम्हें निभाना है,
मेरे प्यारे शिष्य तुमको सती के घर में जाना है।
जग्गा बोले ठीक है, पर गुरु चरण ही मेरा ठिकाना है,
जा घर वालों को कह देना सती को जहाँ पे ब्याहो तुम।
ज्ञानी, ध्यानी, पंडित उससे एक ही पुत्र को पाओ तुम,
बालकपन में हो बैरागी ऐसा जाय सुनाओ तुम।

फिर दौसा के परमानंद बूशर सती से ब्याह रचाते हैं,
संत कवि श्री सुंदर दास।
सोलह सौ तरेपन राम नौमी शुक्ल पक्ष मांस चैत्र में,
शरीर त्याग अवतार धार जग्गा आए सती उदर में।
सती कोख से जन्म लिया, फिर वैश्य वर्ण संत सुंदर ने,
सात साल का हो गया सुंदर दादूजी दौसा में आए।
मात-पिता बालक सुंदर को दादू के चरणों में लाए,
सुंदर तू आ गया कहा और सिर पुचकारा शिष्य बनाए।
पूर्ण ज्ञान कराने के लिए काशी ले जाते हैं,
संत कवि श्री सुंदर दास।

पृथ्वी पर करने आए मानव का उपकार सुंदर,
ग्रंथकार, तपस्वी, महात्मा जग्गा का अवतार सुंदर।
सिद्धी, योग, कविता, विद्या, ज्ञान का भंडार सुंदर,
शांत रस में अड़तालीस ग्रंथों के रचनाकार सुंदर।
सुंदर मन और सुंदर वाणी सबके हों विचार सुंदर,
परमार्थ की राह चलें तो होगा ये संसार सुंदर।

ऐसे विचार संत सुंदरजी के श्रेष्ठ समाज बनाते हैं,
संत कवि श्री सुंदर दास।

20 साल तक रहे काशी में पढ़-लिख पूर्ण ज्ञान लिया,
फतेहपुर शेखावटी में जाकर चिंतन, मनन, ध्यान किया।
भारत भर में भ्रमण करके मानव का कल्याण किया,
मेल ब्रह्म से मिला लिया, नश्वर रूप जहान किया।
सत्रह सौ छियालीस सांगनेर में दुनिया से प्रस्थान किया,
कार्तिक शुक्ल अष्टमी के दिन सुंदर ने निर्वाण लिया।
हम सब ऐसे संत को नित-नित शीश झुकाते हैं,
संत कवि श्री सुंदर दासजी की हम कथा सुनाते हैं।

□

3

संत शिरोमणि रामभक्त श्री बलराम दासजी

महान् संत/महापुरुष समाज-देश को दिशा देने के लिए पैदा होते हैं। उन्हीं महान् संत परपरा में प्रात : पूज्य संत श्री बलराम दासजी का जन्म 7 दिसंबर, 1911 को जयपुर जिले के ग्राम पड़ासौली में एक धर्मपरायण पिता श्री लक्ष्मी, नारायण एवं माता श्री भूरी देवी के तृतीय पुत्र के रूप में हुआ था। इनकें बचपन का नाम बद्रीनारायण था।

अल्पायु में इनके ऊपर से माँ का साया उठ गया। इनके मन में वैराग्य की भावना जाग्रत् हुई। पिता नहीं चाहते थे कि उनका पुत्र वैराग्य धारण करे, परंतु ईश्वर ने जिस उद्‌देश्य से इस महान् संत को इस धरा धाम पर भेजा था। आखिर वह तो उसी दिशा में अपने जीवन को समर्पित करना अपना लक्ष्य समझेगा। इन्होंने रामज्ञा दास से दीक्षा ग्रहण की और संन्यासी बन गए। इन्होंने अनेक स्थानों का भ्रमण/देशाटन किया यथा मथुरा, वृंदावन, प्रयाग, चित्रकूट, काशी, अयोध्या, डाकौरजी, द्वारिका आदि तीर्थ। जब वे 20 वर्ष के थे तो अपने गुरु भाई रामकुमार दासजी के पास लोदरा (गुजरात) चले गए। आगे चलकर यही स्थान इनकी कर्मभूमि बन गई।

जहाँ वे धार्मिक प्रवृत्ति के थे, वहीं वे जनहित कार्यों के संपादन को भी अपने जीवन का ध्येय समझते थे। यही कारण था कि उन्होंने परोपकार की दृष्टि से ऐसे अनेक लोकोपकारी कार्य किए, जिन्होंने उन्हें मानव कल्याणकारी के रूप में अमर बना दिया यथा मंदिरों का जीर्णोद्धार, नए मंदिरों का निर्माण,

आयुर्वेद औषधालय, पुस्तकालय, माध्यमिकशाला, गौशाला आदि ऐसे रचनात्मक कार्य है, जिन्होंने उन्हें क्षेत्र में प्रसिद्धि दिलाई। लोदरा का हनुमान मंदिर उनमें सर्वाधिक प्रसिद्ध है। इन्होंने अनेक तीर्थ स्थलों की यात्रा की, जिनमें प्रयाग, हरिद्वार, उज्जैन, नासिक में लगने वाले कुंभ महोत्सवों में भी भाग लिया।

इन्होंने विशाल यज्ञों का आयोजन कर मानव कल्याण एवं विश्व शांति की परिकल्पना की। इन्होंने बस्सीचक्क (जयपुर) पर आश्रम का निर्माण किया। यहाँ इन्होंने वेद-विद्यालय और आयुर्वेदिक औषधालय की स्थापना की तथा एक भव्य मंदिर का भी इसी परिसर में निर्माण कराया। इसी स्थल को इनके देहावसान के बाद समाधि स्थल के लिए चुना गया, जो आज जन-जन के लिए श्रद्धा स्थल का रूप धारण कर चुका है। इसके समीपस्थ नई नाथ धाम में बलराम आश्रम की स्थापना की, जहाँ प्राकृतिक चिकित्सा के आधार पर रोगियों का उपचार किया जाता है।

इन्होंने जयपुर में बलराम सत्संग मंडल की 1996 में स्थापना की। अब तक देश के विभिन्न स्थानों पर ऐसे 55 मंडलों का गठन किया जा चुका है। इन सत्संग मंडलों के द्वारा जयराम, जय-जय राम संकीर्तन को बढ़ावा दिया गया है। इन्होंने 48 करोड़ राम नाम लिखने का जो अभियान चलाया, उसी के परिणामस्वरूप इन्हें रामभक्त शिरोमणि के रूप में मान्यता मिली। इन्होंने मानव सेवा की दृष्टि से अनेक नेत्र उपचार शिविर लगाए, जिससे हजारों रोगियों को नेत्र ज्योति प्राप्त हुई। अनेक असाध्य रोगों के रोगियों को रोगमुक्त कर उन्हें नवजीवन प्रदान किया।

ये ऐसे महान् संत के रूप में सदैव स्मरण किए जाएँगे, जिसने जात-पात, ऊँच-नीच, छोटे-बड़े, स्त्री-पुरुष, गरीब-अमीर आदि के अंतर को समाप्त करने में अपने जीवन को अर्पित किया, जिससे महामानव के रूप में इन्हें स्मरण किया जाता रहेगा। एक कवि का यह कथन इन पर सटीक बैठता है—

वृक्ष कबहु न फल भखे नदी न संचय नीर, परमार्थ के कारण साधु न धरयो शरीर।

हमारे समाज में संत श्री सुंदर दासजी के बाद (1596-1689) किसी महान् संत द्वारा समाज तथा राष्ट्रहित में जो विश्वकल्याण की धारा प्रवाहित की, उसके फलस्वरूप हम आज अपने आप को गौरवान्वित महसूस करते हैं। इन्होंने जगह-जगह प्रवचनों, रामकथा, गीता उपदेश, सत्संग के आयोजनों द्वारा हमारा, जो पथ-प्रदर्शन कर कल्याण किया है, वह उनके द्वारा प्रदत्त एक ऐसी नैतिक पूँजी है, जो हमारे जीवन को कल्याण पथ पर अग्रसर होने की प्रेरणा देती है।

इनकी महान् संत स्वामी रामानंदजी के प्रति अनन्य श्रद्धा थी, इन्होंने इनकी जन्म शताब्दी के अवसर पर डाक टिकट जारी करवाने में श्रेयस्कर भूमिका निभाई। साथ ही सन् 2002 में नैमिशारण्य चक्क तीर्थ पर धर्मशाला निर्माण के साथ उसमें मंदिर निर्मित करा अपनी महान् सृजनात्मक क्षमता का परिचय दिया, वहीं इन्होंने श्रीमद्भागवत गीता का अपने श्रीमुख से पारायण कर भक्तों की आकांक्षा पूरी की।

इनका व्यक्तित्व बहुआयामी था। इन्होंने बस्सी के निकट 108 कुंडलीय विशाल श्रीराम महायज्ञ का आयोजन गुढ़ा ग्राम में किया। इन्होंने जहाँ भी वास किया, वही स्थान तीर्थ स्थल बन गया।

इनके जीवनकाल में ही इनकी प्रतिमाएँ अनेक जगह स्थापित हुई। यह इनके प्रति अतिरिक्त खेरली (अलवर-राजस्थान) में इनकी प्रतिमा का अनावरण 9 सितंबर, 2007 को वहाँ के स्थानीय समाज भवन में इनके कर-कमलों द्वारा संपन्न हुआ। इन्होंने इस मिथक को तोड़ा कि प्रतिमाएँ निर्वाण प्राप्त व्यक्तियों की ही स्थापित की जाती हैं, बल्कि इस सच्चाई को स्थापित किया कि जीवित व्यक्ति की प्रतिमा स्थापित करना लोक विरुद्ध कार्य नहीं है।

संत में देवत्व का निवास होता है। श्री बलराम दासजी ऐसे ही सरल हृदय, मानव उद्धारक दैवी चमत्कारिक शक्ति थे, जिन्होंने अपने जीवन काल में अपनी अलौकिकता का अपने निकटस्थ शिष्यों को आभास करा दिया था। समाज धन्य हुआ, जिसने ऐसे राम भक्त संत को जन्म दिया, जिसके रोम-रोम में धनुर्धारी भगवान् राम विराजमान थे, जब इन्हें भारत सरकार द्वारा राष्ट्र संत

की उपाधि से विभूषित किया गया तो सारे समाज/राष्ट्र का मस्तक गर्व से ऊँचा हुआ। आज आवश्यकता इस बात की है, जब हम इन दोनों राष्ट्र संतों (संत श्री सुंदरदासजी तथा श्री बलराम दासजी) के चित्र पूजा घर में लगाएँ तथा अन्यों में भी इन दोनों संतों के प्रति श्रद्धाभाव जाग्रत् करें, तभी हमारा अपने कर्तव्य के निर्वहन के प्रति सही दृष्टिकोण माना जाएगा।

वास्तव में राम भक्त शिरोमणि महान् संत श्री बलराम दासजी, जिन्होंने मानव सेवा के लिए अपना जीवन समर्पित कर समाज, इतिहास में ऐसे पृष्ठ जोड़ दिए हैं, जिस पर समाज गर्व कर सकता है। इन्हें वैष्णव रत्न की उपाधि से भी विभूषित किया गया है।

वे हमें 16 जुलाई, 2008 को अनाथ स्थिति में छोड़कर इस असार संसार से विदा हो गए। वे 97 वर्ष के जीवन तक सक्रिय रह हमारा पथ प्रदर्शन करते रहे। उन्हें शत-शत नमन।

□

4

जन आस्था के प्रतीक बापू

हमारा देश महापुरुषों की जन्म स्थली रहा है। जब-जब समाज संकटग्रस्त रहा तब-तब ही महापुरुषों ने इस धराधाम पर कदम रखे तथा उन्होंने समाज को नई दिशा प्रदान करने में अपनी भूमिका निभाई। नि:संदेह महात्मा गांधी भी उन महापुरुषों में एक थे, जिन्होंने राष्ट्र को अंग्रेजों की दास्ताँ से मुक्त कराया। स्वतंत्र वातावरण में भारतीयों को साँस लेने का अवसर प्रदान किया। गुलामी के बंधन तथा अनीति-अत्याचार से मुक्ति के दो मार्ग होते हैं—एक हिंसा और दूसरा अहिंसा। गांधीजी का अहिंसा का सिद्धांत सर्वकालिक है।

हिंसा का प्रभाव स्थायी नहीं होता। यद्यपि हम महान् क्रांतिकारी चे ग्वारा (क्यूबा) की जीवनी देखें तो उसने गरीबों के उद्धार के लिए लोगों को संगठित करने का मृत्यु पर्यंत प्रयास किया यद्यपि अपने इसी लक्ष्य की पूर्ति के लिए संघर्ष करते हुए बोलबिया (दक्षिण अमेरिका) के जंगलों में सेना से मुठभेड़ में मारे गए। उनके द्वारा लिखित डायरी आज क्रांतिकारियों की गीता मानी जाती है। हिंसा से उपलब्ध उपलब्धि स्थायी नहीं होती। नक्सलवाद इसी की उपज है। मुस्लिम आतंकी गतिविधियाँ इसी रूप में देखी जाती हैं। सरदार भगत सिंह भी ऐसे ही क्रांतिकारी थे, जिन्होंने अंग्रेजी शासन के विरुद्ध हथियार उठाए और सुभाष चंद्र बोस भी क्रांतिकारियों की इसी परपरा में आते हैं, यद्यपि भगत सिंह और सुभाष की सोच में अंतर था। भगत सिंह देश में ही रहकर अंग्रेजों से लड़ने के पक्ष में थे तो बोस देश के बाहर से सैन्य बल जुटा

कर संघर्ष करने में विश्वास करते थे, परंतु दोनों अपने-अपने तरीके से भारत माता की पराधीनता की बेड़ियों काटने के लिए प्रयत्नरत रहे। आज हम देखते हैं कि क्यूबा में महान् क्रांतिकरी चे ग्वारा के साथ भगत सिंह की प्रतिमा वहाँ स्थापित की गई है। यह शहीद का बहुत बड़ा सम्मान है।

दक्षिण अफ्रीका के पूर्व राष्ट्रपति नेल्सन मंडेला ने 27 वर्ष तक जेल में रहकर दक्षिण अफ्रीका को अंग्रेजों की दास्ताँ से मुक्त कराने के लिए अहिंसात्मक आंदोलन का सहारा लिया। वह अपनी प्रेरणा का स्रोत महात्मा गांधी को मानते थे। उनके विश्वस्तर पर बने अनेक स्मारक भारत के गौरव को रेखांकित करते हैं। उदाहरणार्थ दक्षिण अफ्रीकी शहर जोहांसबर्ग, दक्षिण कोरिया में बापू की प्रतिमा स्थापित होना भारत के लिए गर्व का प्रतीक है। राजघाट (दिल्ली) में बनी उनकी समाधि सभी भारतीयों के लिए प्रेरणा स्रोत है। उनके जीवन से जुड़े अनेक प्रसंग उनकी महानता के परिचायक हैं यथा—

- यद्यपि गांधीजी कभी भी भारत का विभाजन नहीं चाहते थे। वे कहते थे कि विभाजन मेरी लाश पर होगा। गांधीजी की नेताओं ने एक नहीं सुनी, जिसका परिणाम दो राष्ट्रों (भारत और पाकिस्तान) के निर्माण में 5 लाख से अधिक लोग मारे गए और लाखों बेघर हो गए।
- गांधीजी ने नोआखाली (पूर्वी पाकिस्तान, अब बांग्लादेश) जाकर वहाँ की हिंदू-मुस्लिम जनता के मध्य भड़की आग को बुझाने का काम किया। गांधीजी ने अपनी मृत्यु की बिल्कुल भी परवाह नहीं की। इस यात्रा के अवसर पर एक मुस्लिम भीड़ में से आया और उनका गला दबातें हुए मारते हुए बोला, काफिर तेरी यहाँ कदम रखने की हिम्मत कैसे हुई, परंतु वह बिल्कुल विचलित नहीं हुए। वह सच्चे अर्थों में दोनों समुदायों के मध्य उपजी कटुता को परस्पर सौहार्द में बदलना चाहते थे।
- अणुबंब के निर्माता अमरीकी यहूदी **वैज्ञानिक अल्बर्ट आइंस्टाइन ने उनकी मृत्यु पर कहा था कि आगे आनेवाली पीड़िया मुश्किल से विश्वास करेंगी कि इस प्रकार का हाड़-मांस का कोई व्यक्ति इस**

धरती पर चलता फिरता था।

- गांधीजी अंतर्जातीय विवाह के समर्थक थे। उनके पुत्र देवी दास की शादी भारत के प्रथम वायसराय श्री राजगोपालाचारी की पुत्री लक्ष्मी से होना इसका प्रमाण है। इससे ही समाज के विभिन्न घटकों में समरसता की भावना पैदा हो सकती है।
- वे जीवन भर अस्पृश्यता का विरोध करते रहे। वे इसे भारतीय समाज पर कलंक बताते थे।
- दीन-दुःखियों की सेवा करना उनके जीवन का ध्येय था। गांधीजी के वर्धा आश्रम में परचुरे शास्त्री नामक कोढ़ की बीमारी से ग्रसित व्यक्ति रहा करते थे। वे उनके घावों को अपने हाथ से साफ करते तथा उनकी चिकित्सा का पूरा ध्यान रखते।
- भारत की गरीबी को देखकर उन्होंने अर्द्धनग्न धोती में रहना पसंद किया। वे कहते थे कि जब देश के विभिन्न भागों में रहनेवाले भारतीयों को एक जोड़ी कपड़े नसीब नहीं है तो मेरा कपड़ों का लबादा पहनना शोभा नहीं देता।
- वे नियमित रूप से प्रार्थना सभा में भाग लेते थे। सभी धर्मों की सुंदर वाणी का प्रसारण उनके प्रार्थना स्थल का नियमित भाग था।
- वे हिंदी को राष्ट्र भाषा के रूप में देखना चाहते थे, इसलिए उन्होंने अपने पुत्र देवीदास को हिंदी के प्रचार के लिए मद्रास (चेन्नई-तमिलनाडु) भेजा और हिंदी प्रचार के माध्यम से वहाँ जाने से उनकी शादी राजाजी की पुत्री लक्ष्मी से हुई। जब राजाजी ने दक्षिण भारत (तमिलनाडु) में हिंदी के विरोध में आवाज उठाई तो राष्ट्र कवि मैथलीशरण गुप्त ने कविता के माध्यम से कहा था कि गांधीजी का राजाजी से, किंतु कहाँ समधीत्व रहा।
- गांधीजी रंग-भेद (काले-गोरे) के तीव्र विरोधी थे। दक्षिण अफ्रीका में रहते हुए उन्होंने गोरों की रंग-भेद नीति का तीव्र विरोध किया और समतामूलक व्यवहार के लिए बाध्य किया।

- वे ईमानदारी की एक आदर्श मिसाल थे। उन्हें उनके वर्धा आश्रम के लिए सारा पैसा सेठ घनश्याम दास बिड़ला दिया करते थे। वे एक-एक पाई का हिसाब उन्हें लिखकर भेज देते थे और बिड़लाजी उस हिसाब को बिना देखे फाड़ कर फेंक देते थे।
- वे नेताजी सुभाष की विचारधारा को पसंद नहीं करते थे, जब उन्होंने कांग्रेस अध्यक्ष पद के चुनाव में गांधीजी के उम्मीदवार पट्टाभिसीतारमैया को हरा दिया तो गांधीजी ने कहा था कि यह पट्टाभि की हार नहीं है, अपितु मेरी हार है। नेताजी सुभाष बोस ने गांधीजी की इस टिप्पणी से रुष्ठ होकर अध्यक्ष पद से त्याग पत्र दे दिया।
- उन्होंने अपना उत्तराधिकारी जवाहर लाल नेहरू को चुना। सरदार पटेल के पक्ष में अधिकांश राज्यों की कांग्रेस इकाइयाँ थी तथा दूसरे नंबर पर समर्थन आचार्य जे.बी. कृपलानी को मिला, जब कि नेहरूजी का नंबर तीसरे स्थान पर था, परंतु इस सब के बावजूद भी बापू ने नेहरू के पक्ष में देश का प्रधानमंत्री बनाने पर अपनी सहमति दी।
- वे राजनीति में सुचिता/नैतिक मापदंड के समर्थक थे। भारत पर आजादी के समय पाक द्वारा आक्रमण करने के उपरांत राजकोष से उसके हिस्से का 55 करोड़ रुपए दिलवा दिया, जिसे देशहित में सामरिक दृष्टि से उचित नहीं कहा गया। वे साधन की पवित्रता में विश्वास रखते थे। वे कहते थे कि उत्तम लक्ष्य को प्राप्त करने के लिए साधन भी उत्तम होने चाहिए।
- 30 जनवरी, 1948 को उनकी अंत्येष्टि के अवसर पर दिल्ली में जो जन शैलाब उमड़ा, वह विश्व इतिहास की अभूतपूर्व घटना बन गई। अनेक देशों से जो संवेदना संदेश प्राप्त हुए वे गांधीजी की यशकीर्ति की दृष्टि से अविस्मर्णीय रहेंगे।
- दीन बंधु एंड्रूज गांधीजी के परम भक्त थे। वह चाय के आदी थे। गांधीजी चाय के विरोधी थे, परंतु वे दूसरे की भावना का सम्मान करते थे। जब एंड्रूज ने उन्हें वर्धा आश्रम आने की बात लिखी तो

उन्होंने उत्तर दिया आप आएँ, आपका स्वागत है। मैंने आपके लिए जहर (चाय) की व्यवस्था कर दी है।

- एक बार गांधीजी के आश्रम में अमरीकी लेखक लुई फिशर आए। खाने का समय था। सभी धरती पर पंक्तिबद्ध बैठ गए। खाना परोसा गया। लुई फिशर गांधीजी की बगल में बैठे थे। उन्होंने देखा कि गांधीजी की थाली में एक चीज ज्यादा है। लुई फिशर ने उनसे इस बारे में पूछा तो गांधीजी ने उत्तर दिया कि यह नीम की चटनी है— कड़वी है। आपसे नहीं खाई जाती, इसलिए आपको नहीं परोसी गई।
- गांधीजी की महानता इस बात से भी आंकी जाती है कि सर रिचर्ड एटनबरो ने गांधीजी पर 1962 में फिल्म बनाई, जो 1982 में रिलीज हुई कुल 20 साल फिल्म बनाने में उन्हें लगे। उन्होंने यह फिल्म देखकर उन्हें जाना। इस फिल्म पर एटनबरो को फिल्म जगत् का सर्वश्रेष्ठ पुरस्कार आस्कर मिला।
- गांधीजी ने अपने जीवन में कोई फिल्म नहीं देखी थी।
- गांधीजी ने अपनी आत्मकथा 'सत्य के प्रयोग' में जीवन से जुड़ी उन भूलों को दुनिया के समक्ष उजागर किया। जिन्हें प्राय लोग छिपाते हैं—

1. मेरा विवाह मात्र 13 वर्ष की आयु में हो गया था। मुझे पिता के अंतिम समय में उनकी मृत्यु शैया के पास होना चाहिए था, किंतु कस्तूरबा के प्रति आकर्षण के कारण पिता को छोड़कर उनके कक्ष में चला गया।
2. मैं बुरी संगत में पड़ गया।
3. मैंने पाँच बार मांसाहार किया।
4. मैंने अपनी पत्नी को कितने ही कष्ट दिए।
5. मैंने चोरी भी की थी।

□

5

महाभारत की अद्भुत कहानियाँ

महाभारत ऐसा महाग्रंथ है, जिससे जीवन के अनेक रंग और कई शिक्षाएँ हैं। कहा जाता है कि जो महाभारत में नहीं, समझिए दुनिया में और कहीं नहीं। जीवन का शायद ही कोई पक्ष ऐसा है, जिसका उल्लेख महाभारत में नहीं किया गया। इस ग्रंथ में बताया गया है कि मनुष्य को क्या करना चाहिए। साथ ही यह भी बताया गया है कि क्या नहीं करना चाहिए। यह असत्य पर सत्य की और अधर्म पर धर्म की विजय का प्रतीक है। जानिए, महाभारत की ऐसी ही कुछ कहानियाँ, जो इसके ऐतिहासिक पृष्ठों में समाई है।

- **कौरवों का शतरु था शकुनि**—महाभारत में दिखाया गया है कि कौरवों का सबसे बड़ा हितैषी शकुनि था। असल में वह दिखावे के तौर पर ही कौरवों का हितैषी था। खासतौर से दुर्योधन का। वास्तव में वह कौरवों का सबसे बड़ा शतरु था। वह गांधार से इसीलिए आया था, ताकि कौरवों का संपूर्ण विनाश करवा सके। वह अपनी बहन गांधारी का धृतराष्ट्र से विवाह किए जाने पर खुश नहीं था। महाभारत का युद्ध उसकी कुटिल चालों का परिणाम था और कौरवों के विनाश में उसे कामयाबी भी मिल गई। हालाँकि इसकी कीमत उसने अपनी जान देकर चुकाई।
- **पाँच पतियों का रहस्य**—द्रौपदी अपने पिछले जन्म में इंद्रसेन नामक ऋषि की पत्नी थी। उसके पति मौदगल्य का देहांत हो चुका था। बाद में उसने भगवान् शिव की तपस्या की। तपस्या के बाद शिव प्रकट हुए

और वरदान माँगने के लिए बोले। शिव के विराट् स्वरूप को देखकर द्रौपदी भयभीत हो गई। उसने पाँच बार वरदान माँगा और हर बार पति की माँग की। शिव ने उसे अगले जन्म के लिए पाँच पति दे दिए।

- **धृतराष्ट्र का अंधापन**—धृतराष्ट्र पिछले जन्म में भी राजा थे, लेकिन वे बहुत ही दुष्ट स्वभाव के मनुष्य थे। एक दिन उन्होंने देखा कि एक हंस अपने बच्चों के साथ विश्राम कर रहा है। उन्होंने अपने सैनिकों को आदेश दिया कि हंस की आँखें फोड़ दी जाएँ और उसके बच्चों को मार दिया जाए। सैनिकों ने आदेश का पालन किया। लेकिन हंस ने उन्हें श्राप दिया कि वह भी अंधे पैदा होंगे और पुत्र वियोग सहेंगे। इसी वजह से अगले जन्म में धृतराष्ट्र जन्मांध पैदा हुए और उनके पुत्र भी मृत्यु को प्राप्त हुए।
- **अभिमन्यु था राक्षस कालयवन**—माना जाता है कि अभिमन्यु राक्षस कालयवन की आत्मा था। कृष्ण ने कालयवन का वध किया था और उसकी आत्मा को अंगवस्त्र में बाँध लिया। उस वस्त्र को वे द्वारिका ले गए। एक बार सुभद्रा ने भूल से वह वस्त्र खोल दिया तो उसकी आत्मा बाहर आ गई। बाद में उसने अभिमन्यु के रूप में जन्म लिया। कालयवन की आत्मा गर्भ में चक्रव्यूह भेदन की कला आधी ही सीख पाई थी। अगर वह पूरा सीख जाता तो युद्ध का परिणाम कुछ और होता।
- **एकलव्य को मिला वरदान**—एकलव्य, जिसका अंगूठा द्रोणाचार्य द्वारा माँगे जाने की कथा प्रचलित है, अगले जन्म में द्रोणाचार्य की मौत की वजह बना। वह देवाश्रवा का पुत्र था और एक बार जंगल में खो गया था। उसे एक निषाद हिरण्यधनु ने बचाया था। वह रुक्मिणी स्वयंवर के दौरान अपने पिता की रक्षा करते हुए मारा गया था। उसके बलिदान से प्रसन्न होकर श्रीकृष्णजी ने वरदान दिया कि अगले जन्म में वह धृष्टद्युम्न के रूप में जन्म लेगा। अगले जन्म में उसने द्रोणाचार्य से बदला लिया।
- **पांडु का मांस खाना**—कहते हैं कि पांडवों ने अपने पिता पांडु के मृत

देह का मांस खाया था, जबकि यह पांडु की ही आज्ञा थी कि उनके पुत्रों द्वारा उनकी देह का मांस खाया जाए। पांडु स्वयं बहुत ज्ञानी और धर्मात्मा थे। उनकी अंतिम इच्छा थी कि उनके द्वारा अर्जित की गई विद्या उनके पुत्रों के शरीर में समा जाए। कहा जाता है कि सिर्फ सहदेव ने उनकी आज्ञा का पालन किया और मस्तिष्क के तीन हिस्से खाए। इससे उन्हें भूत, भविष्य और वर्तमान का ज्ञान हो गया। ऐसा भी कहा जाता है कि सभी पाड़वों ने उनकी आज्ञा का पालन किया था और इस वजह से सभी में कुछ अलग प्रकार के महान् गुण थे।

- **बर्बरीक हैं खाटू श्याम**—यह घटना युद्ध शुरू होने से पहले की है। भीम का पोता व घटोत्कच का बेटा बर्बरीक बहुत बड़ा तपस्वी, योद्धा और दानवीर था। उसके पास देवी की तपस्या के अर्जित तीन बाण थे, जिससे वह पूरे विश्व का संहार कर सकता था, लेकिन उसकी एक प्रतिज्ञा भी थी। उसने निश्चय किया था कि वह हमेशा हारे हुए पक्ष का ही सहारा लेगा। श्रीकृष्णजी उसके फैसले से बहुत चिंतित हुए। उन्होंने युद्ध की शुरुआत से पहले ही उसका शीश दान में ले लिया और उसे अमृत से सींचकर अमर कर दिया। साथ ही खुद का श्याम नाम भी उसे दे दिया। राजस्थान के खाटू श्यामजी में बर्बरीक बाबा श्याम के नाम से पूजे जाते हैं। यहाँ हर साल फाल्गुन मेले में लाखों श्रद्धालु बाबा श्याम के दर्शन करने आते हैं।
- **पाँचजन्य शंख का रहस्य**—युद्ध में सभी प्रमुख योद्धाओं के पास खुद के शंख थे। भीम का शंख पोंड्र बहुत भयानक ध्वनि करता था। इससे शतरु के हृदय में भय का संचार होता था। अर्जुन के पास देवदत्त नामक शंख था। युधिष्ठिर के पास अंनतविजय नामक शंख था, लेकिन सबसे ज्यादा प्रसिद्ध शंख भगवान् श्रीकृष्णजी के पास था। उनके शंख का नाम—पाँचजन्य था। कहा जाता है कि जहाँ पाँचजन्य शंख बजाया जाता था, वहाँ विजय सुनिश्चित थी।

□

6

भगवान् शंकर से जुड़ी वस्तुओं का उद्गम

भगवान् शंकर सृजन और विध्वंश दोनों के देवता हैं तथा सनातन संस्कृति में उन जैसा कोई देवता नहीं है, जिसे महादेव के नाम से पुकारा जाता हो, वे सहजता से अपनी भक्ति से प्रभावित हो उसे वरदान देने के लिए सदैव तत्पर रहते हैं।

भगवान् शिव का ध्यान करने मात्र से मन में जो एक छवि उभरती है, वो एक वैरागी पुरुष की है। इनके एक हाथ में त्रिशूल, दूसरे हाथ में डमरू, गले में सर्प माला, सिर पर त्रिपुंड चंदन लगा हुआ है। माथे पर अर्ध चंद्र और सिर पर जटाजूट, जिससे गंगा की धारा बह रही है। थोड़ा ध्यान गहरा होने पर इनके साथ इनका वाहन नंदी भी नजर आता है। कहने का मतलब है कि शिव के साथ यह सात चीजें जरूर दिखेंगी। आइए जाने कि शिव के साथ इनका संबंध कैसे बना, यानी यह शिवजी से कैसे जुड़े क्या यह शिव के साथ ही प्रकट हुए थे या अलग-अलग घटनाओं के साथ यह शिव से जुड़ते गए। भगवान् शिव सर्वश्रेष्ठ सभी प्रकार के अस्त्र-शस्त्रों के ज्ञाता हैं, लेकिन पौराणिक कथाओं में इनके दो प्रमुख अस्त्रों का जिक्र आता है—एक धनुष और दूसरा त्रिशूल।

त्रिपुरासुर का वध और अर्जुन का मान भंग, यह दो ऐसी घटनाएँ हैं, जहाँ शिवजी ने अपनी धनुर्विद्या का प्रदर्शन किया था, जबकि त्रिशूल का प्रयोग शिवजी ने कई बार किया है।

त्रिशूल से शिवजी ने शंखचूड का वध किया था। इसी से गणेशजी का सिर काटा था और वाराह अवतार में मोह के जाल में फँसे विष्णुजी का मोह भंग कर बैकुंठ जाने के लिए विवश किया था।

भगवान् शिव के धनुष के बारे में तो यह कथा है कि इसका आविष्कार स्वयं शिवजी ने किया था। लेकिन त्रिशूल कैसे इनके पास आया इस विषय में कोई कथा नहीं है।

माना जाता है कि सृष्टि के आरंभ में ब्रह्मनाद से जब शिव प्रकट हुए तो साथ ही रज, तम, सत यह तीनों गुण भी प्रकट हुए। यही तीनों गुण शिवजी के तीन शूल यानी त्रिशूल बने। इनके बीच सामंजस्य बनाए बगैर सृष्टि का संचालन कठिन था। इसलिए शिव ने त्रिशूल रूप में इन तीनों गुणों को अपने हाथों में धारण किया। भगवान् शिवजी को संहारकर्ता के रूप में वेदों और पुराणों में बताया गया है, जब कि शिव का नटराज रूप ठीक इसके विपरीत है। यह प्रसन्न होते हैं और नृत्य करते हैं। इस समय शिव के हाथों में एक वाद्ययंत्र होता है, जिसे डमरू कहते हैं। इसका आकार रेत घड़ी जैसा है, जो दिन-रात और समय के संतुलन का प्रतीक है। शिव भी इसी तरह के हैं। इनका एक स्वरूप वैरागी का है तो दूसरा भोगी का है, जो नृत्य करता है परिवार के साथ जीता है।

इसलिए शिव के लिए डमरू ही सबसे उचित वाद्ययंत्र है। यह भी माना जाता है कि जिस तरह शिव आदि देव है, उसी प्रकार डमरू आने की कहानी बड़ी ही रोचक है। सृष्टि के आरंभ में जब देवी सरस्वती प्रकट हुई, तब देवी ने अपनी वीणा के स्वर से सृष्टि में ध्वनि को जन्म दिया, लेकिन यह ध्वनि सुर और संगीत विहीन थी।

उस समय भगवान् शिव ने नृत्य करते हुए 14 बार डमरू बजाया और इस ध्वनि से व्याकरण और संगीत के छंद, ताल का जन्म हुआ। कहते हैं कि डमरू ब्रह्म का स्वरूप है, जो दूर से विस्तृत नजर आता है। लेकिन जैसे-जैसे ब्रह्म के करीब पहुँचते हैं, वह संकुचित हो दूसरे सिरे से मिल जाता है और फिर विशालता की ओर बढ़ता है। सृष्टि में संतुलन के लिए इसे भी भगवान्

शिव अपने साथ लेकर प्रकट हुए थे।

भगवान् शिव के साथ हमेशा नाग होता है, इस नाग का नाम वासुकी है। इस नाग के बारे में बताया गया है कि यह नागों के राजा हैं और नाग लोक पर इनका शासन है। सागर मंथन के समय इन्होंने रस्सी का काम किया था, जिससे सागर को मथा गया था। कहते हैं कि वासुकी नाग शिव के परम भक्त थे। इनकी भक्ति से प्रसन्न होकर शिवजी ने इन्हें नागलोक का राजा बना दिया और साथ ही अपने गले में आभूषण की भाँति लिपटे रहने का वरदान दिया। नंदी के बारे में पुराणों में जो कथा मिलती है, उसके अनुसार नंदी और शिव वास्तव में एक ही हैं। शिव ने ही नंदी रूप में जन्म लिया था। कथा है कि शिलाद नाम के ऋषि मोह माया से मुक्त होकर तपस्या में लीन हो गए। इससे इनके पूर्वज और पित्रों को चिंता हुई कि इनका वंश समाप्त हो जाएगा। पित्रों की सलाह पर शिलाद ने शिवजी की तपस्या करके एक अमर पुत्र को प्राप्त किया, जो नंदी नाम से जाना गया। शिव का अंश होने के कारण नंदी शिव के करीब रहना चाहता था। शिवजी की तपस्या से नंदी शिव के गणों में प्रमुख हुए और वृषभ रूप में शिव का वाहन बनने का सौभाग्य प्राप्त किया।

शिव पुराण के अनुसार चंद्रमा का विवाह दक्ष प्रजापति की 27 कन्याओं से हुआ था। यह कन्याएँ 27 नक्षत्र हैं। इनमें चंद्रमा रोहिणी से विशेष स्नेह करते थे। इसकी शिकायत जब अन्य कन्याओं ने दक्ष से की तो दक्ष ने चंद्रमा को क्षय होने का श्राप दे दिया। इस श्राप से बचने के लिए चंद्रमा ने भगवान् शिव की तपस्या की। चंद्रमा की तपस्या से प्रसन्न होकर शिवजी ने चंद्रमा के प्राण बचाए और उन्हें अपने सिर पर स्थान दिया। जहाँ चंद्रमा ने तपस्या की थी, वह स्थान सोमनाथ कहलाता है। मान्यता है कि दक्ष के श्राप से ही चंद्रमा घटता बढ़ता रहता है।

देश के विभिन्न भागों में 12 ज्योर्तिलिंग उनसे संदर्भित स्थापित है, जहाँ असंख्य जन समुदाय अपनी मनोकामना पूर्ति के लिए उनके दर्शनार्थ जाकर अपनी श्रद्धा व्यक्त करता है।

शिव का परिवार बहुत विशाल है। वे एक पत्नी व्रत के अनुपम आदर्श

हैं। माता सती ही पार्वती के रूप में आपकी अनन्य पत्नी है। इस पद को प्राप्त करने के लिए इस देवी ने जन्म जन्मांतर तक घोर तप किया। भगवती पार्वती का वाहन सिंह है तथा इनके पुत्र गणपति का वाहन मूषक है और इनकी पत्नी का नाम रिद्धि-सिद्धि तथा शुभ और लाभ दो पुत्र हैं। इनके दूसरे पुत्र कार्तिकय की पत्नी देवसेना तथा वाहन मयूर है। जब भगवान् श्री रामचंद्र ने लंका पर चढ़ाई की, तब सबसे पहले रामेश्वरम् के नाम से भगवान् शिव की स्थापना और पूजा की थी।

हिमालय पर्वत पर निवास भौगोलिक संकेत है। वे ज्ञान, वैराग्य तथा साधुता के परम आदर्श है इनका त्याग अनुपम है। अन्य सभी देवता समुद्रमंथन से निकले हुए लक्ष्मी, कामधेनु, कल्पवक्ष और अमृत ले गए, आप अपने भाग का हलाहल पान करके संसार की रक्षा के लिए नीलकंठ बन गए। वे दुष्ट दैत्यों के संदर्भ में काल रूप हैं तो दीन-दु:खियों की सहायता करने में दयालुता के समुद्रं हैं। जिसने आपको प्रसन्न कर लिया उसको मनमाना वरदान दिया। भस्मासुर को सबको भस्म करने की शक्ति दी। ऐसे महादेव को मैं शत-शत बार नमन करता हूँ।

□

7

शिव की झूठे लोगों से दूरी

झूठ बोलने वाले शिव के प्रिय नहीं हैं। इसी कारण भोलेनाथ ने माता पार्वती का त्याग कर दिया था, क्योंकि उन्होंने भगवान् राम से सीता रूप में मिलने के बाद भोलेनाथ से झूठ बोला था।

शिव महापुराण के अनुसार जब माता पार्वती और शिव अगस्त मुनि से कथा सुनकर लौट रहे थे। उसी दौरान भोलेनाथ ने देखा कि उनके आराध्य देव भगवान् राम माता सीता के वियोग में भटक रहे हैं। उन्हें देखने के बाद शिव ने उन्हें प्रणाम किया, मगर माता पार्वती के मन में राम की परीक्षा लेने का विचार आया।

भोलेनाथ से आग्रह कर वे प्रभु राम की परीक्षा लेने पहुँचीं, लेकिन पार्वती को देखते ही श्री भगवान् राम ने पार्वती को माता का संबोधन देते हुए कहा कि आप यहाँ, भोलेनाथ कहाँ हैं?

वही भगवान् द्वारा पहचाने जाने और माता शब्द के संबोधन को छिपाते हुए माता पार्वती ने भगवान् शिव से झूठ का सहारा लिया। माता पार्वती ने कहा कि भगवान् श्रीराम ने नहीं पहचाना। तत्पश्चात् ध्यान करने पर जब भगवान् शिव को पता चला कि श्रीराम ने उन्हें माता से संबोधित किया है तो उन्होंने माता पार्वती का त्याग कर दिया।

माता पार्वती के त्याग का एक कारण यह भी रहा कि श्रीराम ने पार्वती को माता कहा था, इसलिए उन्होंने अपने आराध्य देव की माता को पत्नी रूप से त्याग कर दिया। □

8

गणेशजी के जीवन से जुड़ी गाथाएँ

किसी भी शुभ कार्य को करने से पहले गणेश आराधना को जरूरी कहा गया है। हिंदू शास्त्रों और पौराणिक कथाओं में यह स्पष्ट तौर पर यह उल्लिखित किया गया है कि सर्वप्रथम भगवान् गणेश के स्मरण से पहले किसी भी देवी-देवता की पूजा करना फलित नहीं हो पाएगा। शिव और पार्वती की संतान गणेश को हम कई नामों से पुकारते हैं, लेकिन बहुत ही कम लोग ये बात जानते हैं कि इंसान के शरीर और गज के सिर वाले भगवान् गणेश ने दरसल यह आकृति किन हालातों में प्राप्त की।

प्रादुर्भाव की कहानी : गणेशजी का जन्म और उनके प्रादुर्भाव से जुड़ी अनेक कथाएँ वर्णित हैं, वह किन परिस्थितियों में जन्मे और किन परिस्थितियों में गज का सिर धारण करना पड़ा, इसके संबंध में बहुत सी कहानियाँ हैं, जो गणेशजी के प्रादुर्भाव की कहानी कहती है।

गणपति का अर्थ : जानकारों के अनुसार गणपति शब्द गण और पति शब्द के युग्म से बना है। महर्षि पाणिनी के अनुसार दिशाओं को गण कहा जाता है। इस आधार से गणपति का अर्थ हुआ सभी दिशाओं का स्वामी। गणपति की आज्ञा के बिना कोई भी देवता किसी भी दिशा से पूजा स्थल पर नहीं पहुँचते। पहले स्वयं गणपति आकर दिशाओं से जुड़ी बाधाओं को दूर करते हैं और फिर अन्य देवी-देवता वहाँ उपस्थित होते हैं। इस प्रक्रिया को महाद्वार पूजन या महागणपति पूजन भी कहा जाता है। यही कारण है कि

किसी भी देवी-देवता की पूजा अर्चना करने से पहले गणेशजी का आह्वान किया जाता है।

देवताओं के मुखिया : यह भी कहा जाता है कि एक बार देवताओं में मुखिया का निर्णय करने हेतु एक प्रतियोगिता का आरंभ हुआ। इस प्रतियोगिता में सभी गणों को समस्त ब्रह्मांड की परिक्रमा करके शीघ्रातिशीघ्र वापस भगवान् शिव तक पहुँचना था। सभी देवताओं ने इस प्रतियोगता में भाग लिया और अपने-अपने वाहन पर ब्रह्मांड की परिक्रमा करने निकल गए। गणेशजी ने ब्रह्मांड की परिक्रमा करने की अपेक्षा भगवान् शिव और देवी पार्वती की ही परिक्रमा कर ली और यह कहा कि माता-पिता की परिक्रमा कर ली और यह कहा कि माता-पिता की परिक्रमा ही ब्रह्मांड की परिक्रमा के समान है।

गणपति का स्मरण : भगवान् शिव, गणपति के इस उत्तर से संतुष्ट हुए और उन्होंने गणेश को विजेता घोषित कर गणपति के पद पर नियुक्त कर दिया। साथ-ही-साथ उन्हें यह वरदान दिया कि किसी भी कार्य का शुभारंभ या देवी-देवताओं की आराधना गणपति के स्मरण के बिना अधूरी ही रह जाएगी।

कुछ विद्वान् तो यह भी कहते हैं कि इसी वजह से किसी भी मंत्र से पहले यानी गणपति का नाम आता है।

गणपति का नाम : गणपति को अनेक नामों से पुकारा जाता है, जिनमें विघ्नहर्ता, गणेश, विनायक आदि प्रमुख है। शिव और पार्वती के पुत्र भगवान् गणपति के नामों में गणेश, गणपति, विघ्नहर्ता और विनायक सर्वप्रमुख है। पौराणिक कथाओं में गणेशजी की रिद्धि, सिद्धि और बुद्धि ये तीन पत्नियाँ और क्षेम और लाभ नाम के दो पुत्रों का वर्णन किया जाता है। गणेश चतुर्दशी के त्योहार के इस दिन पश्चात् मिट्टी से बनी गणेशजी की मूर्तियों को बहते जल में प्रवाहित किया जाता है।

माँ पार्वती का आदेश : शिव पुराण के अनुसार एक बार माँ पार्वती स्नान के लिए जा रही थी। सेविकाओं की अनुपस्थिति की वजह से उन्होंने बालक रूपी हल्दी की एक प्रतिमा बनाकर उसमें प्राण भर दिए। इस तरह

भगवान् गणेशजी का जन्म हुआ। पार्वती ने अपने पुत्र गणेश को यह आदेश दिया कि किसी को भी भीतर न आने दें।

माता की आज्ञा : गणेश अपनी माता की आज्ञा का पालन कर रहे थे कि अचानक शिवजी वहाँ उपस्थिति हुए। पार्वती के कहे अनुसार गणपतिजी ने भगवान् शिव को भी भीतर जाने से रोका, जिस पर शिव क्रोधित हो उठे। क्रोध में आकर उन्होंने गणपति का सिर उनके धड़ से अलग कर दिया।

मृत पुत्र : जब पार्वती स्नान करके बाहर आई तो अपने पुत्र की मृत देह देखकर उन्हें अत्यंत दुःख हुआ। उन्होंने अपने पति भगवान् शिव से प्रार्थना की कि वे गणेश को जीवनदान दे दें। भगवान् शिव ने एक गज का सिर गणेशजी के धड़ के साथ जोड़कर उन्हें पुनर्जीवित कर दिया।

शिव का वरदान : एक अन्य कथा के अनुसार गजासुर नाम के एक दैत्य ने कड़ी तपस्या के बाद भगवान् शिव से यह वरदान माँगा कि वे हमेशा उसके पेट में निवास करें। भगवान् शिव ने उसकी यह इच्छा मान ली और गजासुर के पेट में रहने लगे। एक दिन भगवान् शिव की खोज करते हुए माता पार्वती विष्णुजी के पास पहुँचीं।

गजासुर के पेट में शिव : विष्णुजी ने माता पार्वती को सारा घटनाक्रम बताया। विष्णुजी, भगवान् शिव की सवारी नंदी बैल को अपने साथ लेकर गजासुर के पास गए। नंदी गजासुर के सामने नृत्य करने लगे और विष्णुजी मधुर बाँसुरी बजाने लगे। गजासुर दोनों से काफी प्रसन्न हुआ और उनसे कहा—माँगों जो माँगना है।

गजासुर की इच्छा : गजासुर की यह बात सुनते ही बाँसुरी वादक के रूप में भगवान् विष्णु ने उससे कहा कि वह अपने पेट में बैठे शिवजी को मुक्त करें। तब तक गजासुर भी विष्णुजी की हकीकत जान गया था। विष्णुजी की बात मानकर उसने शिव को मुक्त तो कर दिया, लेकिन शिवजी से आग्रह करने लगा कि वह उसकी ये इच्छा जरूर पूरी करें कि मृत्यु के बाद भी लोग उसे याद करें। उसकी ये बात सुनते ही भगवान् शिव ने उसका सिर धड़ से अलग कर दिया और उस सिर को अपने पुत्र गणेश के धड़ से लगा दिया।

ब्रह्मवैवर्त पुराण से उल्लिखित एक अन्य कथा यह कहती है कि जैसे ही शनि देव की दृष्टि बालक गणेश पर पड़ी, गणेशजी का सिर धड़ से अलग हो गया। इस घटना के बाद शिव और पार्वती शोक करने लगे। उनकी यह हालत देखकर भगवान् विष्णु ने हाथी के बच्चे का सिर काटकर गणेशजी के धड़ से जोड़ दिया।

एकदंत भगवान् : गणेश को एकदंत भगवान् भी कहा जाता है, जिससे संबंधित भी एक अद्‌भुत कथा वर्णित है। कहा जाता है महर्षि वेद व्यास ने स्वयं गणेशजी से कहा कि वह महाभारत को लिखने की कृपा करें। गणेशजी ने उनकी बात सशर्त स्वीकार कर ली गणेशजी की शर्त थी कि वेद व्यास बिना रुके महाभारत की कहानी कहेंगे।

गणेशजी की शर्त : गणेशजी की इस शर्त को स्वीकार करते हुए व्यास लगातार बोलते रहे और गणेशजी लिखते रहे। लिखते-लिखते अचानक उनकी कलम टूट गई तो उन्होंने शीघ्रता से अपना एक दाँत तोड़कर उसे कलम के रूप में प्रयोग करके लिखना आरंभ किया। इसी वजह से उन्हें एकदंत भी कहा जाता है।

परशुराम का प्रहार : एक अन्य कथा के अनुसार एक बार विष्णु के अवतार भगवान् परशुराम, शिव से मिलने के लिए जा रहे थे कि रास्ते में उन्हें गणेशजी ने रोक लिया। इस पर क्रोधित होकर भगवान् परशुराम ने महादेव द्वारा दिए गए फरसे से गणेश पर प्रहार किया। भगवान् शिव द्वारा प्रदत्त फरसे का सम्मान करते हुए गणेश उसके आगे से नहीं हटे और अपना एक दाँत गँवा दिया।

यदि हम विघ्न बाधाओं से दूर रहना चाहते हैं तो हमें सदैव गणेशजी के स्वरूप का सम्मान करते रहना चाहिए। गणेशजी हमारे हर शुभ कार्य में स्मरण किए जाते हैं। उनकी पूजा के बिना हमारा कोई अनुष्ठान पूरा नहीं होता। हमारे घरों के दरवाजों पर गणेश प्रतिमा स्थापित करने के पीछे यही उद्‌देश्य है। उनके जीवन से जुड़ी बातें हमारे लिए प्रेरणादायक हैं, जो हमें उनकी महानता का स्मरण दिलाती हैं।

□

9

भगवान् गणेश का स्वास्थ्य से संबंध

हमारे देश में गणेशोत्सव बड़ी धूमधाम से मनाया जाता रहा है और सभी इस जश्न में व्यस्त रहते हैं, मगर इस व्यस्तता के बीच में क्या आपने कभी सोचा है कि भगवान् आपको स्वास्थ्य संबंधित क्या शिक्षा देना चाहते हैं? आइए जानते हैं—वृहद् शीश ज्ञान का प्रतीक।

भगवान् गणेश सबसे पहले यही ज्ञान देना चाहते हैं कि अपने शरीर को स्वस्थ रखना सबसे जरूरी होता है। स्वस्थ रहने के लिए शरीर और मन का सही संतुलन बना रहना चाहिए। इसके लिए किस प्रकार का आहार ग्रहण करना ठीक होता है, इसका चुनाव आप सही ज्ञान के द्वारा ही कर सकते हैं जैसे—वजन घटाने के लिए फैट डाइट, व्यायाम या संतुलित आहार का सहारा लेने के पहले सही जानकारी को प्राप्त करना जरूरी होता है।

बड़े कान ध्यान के प्रतीक

भगवान् गणेश यही शिक्षा देते हैं कि शरीर को स्वस्थ रखने के लिए शरीर के संकेत पर ध्यान देना जरूरी होता है। इस भाग-दौड़ की जिंदगी में लोग अपने ऊपर ध्यान ही नहीं दे पाते हैं। शरीर अपनी समस्या का संकेत किसी-न-क़िसी प्रकार से आपको दे ही देता है, जैसे अगर आपने अस्वास्थ्य कर खाना खाया है और पेट उसको हजम नहीं कर पा रहा है तो पेट में दर्द होगा। आपको इस संकेत को ध्यान देकर सही इलाज करना पड़ेगा। बीमारी

को अनदेखा करने पर समस्या और भी जटिल हो जाती है। इसलिए शरीर की स्थिति नियंत्रण के बाहर चले जाने से पहले चिकित्सक के पास जाना ही अच्छा होता है।

आँखें एकाग्रता की प्रतीक

भगवान् गणेश के आशीर्वाद से मनुष्य के जीवन में जब अच्छे दिन आते हैं, तब उसके साथ अनेक जिम्मेदारियाँ भी आ जाती हैं। जिम्मेदारियों को पूरा करने के चक्कर में यह नहीं समझ पाते हैं कि कौन सा काम कब करना ठीक होगा। इस कारण सबकुछ बिखरने लगता है और तब आप तनाव में आ जाते हैं। उस वक्त से निपटने के लिए भगवान् यही शिक्षा देते हैं कि पहले मन को एकाग्र करें और यह सोचे कि आपका अपना लक्ष्य क्या है ? जब आप अपने लक्ष्य को समझ जाएँगे, तब अपनी समस्या का हल भी आसानी से निकाल पाएँगे। इसलिए कभी भी तनावग्रस्त न हो, इससे आप बीमारियों को खुद ही आमंत्रित कर बैठेंगे।

पेट सही-गलत का प्रतीक

भगवान् गणेश का बड़ा पेट सही और गलत को समझने का प्रतीक होता है। भगवान् गणेश यही शिक्षा देते हैं कि सब की जिंदगी में अच्छा और बुरा समय आता है, मगर बुरे वक्त या अनुभवों को पकड़कर रखने से आप उससे उभर नहीं पाएँगे और आप खुद को तनावग्रस्त करके उच्च रक्त चाप या हाई ब्लड प्रेशर और मधुमेह जैसी बीमारियों को आमंत्रित कर लेंगे। इसलिए मन को शांत करके काम को करने से वह काम अच्छा होता है और आप खुद को तनाव से दूर भी रख पाते हैं।

मोदक साधना का प्रतीक

भगवान् गणेश इस प्रतीक के द्वारा यही शिक्षा देना चाहते हैं कि किसी भी लक्ष्य को प्राप्त करने के लिए त्याग और साधना की जरूरत होती है।

अगर वजन घटाना चाहते हैं तो, आपको अपने लोभ, आलस का त्याग करना पड़ेगा और अपने लक्ष्य को लेकर साधना करनी पड़ेगी। वजन घटाने के लिए कोई भी दवा या जादू काम नहीं करेगा। इसके लिए आपको व्यायाम करना पड़ेगा और किसी भी प्रकार का जंक फूड खाने का लोभ त्यागना पड़ेगा और स्वास्थ्यवर्धक खाना खाना पड़ेगा।

एकदंत अच्छाई का प्रतीक

भगवान् गणेश का एकदंत बुराई को त्याग कर अच्छाई को अपनाने का प्रतीक होता है। भगवान् गणेश यही शिक्षा देते हैं कि कभी भी बुरी बात को याद न रखें, अच्छी बातों को ही याद करके अपने जीवन में आगे बढ़ते रहना चाहिए, इससे ही सफलता मिलती है। अगर आप कोई काम करने में असफल हो गए हैं और कोई आपकी काम की आलोचना कर रहा है तो इस आलोचना की बात पर दुःखी न होकर उस काम में हुए कमी को ढूँढ़कर उसमें सुधार लाने की कोशिश करें। इससे न सिर्फ आप सफलता का स्वाद चख पाएँगे, बल्कि खुद को सफल भी साबित कर पाएँगे।

वाहन चूहा इच्छा पर नियंत्रण का प्रतीक

भगवान् गणेश अपने वाहन के प्रतीक के द्वारा यही ज्ञान देना चाहते हैं कि आप अपनी इच्छा पर नियंत्रण करना सीखें। गुलाब जामुन या केक खाने की इच्छा, सिगरेट का एक कश लेने की या और एक पेग वाइन पीने जैसी इच्छाओं पर नियंत्रण करना जरूरी होता है, क्योंकि इन इच्छाओं पर यदि नियंत्रण नहीं होगा तो स्वस्थ रहने के लक्ष्य तक पहुँच पाना असंभव होगा।

बाएँ हाथ में रस्सी लक्ष्य का प्रतीक

भगवान् गणेश के बाएँ हाथ में रस्सी लक्ष्य को प्राप्त करने का प्रतीक होता है। भगवान् गणेश यही शिक्षा देते हैं कि लक्ष्य को प्राप्त करने के लिए परिश्रम करना जरूरी होता है। लक्ष्य को प्राप्त करने के पथ पर अनेक प्रकार

की बाधाएँ उत्पन्न हो सकती हैं, मगर आपको धैर्य के साथ उनसे लड़ना पड़ेगा और लक्ष्य को प्राप्त करना पड़ेगा, जो अपनी सहायता स्वयं करते हैं भगवान् उसकी सहायता करते हैं।

छोटा मुँह कम बात करने का प्रतीक

भगवान् गणेश यही शिक्षा देते हैं कि कभी भी बुरे वक्त से घबराएँ नहीं और घबराहट में ज्यादा बोले नहीं। इससे परिस्थिति और भी खराब हो जाती है। अगर ऑफिस में अचानक बहुत काम आ गया है और आपके पास समय कम है तो मन को शांत करके बिना कुछ बोले काम को पूरा करने की कोशिश करनी चाहिए, इससे काम में पूर्ण रूप से सफलता मिलती है। अब से जब भी आप किसी भी मुश्किल में पड़ेंगे तो यह सोच कि भगवान् गणेश से आपको क्या शिक्षा मिली है और उस शिक्षा के द्वारा आप आपने जीवन को कैसे खुश और स्वस्थ रखेंगे।

सूँड कार्य की क्षमता-दक्षता का प्रतीक

भगवान् गणेश यही शिक्षा देते हैं कि किसी भी चुनौती को आप अपनी पूरी दक्षता और क्षमता के साथ पूरा करने की कोशिश कीजिए। किसी भी काम को पूरा न कर पाने के बहाने तो बहुत होते हैं, मगर उसको पूरा करने की क्षमता आप में होनी चाहिए। अगर आप वजन घटाने की चुनौती लेते हैं तो इसके लिए आपको कठिन परिश्रम करना पड़ेगा, बिना किसी बहाने के इस चुनौती को पूरा करने के लिए व्यायाम करना पड़ेगा, पौष्टिक आहार खाना होगा। □

10

ईमानदारी के आदर्श प्रतीक

सामाजिक और राजनैतिक क्षेत्र में सुचिता का सर्वाधिक महत्त्व है। हमारे महापुरुषों के त्याग-तपस्या का फल था कि उन्होंने जन सेवा को अपने जीवन का ध्येय बनाया। उन्हीं की अनुकरणीय भूमिका का प्रतिफल था कि हमें उन्होंने अंग्रेजों की गुलामी से मुक्त कराया और भारतीयों ने स्वतंत्रता का अनुभव किया। हमारे देश के आदर्शवादी नेता हमारे लिए प्रकाश स्तंभ हैं, जिनके सादा-सरल-ईमानदार जीवन मूल्यों पर चलकर हम सामाजिक और राजनैतिक क्षेत्र में अपनी सुचिता का परिचय दे, आदर्श जन अकांक्षा का प्रतीक बन सकते हैं। वह हमारे लिए एक ऐसे प्रेरणा स्रोत हैं, जिनके कार्यकलाप आज की राजनीति में प्रकाश स्तंभ का काम देते हैं। उन्हीं के जीवन से जुड़ी घटनाओं का आज स्मरण करें तो एक कौतूहल सा उत्पन्न होता है—

- भारत के पूर्व प्रधानमंत्री लाल बहादुर शास्त्री (इलाहाबाद) को चुनाव के लिए पार्टी द्वारा 2000 रुपए और एक जीप प्रचार के लिए दी गई थी, जिसमें से उन्होंने मात्र 800 रुपए खर्च कर लोकसभा का चुनाव जीता था। शेष 1200 रुपए पार्टी को वापस कर दिए थे। आज ऐसे आदर्शवादी नेता कहाँ हैं।
- अटल बिहारी वाजपेयी (बलरामपुर) लोकसभा का चुनाव नाम मात्र के पैसे खर्च कर जीत गए थे।

- 1992 में सुभद्रा जोशी ने अंबाला सीट से लोकसभा का चुनाव 1200 रुपए खर्च कर जीत लिया था।
- पूर्व केंद्रीय मंत्री शेर सिंह (बेरी) नाम मात्र के पैसे खर्च कर चुनाव जीत गए थे।
- देश के पूर्व उप-प्रधानमंत्री चौधरी देवीलाल (रोडी, सिरसा) ने नाम मात्र के पैसे खर्च कर चुनाव को जीत लिया था।
- पूर्व राष्ट्रपति डॉ. राजेंद्र प्रसाद और सरदार वल्लभ भाई पटेल की जीवन गाथा हमारे लिए प्रेरणा स्पद है।
- पश्चिमी बंगाल के पूर्व मुख्यमंत्री ज्योति बसु, एम.बी. कामथ, मधुलिमे, नाथपाई आदि के किस्से अतीत की बात हो गई है।
- वर्तमान केंद्रीय रक्षामंत्री मनोहर पर्रिकर, रेल मंत्री सुरेश प्रभु आज ऐसे नेता हैं, जो अपनी अभी भी सीधी-सादी जिंदगी बसर करते हैं।
- तमिलनाडु के मुख्यमंत्री रहे कामराज नाडर का जीवन अत्यंत सादा था। वह कांग्रेस के राष्ट्रीय अध्यक्ष भी रहे, जो मात्र सुबह-शाम इडली-साँभर-चावल खा कर गुजारा करते थे। उनके पास मात्र तीन धोती और तीन कुरते होते थे। उनके पास एक थैला था, जिसमें कपड़े और दो जोड़ी रबड़ की चप्पल लेकर वह नई दिल्ली आया करते थे। उनके सादे रूप को देखकर उस समय के देश के कर्णधार यथा—श्रीमती इंदिरा गांधी, मुरारजी देसाई, यशवंतराव चव्हाण, जगजीवनराम आदि उनके सामने नत मस्तक होते थे।
- केरल के मार्क्सवादी मुख्यमंत्री नवूदरीपाद का जीवन एक आदर्श था, उनके पास कपड़े बदलने के लिए पहने कपड़ों के अतिरिक्त एक लुंगी और कुर्ता हुआ करता था। आज यह सब बातें अविश्वसनीय कहानियाँ लगती हैं।
- पूर्व राष्ट्रपति ए.पी.जे. अब्दुल कलाम अपना पूरा वेतन एक चैरिटेबल ट्रस्ट को दान कर देते थे। उनका कहना था कि सरकार की ओर से प्राप्त भोजन व आवास की सुविधा के बाद उन्हें पैसों की

जरूरत भी नहीं रहती थी। वस्त्रों और किताबों के लिए उनकी पुरानी पेंशन ही काफी थी। वह अक्सर अपने राष्ट्रपति भवन के चतुर श्रेणी कर्मचारियों की कुशलक्षेम जानने उनके क्वार्टर पहुँच जाते थे।

- बिहार के मुख्यमंत्री नीतीश कुमार भी अपनी ईमानदारी और सादगी के लिए जाने जाते हैं। उनकी निजी पूँजी नाम मात्र है।
- सर्वाधिक सादगी की मिसाल त्रिपुरा के मुख्यमंत्री माणिक सरकार है। पिछले लगभग 18 वर्षों से निरंतर मुख्यमंत्री चले आ रहे माणिक सरकार को देश का सबसे गरीब मुख्यमंत्री माना जाता है।
- भारत के पूर्व प्रधानमंत्री मनमोहन सिंह भी ऐसे ही व्यक्ति हैं। मनमोहन सिंह ने उस दिन सादगी व स्वच्छता की एक नई मिसाल कायम की, जब वह प्रधानमंत्री होते हुए भी अपनी पुरानी मारुति 800 को स्वयं चलाकर अपना लाइसेंस रिन्यू कराने गए। उन्होंने अपनी पत्नी को कभी सरकारी कार का प्रयोग तक नहीं करने दिया। यदि उनकी पत्नी को प्रधानमंत्री निवास में रहते हुए कहीं निजी फोन भी करने होते थे तो उनका भी रिकॉर्ड सरकारी रजिस्टर में दर्ज करना होता था। कई बार घर आए व्यक्ति को विदा करने नंगे पाँव मुख्य द्वार तक आ जाते थे।
- जनसंघ के पूर्व अध्यक्ष श्री दीनदयाल उपाध्याय भी अपनी सादगी और ईमानदारी के लिए भारतीय राजनीति में आदर्श की मिसाल थे। एक बार उनके रेडियो का लाइसेंस का समय बीत गया तो समाचार सुनने के लिए उन्होंने अपने निकटतम व्यक्ति के ट्रांजिस्टर का प्रयोग किया।
- उत्तर प्रदेश के मुख्यमंत्री एवं केंद्र के गृह मंत्री रहे गोविंद बल्लभ पंत अपने सार्वजनिक जीवन में शुचिता की बेजोड़ मिसाल थे। एक बार मीटिंग के अवसर पर चाय और नाश्ता लाया गया। उन्होंने चाय को छोड़कर नाश्ते का कोई बिल पास नहीं किया, अपितु उसके अपने पास से पैसे चुकाए।

- वर्तमान प्रधानमंत्री नरेंद्र मोदी की निजी जिंदगी सादगी की मिसाल हैं। तीन बार गुजरात के मुख्यमंत्री रहे, आप पिछले ढाई साल से प्रधानमंत्री हैं। खाने में रूखी चपाती, दाल व एक सब्जी का चलन है। गुजरात में जो भी बचत वेतन भत्तों से हुई थी, उनमें से 21 लाख रुपए अपने राज्य के कन्या शिक्षा की परियोजना में दान कर दिए। उनकी माँ गाँव में उसी पुश्तैनी पुराने मकान में रहती हैं। वह अपनी माँ के एक आदर्श पुत्र हैं, जो लगभग रोजाना एक बार फोन पर अपनी माँ का हालचाल पूछ लेते हैं। माँ के प्रति उनके मन में अटूट श्रद्धा है। एक बार माँ के प्रसंग में इतने भावुक हो गए कि आँखों में आँसू आ गए। उन्हें वे दिन याद है, जब उनकी माँ दूसरों के घरों में काम कर घर का गुजारा करती थी।
- देश के इतिहास में ऐसे अनेक उदाहरण भरे पड़े हैं, जब हम अपने नेताओं की आदर्श जीवनशैली से प्रेरणा ले सकते हैं। यदि हम किंचित् ही उनके जीवनशैली का अनुसरण करे तो हम अपने भावी पीढ़ी के समक्ष अपने पूर्वजों की भाँति आदर्श उपस्थित कर सकते हैं।

□

धार्मिक

11

कृष्ण राधा का अन्योन्याश्रित संबंध

कृष्ण राधा का अन्योन्याश्रित संबंध था। कृष्ण राधा के बिना नहीं रह सकते थे और राधा कृष्ण के बिना। आज देश में संयुक्त रूप से राधा कृष्ण के मंदिर मिलेंगे। संत श्री कृपालु महाराज राधा कृष्ण के अन्यन्य भक्त थे। वे संकीर्तन करते समय अपने अस्तित्व को राधा में विलीन कर देते थे। उन्होंने प्रेम मंदिर वृंदावन में बना कृष्ण के साथ राधा के प्रति अपनी अटूट श्रद्धा भक्ति का परिचय दिया है।

जब-जब श्रीकृष्ण का नाम लिया गया है, ऐसा कभी नहीं हुआ कि राधाजी का नाम न लिया गया हो। श्रीकृष्ण को अमूमन भक्त राधे कृष्ण कहकर ही पुकारते हैं, क्योंकि यह दो शब्द, यह दो नाम एक-दूसरे के लिए ही बने हैं और इन्हें कोई अलग नहीं कर सकता। लेकिन तब क्या हुआ था, जब श्रीकृष्ण को राधा को छोड़कर जाना पड़ा।

राधा-कृष्ण की मूर्ति : मंदिरों में केवल श्रीकृष्ण की अकेले मूर्ति देखना कम पाया जाता है, अमूमन हम उनकी मूर्ति के साथ राधा की मूर्ति जरूर देखते हैं। आप स्वयं वृंदावन के किसी भी मंदिर में प्रवेश कर लीजिए, वहाँ आपको राधे-कृष्ण की ही मूर्ति के दर्शन होंगे।

इन्हें कोई जुदा नहीं कर सकता : कृष्ण से राधा को और राधा से कृष्ण को कोई जुदा नहीं कर सकता, यह एक गहरा रिश्ता है, लेकिन जब वास्तव में श्रीकृष्ण अपनी प्रिय राधा को छोड़कर मथुरा चले गए थे, तब राधा का

क्या हुआ? कृष्ण के बिना उन्होंने अपना जीवन कैसे बिताया? क्या जीवन बिताया भी था?

जब कृष्ण राधा को छोड़ मथुरा चले गए : यह सवाल काफी गहरे हैं, लेकिन उससे भी गहराई में जाने के बाद इन सवालों का सही उत्तर सामने आया है। यह सभी जानते हैं कि श्रीकृष्ण का बचपन वृंदावन की गलियों में बीता। नटखट नंदलाला अपनी लीलाओं से सभी को प्रसन्न करते, कुछ को परेशान भी करते; लेकिन कृष्ण के साथ ही तो वृंदावन में खुशियाँ थीं।

कृष्ण की दीवानी राधा : बड़े होकर कृष्ण ने अपनी बाँसुरी की मधुर ध्वनि से अनेक गोपियों का दिल जीता, लेकिन सबसे अधिक यदि कोई उनकी बाँसुरी से मोहित होता तो वह थी राधा, परंतु राधा से अधिक स्वयं कृष्ण, राधा के दीवाने थे।

कृष्ण से बड़ी थी राधा : राधा, कृष्ण से उम्र में पाँच वर्ष बड़ी थीं। वे वृंदावन से कुछ दूर रेपल्ली नामक गाँव में रहती थीं, लेकिन रोजाना कृष्ण की मधुर बाँसुरी की आवाज से खींची चली वृंदावन पहुँच जाती थी। कृष्ण भी राधा से मिलने जाते थे।

कृष्ण भी राधा से मिलने जाते : जब भी कृष्ण बाँसुरी बजाते तो सभी गोपियाँ उनके आसपास एकत्रित हो जातीं, उस मधुर संगीत को सुनते हुए सभी मग्न हो जाते और इसी का फायदा पाकर कई बार कृष्ण चुपके से वहाँ से निकल जाते और राधा से मिलने उनके गाँव पहुँच जाते। लेकिन धीरे-धीरे वह समय निकट आ रहा था, जब कृष्ण को वृंदावन को छोड़ मथुरा जाना था।

कंस ने बुलाया था : यह तब की बात थी, जब कृष्ण के दुष्ट मामा कंस ने उन्हें और उनके भ्राता बलराम को मथुरा आमंत्रित किया। यह बात पूरी वृंदावन नगरी में फैल गई, सभी के भीतर एक डर पैदा हो गया, मानो उनकी अपनी कोई चीज उनसे दूर जानेवाली हो।

वृंदावन में शोक का माहौल : वृंदावन में शोक का माहौल उत्पन्न हो गया, इधर कान्हा के घर में माँ यशोदा तो परेशान थी ही, लेकिन कृष्ण की

गोपियाँ भी कुछ कम उदास नहीं थीं। दोनों को लेने के लिए कंस द्वारा रथ भेजा गया, जिसके आते ही सभी ने उस रथ के आसपास घेरा बना लिया, यह सोचकर कि वे कृष्ण को जाने नहीं देंगे।

सभी थे उदास : उधर कृष्ण को राधा की चिंता सताने लगी, वे सोचने लगे कि जाने से पहले एक बार राधा से मिल लें, इसलिए मौका पाते ही वे छिपकर वहाँ से निकल गए। फिर मिली उन्हें राधा, जिसे देखते ही वे कुछ कह न सके। राधा-कृष्ण के इस मिलन की कहानी अद्‍भुत है।

आखिरी बार मिले दोनों : दोनों न तो कुछ बोल रहे थे, न कुछ महसूस कर रहे थे, बस चुप थे। राधा कृष्ण को न केवल जानती थी, वरन् मन और मस्तिष्क से समझती भी थी। कृष्ण के मन में क्या चल रहा है, वे पहले से ही भाँप लेती, इसलिए शायद दोनों को उस समय कुछ भी बोलने की आवश्यकता नहीं पड़ी।

कहा विदा : अंततः कृष्ण, राधा को विदा कह, वहाँ से लौट आए और आकर गोपियों को भी वृंदावन से उन्हें जाने की अनुमति देने के लिए मना लिया।

चले गए कृष्ण : आखिरकार वृंदावन कृष्ण के बिना सूना-सूना हो गया, न कोई चहल-पहल थी और न ही कृष्ण की लीलाओं की कोई झलक। बस सभी कृष्ण के जाने के गम में डूबे हुए थे। परंतु दूसरी ओर राधा को इस बात से कोई फर्क नहीं पड़ रहा था, लेकिन क्यों! क्योंकि उनकी दृष्टि में कृष्ण कभी उनसे अलग हुए ही नहीं थे।

कृष्ण को याद करती : शारीरिक रूप से जुदाई मिलना, उनके लिए कोई महत्त्व नहीं रखता था, यदि कुछ महत्त्वपूर्ण था तो राधा-कृष्ण का भावनात्मक रूप से हमेशा जुड़ा रहना। कृष्ण के जाने के बाद राधा पूरा दिन उन्हीं के बारे में सोचती रहती और ऐसे ही कई दिन बीत गए। लेकिन आनेवाले समय में राधा की जिंदगी क्या मोड़ लेने वाली थी, उन्हें इसका अंदाजा भी नहीं था।

कृष्ण राधा के अलौकिक व्यक्तित्व के कारण विदेशों में उनके असंख्य अनुयायी हैं तथा उन्हें प्राप्त करने के लिए ब्रज रज को अपने मस्तक पर

धारण कर धन्य समझते हैं। ब्रज रज के कण-कण में राधा कृष्ण समाहित हैं। राधा कृष्ण को हम सब शत-शत नमन कर उनके प्रति अपनी अटूट आस्था व्यक्त करते हैं। भक्त वेदांत स्वामी ने विदेशियों में राधा कृष्ण के प्रति अन्यन्य आस्था जाग्रत् कर आध्यात्मिक क्षेत्र में अपने अपूर्व भक्ति कौशल का परिचय दिया है। देश के विभिन्न भागों में इनके द्वारा स्थापित राधा कृष्ण के मंदिर इसके जीवंत प्रमाण हैं।

□

12

योगेश्वर श्रीकृष्ण और उनका दिशा बोध

योगेश्वर श्रीकृष्ण आज से 5 हजार वर्ष पहले पैदा हुए—द्वापर युग में। जिस समय वे पैदा हुए वह उथल-पुथल का युग था। कंस जो उनका मामा था। उसके अत्याचार की कोई सीमा नहीं थी। मथुरा में कृष्ण देवकी व वासुदेव के यहाँ कारागृह में पैदा होने पर भी उनका पालन-पोषण वहाँ न होने पर नंद बाबा-यशोदा के यहाँ गोकुल में हुआ।

कंस के भय से वासुदेव द्वारा उन्हें सुरक्षित मथुरा से गोकुल नंद बाबा के यहाँ पहुँचाना कृष्ण की जीवन सुरक्षा की दृष्टि से आवश्यक था, जिसने जीवन के प्रारंभ से कष्ट-ही-कष्ट देखे हैं। वही बालक बड़ा होने पर अपने समस्त जीवन को लोकहित के लिए समर्पित कर देता है।

भारतीय संस्कृति के लिए उनका समस्त जीवन एक ऐसी धरोहर है, जिसके समतुल्य विश्व की कोई शक्ति नहीं ठहर सकती। भगवान् राम को जहाँ 12 कलाओं के अवतार के रूप में देखा जाता है, वही योगेश्वर कृष्ण को 16 कलाओं के अवतार के रूप में देखा जाता है। उनके जीवन से जुड़े ऐसे अनेक प्रसंग हैं, जो हमारे भावी जीवन निर्माण में पथ-प्रदर्शक का काम करते हैं, यथा—

- ओशो का कहना था कि कृष्ण का महत्त्व अतीत के लिए कम और भविष्य के लिए अधिक है।
- गीता में कृष्ण अर्जुन को जगा रहे हैं—तू उठकर देख कि तू कौन है। तू भी कहाँ छोटी-छोटी बातों में पड़ा है। उनका कहना है कि हमारा

लक्ष्य विस्मृत को पाना है, जो हमें याद नहीं रहा है।

- कृष्ण जीवन को एक उत्सव की तरह लेते हैं। काम तो करते हैं, लेकिन काम पर उत्सव रंग चढ़ा होता है; लेकिन उनका कहना है कि काम व्यक्ति को इतना जकड़ लेता है कि उसे आनंद/बाँसुरी/लेने/बजाने की फुरसत ही कहाँ रह जाती है। मनुष्य काम में इतना व्यस्त हो जाता है कि उनके जीवन में आनंद कभी नहीं आता।
- कृष्ण निर्णय व अनिर्णय की बात कहते हैं—वे अर्जुन को अनिर्णय/संशय नहीं अपितु निर्णय की सीख देते हैं।
- कृष्ण युद्ध वादी नहीं है—किसी को मिटाने की आकांक्षा नहीं रखते। कौरव व पांडवों में युद्ध न हो इसे रोकने के लिए उन्होंने सारे प्रयास कर लिये थे। वे यथार्थवादी हैं, परंतु जीवन, धर्म और सत्य की कीमत पर युद्ध से बचने के पक्षधर नहीं थे।

  वे कहते थे कि युद्ध न हो लेकिन युद्ध होना ही हो तो फिर भागना/पलायन ठीक नहीं। जो बोझ की तरह युद्ध में जाएगा उसकी पराजय निश्चित है।
- कृष्ण का कहना था कि अगर आप अच्छाई का दामन थामोगे तो आपकी गणना अच्छे लोगों में होने लगेगी—इस संदर्भ में उनका अर्जुन से यह कहना कि तू मेरा ध्यान कर तो तू मुझको प्राप्त होगा। श्रीकृष्ण का नारद से यह कहना कि मेरे आचरण से लोगों को शिक्षा मिलेगी। इसलिए मैं स्वयं धर्म का आचरण करता हूँ।
- श्रीकृष्ण को कंस के जिन घात-प्रतिघातों से जूझना पड़ा था, वह भी कम लोमहर्षक नहीं था। प्रजाद्रोही शासकों यथा जरासंध (कंस का श्वसुर), शिशुपाल (कंस का साढ़ू), कंस आदि के वध द्वारा आसुरी महाशक्तियों से इस धरती को मुक्त कराया तथा लोकतंत्र की स्थापना की। निरंकुश शासन सत्ता के खिलाफ कृष्ण का विद्रोह जनचेतना युक्त क्रांति थी। उनका उद्‌देश्य गद्‌दी नहीं व्यवस्था में परिवर्तन लाना था।

- कृष्ण धैर्य के धनी थे। इसका उदाहरण शिशुपाल से उन्होंने उस समय तक कुछ नहीं कहा, जब तक उसके द्वारा 100 गालियों की संख्या पूरी नहीं हो गई। इससे आगे निकलने पर उन्होंने उसका सिर काट दिया।
- बंकिम चंद ने अपनी पुस्तक 'कृष्ण चरित्र' में लिखा है—वे अलौकिक शक्ति प्राप्त ऐसी विभूति थे, जिन्होंने बचपन में अनेक हिंसक जंतुओं एवं आतातायी शासकों को मार गिराया था।
- इंद्र का दर्प दमन करना तथा बृजवासियों को उसके विरुद्ध संगठित कर गोवर्धन पर्वत की शरण में ला उसकी पूजा बंद करा एक महान् संगठक का परिचय दिया।
- कृष्ण कार्य के छोटे-बड़े में विश्वास नहीं करते थे। उनका पांडवों के राजसूय यज्ञ की पूर्णता पर भोज में लोगों की झूठी पत्तल उठाना एवं अर्जुन का सारथी बनना इसी प्रसंग में कर्मठता का उत्कृष्ट उदाहरण माना जाता है।
- गीता के शब्द किसी वक्ता की वाणी नहीं है। ये एक योगी की साधना से अभिमंत्रित पंक्तियाँ हैं।
- गीता की पोथी में डॉ. राधाकृष्णनन् ने दर्शन देखा। गांधी ने गीता में अहिंसा खोज निकाली। तिलक ने गीता में कर्म और क्रांति देखी।
- वे नारी की समानता के समर्थक थे। राधा नाराज होती तो उस समय कृष्ण को पसीने आ जाते थे। नारी अगर कहीं नर के बराबर हुई है तो ब्रज में कान्हा के साथ और कहीं नहीं।
- सत्य के वे अन्वेषक थे—कौरव अनीति पर थे, परंतु पांडव न्याय के मार्ग पर थे, परंतु कृष्ण ने सत्य का पक्ष लिया।
- कौरवों के पक्ष में जहाँ दुर्योधन जैसा गलत आदमी था। उससे जब यह पूछा गया कि क्या तुम धर्म-अधर्म नहीं पहचानते तो उसका उत्तर था कि धर्म मेरे रक्त में नहीं है। सत्य मुझे नहीं दिखता।
- वही पांडव पक्ष में युधिष्ठिर जैसे सत्यवादी थे। दुर्योधन की हठ

धर्मिता के कारण कुरूक्षेत्र के मैदान में महाभारत का युद्ध हुआ। गलत बातों का अनुसरण करने के कारण इस युद्ध में कौरवों का विनाश हो गया, जबकि उनके पास पांडवों से कई गुनी विशाल सेना एवं महान् योद्धा थे, जबकि कृष्ण के मार्ग दर्शन में कम सेना होते हुए भी पांडव लड़े और विजयी हुए।

- कृष्ण जीवन भर अनुशासित रहे। वे जीवन के हर महत्त्वपूर्ण मोड़ पर अनुशासित दिखाई देते हैं।
- सुदामा जैसे गरीब से मित्रता तथा सभी बाल गोपालों के साथ समानता का व्यवहार एवं उपलब्ध वस्तु को मिल-बाँट कर खाना—अध्ययन काल में गुरु के प्रति अटूट सेवा भाव आज की भूली-भटकी मानवता को प्रेरणा दायक संदेश देता है।
- कृष्ण के बालपन की घटनाओं पर आधारित सूरदासजी द्वारा रचित 'सूरसागर' वात्सल्य रस के क्षेत्र में बेजोड़ हैं, जिसने उन्हें सभी कवियों को पीछे छोड़ते हुए 'सूर्य' के समतुल्य बना दिया।

इस प्रकार वे बाहुबल के साथ बुद्धिबल में अद्वितीय थे। उनके पावन जन्मदिवस पर उन्हें मेरा कोटिश नमन।

□

13

भूमि कन्या के रूप में श्री राधा का प्राकट्य

भगवान् श्रीकृष्ण की पत्नी श्रीराधा वृषभानु नामक गोप की पुत्री थीं। पद्म पुराण में वृषभानु को राजा बताते हुए कहा गया है कि यह राजा जब यज्ञ की भूमि साफ कर रहा था, तब इसे भूमि कन्या के रूप में राधा मिली। राजा ने अपनी कन्या मानकर उसका पालन-पोषण किया। श्रीराधाजी के बारे में एक कथा यह भी मिलती हैं कि भगवान् श्रीविष्णु ने श्रीकृष्ण अवतार लेते समय अपने परिवार के सभी देवताओं से पृथ्वी पर अवतार लेने के लिए कहा तो भगवान् विष्णु की अर्धांगिनी लक्ष्मी राधा बनकर पृथ्वी पर आईं।

ब्रज में श्रीराधा का महत्त्व सर्वोपरि है। राधारानी का विश्व प्रसिद्ध मंदिर बरसाना ग्राम की पहाड़ी पर स्थित हैं। यहाँ की लट्ठमार होली विश्व प्रसिद्ध है। श्रीराधा ने श्रीकृष्ण के प्रेम के लिए सामाजिक बंधनों का उल्लंघन किया। दोनों का पुनर्मिलन कुरूक्षेत्र में बताया जाता है, जहाँ सूर्यग्रहण के अवसर पर द्वारिका से श्रीकृष्ण और वृंदावन से नंद, राधा आदि गए थे। श्रीराधा भगवान् श्रीकृष्ण की शक्ति हैं। श्रीकृष्ण के प्राणों से ही इनका अविर्भाव हुआ। श्रीकृष्ण इनकी नित्य आराधना करते हैं। इसलिए इनका नाम राधा है।

श्रीराधा के बारे में कहा जाता है कि उनके माता-पिता वृषभानु गोप एवं कीर्तिदा ने पूर्वजन्म में पति-पत्नी के रूप में दिव्य द्वादश वर्षों तक तप करके ब्रह्माजी को संतुष्ट किया था। इसलिए कमलयोनि ब्रह्माजी ने दोनों को यह वर दिया था—द्वापर के अंत में श्रीकृष्ण की आदिशक्ति श्रीराधा तुम्हारी पुत्री बनेंगी। इस प्रकार द्वापर के अंत में योगमाया ने श्रीकृष्ण द्वारा श्रीराधा के

लिए उपयुक्त क्षेत्र की रचना कर दी। भाद्र शुक्ल अष्टमी के दिन सोमवार के मध्याह्न में कीर्तिदा रानी के प्रसूतिगृह में सहसा एक दिव्य ज्योति फैल गई। उस तीव्र ज्योति से सबके नेत्र बंद हो गए। जब गोप सुंदरियों के नेत्र खुले तो उन्होंने देखा—एक अति सुंदर कन्या कीर्तिदा के पास पड़ी है। कीर्तिदा रानी ने अपनी कन्या को देखकर प्रसन्नता के आवेग में मन-ही-मन एक लाख गोदान का संकल्प कर डाला। बालिका का नाम राधा रखा गया।

एक बार देवर्षि नारद ने ब्रज में श्रीकृष्ण का दर्शन किया। उन्होंने सोचा, जब स्वयं गोलोक बिहारी श्रीकृष्ण भूलोक पर अवतरित हो गए हैं, तो गोलोकेश्वरी श्रीराधा भी कहीं-न-कहीं गोपी रूप में अवश्य अवतरित हुई होंगी। घूमते-घूमते देवर्षि नारद वृषभानु गोप के विशाल भवन के पास पहुँचे। वृषभानु गोप ने उनका विधिवत् सत्कार किया। फिर उन्होंने देवर्षि से निवेदन किया—भगवन्! मेरी एक पुत्री हैं, वह सुंदर तो इतनी है मानो सौंदर्य की खान हो, किंतु हमारे विशेष प्रयास के बाद भी वह अपनी आँखे नहीं खोलती है। आश्चर्यचकित देवर्षि नारद वृषभानु के साथ श्रीराधा के कमरे में गए, वहाँ बालिका का अनुपम सौंदर्य देखकर देवर्षि के विस्मय की सीमा न रही। नारदजी के मन में आया, निश्चय ही यही श्रीराधा हैं।

वृषभानु को बाहर भेजकर उन्होंने एकांत में श्रीराधा की नाना प्रकार से स्तुति की, किंतु उन्हें श्रीराधा के दिव्य स्वरूप का दर्शन नहीं हुआ। जैसे ही देवर्षि नारद ने श्रीकृष्ण वंदना करना शुरू की वैसे ही दृश्य बदल गया और देवर्षि नारद को किशोरी श्रीराधिका का दर्शन हुआ। सखियाँ भी वहाँ प्रकट होकर श्रीराधा को घेर कर खड़ी हो गईं। देवर्षि को अपने दिव्य स्वरूप का दर्शन कराने के बाद पुनः पालने में बालिका रूप में प्रकट हो गईं। देवर्षि नारद गद्गद कंठ से श्रीराधा का यशोगान करते हुए वहाँ से चल दिए। ब्रह्मवैवर्त पुराण में भगवान् श्रीकृष्ण ने अपने और श्रीराधा के अभेद का प्रतिपादन करते हुए कहा है कि श्रीराधा के कृपा कटाक्ष के बिना किसी को मेरे प्रेम की उपलब्धि ही नहीं हो सकती। वास्तव में श्रीराधा कृष्ण एक ही देह हैं। श्रीकृष्ण की प्राप्ति और मोक्ष दोनों श्रीराधाजी की कृपा दृष्टि पर ही निर्भर हैं।

□

14

हनुमानजी को महावीर कहते हैं, क्योंकि

गोस्वामीजी को किसी ने पूछा कि, आप हनुमानजी को महावीर कहते हैं, उसका कोई अर्थ है क्या? गोस्वामीजी बोले, हाँ क्योंकि वो हनुमान हैं। संसार में जो हनुमान होता है। जिसने मान को जीता, मान का हनन कर लिया, अभिमान को मिटा दिया, वो ही महावीर है। स्वयं रामजी जिसकी सराहना करते हैं, फिर भी जिसे कोई अहंकार नहीं आया। ऐसे हनुमान को प्रणाम है।

श्री हनुमानजी की वंदना में पूरा हनुमंत चरित्र कह दिया गया। राम भक्ति में, राम कथा में, राम द्वार पर बिना हनुमानजी को मिले प्रवेश हो ही नहीं सकता, इसलिए यह वंदना बड़ी अनिवार्य मानी जाती है। रामचरितमानस के जो पाँच प्राण मानें गए हैं श्री हनुमानजी उनके रक्षक हैं। सियाजु, भरतजी, लक्ष्मणजी, सुग्रीव और अन्य बहुत से व्यक्तियों के प्राण रक्षक महावीर हैं।

श्री मदबल्लाभाचार्य महाराज महावीर शब्द की व्याख्या करते हुए कहते हैं, जिस व्यक्ति ने तीन प्रकार को मार दिया हो, उसको ही महा कहते हैं मद को मारा, मदन को मारा, मत्सर को मारा। जिसके जीवन में कहीं मत्सर नहीं, मदन, काम, मद और अंहकार नहीं। इन मकार को जिसने मारा उसी के लिए ही महा शब्द का प्रयोग किया जाता है। हनुमानजी तो सकलगुणनिधान हैं। उनमें बहुत से गुण हैं किस-किस गुण की गिनती की जाए। इतना बड़ा कार्य किया, फिर भी अपने आप को शाखामृग कहते हैं कि मैं तो एक शाख मृग हूँ। □

15

हनुमान चालीसा का महत्त्व

हनुमान चालीसा में 40 छंद होते हैं, जिसके कारण इसको चालीसा कहा जाता है। हनुमान चालीसा को महान् कवि तुलसीदासजी ने लिखा था। वह भी भगवान् राम के बड़े भक्त थे और हनुमानजी को बहुत मानते थे। यदि कोई भी इसका पाठ करता है तो उसे चालीसा पाठ बोला जाता है। हिंदू धर्म में हनुमान चालीसा का महत्त्व बहुत अधिक है। यहाँ हनुमान चालीसा का एक रामबाण उपाय बताया जा रहा है। इस उपाय से सभी प्रकार की परेशानियाँ समाप्त हो जाएँगी। यह उपाय किसी भी मंगलवार या शनिवार या किसी भी श्रेष्ठ मुहूर्त में किया जा सकता है। उपाय बहुत ही सरल है, लेकिन इसे पूर्ण करने में समय काफी लगता है, जो भी व्यक्ति यह उपाय कर लेता है, उसे हनुमानजी की कृपा प्राप्त हो जाती है। व्यक्ति के जीवन में सुख और धन की कोई कमी नहीं रहती। बजरंग बली को प्रसन्न करने के लिए सबसे अच्छा और सरल उपाय है, हनुमान चालीसा का पाठ करना। जो भी भक्त नियमित रूप से हनुमान चालीसा का पाठ करता है, उसे श्रीरामदूत हनुमानजी की कृपा बहुत जल्द प्राप्त होती है।

हनुमानजी की कहानी : हनुमान चालीसा में भगवान् हनुमान के जीवन का सार छुपा है, जिसे पढ़ने से जीवन में प्रेरणा मिलती हैं। यह सिर्फ तुलसीदासजी के विचार नहीं बल्कि उनका अटूट विश्वास है। उनके इसी विश्वास के कारण औरैंगजेब ने उन्हें बंदी बना लिया था। वहीं बैठकर उन्होंने हनुमान चालीसा लिखा था।

कब पढ़ें हनुमान चालीसा : कहते हैं हनुमान चालीसा को डर, भय, संकट या विपत्ति आने पर पढ़ने से सारे कष्ट दूर जो जाते हैं।

शनि का प्रभाव दूर करने में : अगर किसी व्यक्ति पर शनि का संकट छाया है तो उस व्यक्ति को हनुमान चालीसा पढ़ना चाहिए। इससे उसके जीवन में शांति आती है।

बुरी शक्तियों को दूर भगाने में : अगर किसी व्यक्ति को बुरी शक्तियाँ परेशान करती हैं तो उसे चालीसा पढ़ने से मुक्ति मिल जाती है।

क्षमा माँगने के लिए : अपराध करने पर ग्लानि महसूस करते हैं और क्षमा माँगना चाहते हैं तो चालीसा का पाठ करें।

बाधा दूर करने में : भगवान् गणेश की तरह हनुमानजी भी कष्ट हरते हैं। ऐसे में हनुमान चालीसा पाठ करने से भी लाभ मिलता है। तनाव मुक्ति-हनुमान चालीसा पढ़ने से मन शांत होता है, तनाव मुक्त हो जाता है।

सुरक्षित यात्रा : सुरक्षित यात्रा के लिए हनुमान चालीसा का पाठ पढ़ें। इससे लाभ मिलता है और भय नहीं लगता है।

इच्छापूर्ण के लिए : किसी भी प्रकार की इच्छा होने पर भगवान् हनुमान के चालीसा का पाठ पढ़ने से लाभ मिलता है।

दैवीय शक्ति : हनुमान चालीसा के पाठ से दैवीय शक्ति मिलती है। इससे सुकुन मिलता है।

बुद्धि और बल : हनुमानजी बुद्धि और बल के ईश्वर है। उनका पाठ करने से यह दोनों ही मिलते हैं। सद्‌बुद्धि देने में—हनुमान चालीसा का पाठ करने से कुटिल-से-कुटिल व्यक्ति का मन भी अच्छा हो जाता है।

एकता बढ़ने में : हनुमान चालीसा का पाठ करने से एकता की भावना में विकास होता है।

नकरात्मकता दूर : हनुमान चालीसा का पाठ करने से नकरात्मक भावनाएँ दूर हो जाती हैं और मन में सकारात्मकता आती है।

□

16

राम भक्त हनुमान

एकादश रुद्रावतार हनुमानजी का जन्म कार्तिक कृष्णा पूर्णिमा अर्थात् दीपावली को मानते हैं तो दूसरे मतानुसार हनुमानजी का जन्म चैत मास के शुक्ल पक्ष की पूर्णिमा तिथि को मानते हैं। हनुमान कलयुग के जन देवता हैं। ऐसी धारणा है कि आज भी अपने निष्ठावान भक्तों को दर्शन देते रहते हैं।

हनुमानजी ने प्रभु श्रीराम से निश्छल भक्ति की याचना की थी। प्रभु श्रीराम ने उन्हें अपने हृदय से लगाकर कहा था—हे कपि श्रेष्ठ ऐसा ही होगा संसार में मेरी कथा के साथ आप की कृति भी अमिट रहेगी। तब हनुमान ने प्रभु राम से कहा, तब तक मैं आपकी आज्ञा का पालन करते हुए पृथ्वी पर जीवित रहूँगा। तब राम ने कहा कोई भी शरीरधारी पृथ्वी पर आपकी तुलना में विचरित नहीं है। तब हनुमान हर्षित होकर राम के चरणों में गिर पड़ते हैं। राम उन्हें हृदय से लगा लेते हैं। तब हनुमान बोले मुझे अपनी निश्छल भक्ति का वरदान दीजिए। तब राम ने एवमस्तु कहकर उन्हें वरदान दिया। सीता माता ने भी हनुमानजी को अमरत्व का वरदान दिया और सीता माता ने हनुमानजी को श्रीराम का प्रिय जानकर उन्हें आशीर्वाद देते हुए कहा—हे पुत्र तुम भविष्य में बल और शील के निधान होंगे। हनुमानजी के जीवन से जुड़े कई रोचक प्रसंग हैं—

1. हनुमानजी सिंदूर क्यों पसंद करते हैं?
2. हनुमानजी की पूजा महिलाओं को क्यों नहीं करनी चाहिए?

3. उनका नाम हनुमान क्यों पड़ा ?
4. भगवान् राम द्वारा हनुमानजी का दर्प दमन।

- **हनुमानजी सिंदूर क्यों पसंद करते हैं :** जब रावण को मार कर रामजी सीताजी को लेकर अयोध्या आए। तब हनुमानजी ने भगवान् राम और सीता के साथ आने की जिद की। राम ने उन्हें बहुत रोका, परंतु हनुमान ने अपने जीवन को राम की सेवा में लगाने की ठान ली थी। एक बार उन्होंने माता सीता को माँग में सिंदूर भरते हुए देखा तो माता सीता से इसका कारण पूछा तो माता सीता ने उनसे कहा कि यह प्रभु राम को प्रसन्न रखने के लिए सिंदूर लगाती हैं। हनुमानजी को रामजी को प्रसन्न रखने के लिए यह बात बहुत अच्छी लगी। उन्होंने सिंदूर का एक बक्सा लिया स्वयं के ऊपर उडेल लिया और राम के सामने पहुँच गए। तब श्रीराम उनको इस तरह से देखकर आश्चर्य में पड़ गए। उन्होंने हनुमान से इसका कारण पूछा। हनुमानजी ने श्रीराम से कहा कि प्रभु मैंने आपकी प्रसन्नता के लिए यह किया है। सिंदूर लगाने के कारण ही आप माता सीता से बहुत प्रसन्न रहते हो। अब आप मुझसे भी उतने ही प्रसन्न रहना। तब श्रीराम को अपने भोले-भाले भक्त हनुमान की युक्ति पर बहुत हँसी आई। इस में श्रीराम के मन में हनुमान के प्रति जगह और गहरी हो गई।
- **हनुमानजी की पूजा महिलाओं को क्यों नहीं करनी चाहिए :** हनुमानजी सदा ब्रह्मचारी रहे। यद्यपि शास्त्रों में श्री हनुमानजी की शादी होने का वर्णन मिलता है। यह शादी उन्होंने वैवाहिक सुख प्राप्त करने के लिए नहीं, अपितु उन प्रमुख विद्याओं के लिए की थी, जिन विद्याओं का ज्ञान केवल एक विवाहित को ही दिया जा सकता था। इसकी प्राप्ति के लिए हनुमानजी ने सूर्य देवता को अपना गुरु बनाया। सूर्य देवता ने नौ प्रमुख विद्याओं में से पाँच विद्या अपने शिष्य हनुमान को सिखा दी थी, लेकिन जैसे ही बाकी चार विद्याओं को सिखाने की बारी आई, तब सूर्य देव ने हनुमानजी से शादी कर

लेने के लिए कहा, क्योंकि इन चार विद्याओं का ज्ञान केवल एक विवाहित को ही दिया जा सकता था। अपने गुरु की आज्ञा से हनुमान ने विवाह करने का निश्चय कर लिया। हनुमानजी से विवाह करने के लिए किसी कन्या का चयन किया जाए। जब यह समस्या सामने आई। तब सूर्यदेव ने अपनी परम तेजस्वी पुत्री सुवर्चला से हनुमान को शादी करने का प्रस्ताव दिया। हनुमानजी और सुवर्चला की शादी हो गई। सुवर्चला परम तपस्वी थी। शादी होने के बाद सुवर्चला तपस्या में लीन हो गई। उधर हनुमानजी अपनी बाकी चार विद्याओं के ज्ञान को हासिल करने में लग गए। इस प्रकार विवाहित होने के बाद भी हनुमानजी का ब्रह्मचर्य व्रत नहीं टूटा/हनुमानजी ने प्रत्येक स्त्री को माँ समान दर्जा दिया था। यही कारण है कि किसी भी स्त्री को अपने सामने प्रणाम करते हुए नहीं देख सकते, बल्कि स्त्री शक्ति को वह स्वयं नमन करते हैं। स्त्रियाँ हनुमान को प्रसाद तो अर्पित कर सकती हैं, लेकिन 16 उपचारों जिनमें मुख स्नान, वस्त्र, चोला चढ़ाना आते हैं, यह सब सेवाएँ किसी महिला के द्वारा किया जाना हनुमानजी स्वीकार नहीं करते हैं।

- **उनका नाम हनुमान क्यों पड़ा :** हनुमत पुराण में हनुमानजी का नाम सुंदर बताया गया है, वैसे तो हनुमान के 12 नाम बताए गए हैं—हनुमान, अंजनीसुत, वायुपुत्र, महाबल, रामेष्ठ, फाल्गुन सखा, पिंगाक्ष, अमित, विक्रम, उद्धिकमर्ण, सीता शोक विनाशन, लक्ष्मण प्राण दाता, दशग्रीव दर्पहा—परंतु इनका प्रचलित नाम हनुमान है। इस नाम के पीछे एक पौराणिक कथा है। हनुमान माता अंजनी और केसरी के पुत्र थे। पवन देव के आशीर्वाद से हनुमान का जन्म हुआ था। हनुमान जन्म से ही बहुत अधिक ताकतवर और विशाल शरीर वाले थे। हनुमान के बचपन का नाम मारुति था। एक बार मारुति ने सूर्य देवता को देखकर फल समझ लिया और तेजी से सूर्य देवता की ओर पहुँचकर उन्हें निगलने की कोशिश में अपना मुँह बड़ा कर लिया। इंद्र देव ने मारुति को ऐसा करते देखा तो अपना वज्र उन पर छोड़ दिया। वज्र जाकर मारुति की

हनु, यानी कि ठोड़ी पर लगा। वज्र लगते ही नन्हे मारुति बेहोश हो गए। यह देख उनके पालक पिता पवन देव को गुस्सा आ गया, जिससे उन्होंने सारे संसार में पवन का बहना रोक दिया। जीवन पानी बिना भी कुछ समय तक रह सकता है, लेकिन प्राण वायु बिना तो एक क्षण नहीं। इसलिए इंद्र देव ने पवन देव को तुरंत मनाया। इसके बाद नन्हे मारुति को सभी देवताओं ने अपनी ओर से शक्तियाँ प्रदान कीं। सूर्य देवता के तेज अंश प्रदान करने के कारण ही हनुमान बुद्धि संपन्न हुए। वज्र मारुति के हनु पर लगा था, जिसके कारण ही उनका नाम हनुमान हुआ।

- **भगवान् राम द्वारा हनुमानजी का दर्प दमन :** भगवान् श्रीरामजी को जब यह अनुभव हुआ कि हनुमानजी ने अहंकार आ गया तो उन्होंने हनुमान के अहंकार का नाश किया। जब समुद्र पर सेतुबंधन का कार्य हो रहा था, तब भगवान् राम ने वहाँ शिवलिंग स्थापित करने का विचार किया। उन्होंने शिवलिंग लाने के लिए हनुमानजी को काशी भेजा। वे काशी जा पहुँचे। उनके मन में विचार आया कि दक्षिण में शिवलिंग की स्थापना द्वारा इच्छा पूर्ण की जा सकती है। वे गर्व से फूल गए और सोचने लगे कि वे ही यह कार्य शीघ्रता से कर सकते हैं, यहाँ हनुमान को अभिमान हुआ।
- भगवान् राम ने वानर राज सुग्रीव से कहा कि हे कपिश्रेष्ठ, श्रेष्ठ शुभ मुहूर्त समाप्त होनेवाला है। इसलिए मैं बालू का शिवलिंग बनाकर यहाँ स्थापित कर देता हूँ और बालू का शिवलिंग स्थापित कर दिया। कौस्तुभ मणि उनके पास थी। उसका स्मरण करते ही दान-दक्षिणा के लिए बहुत सारी चीजें यथा धन-वस्त्र-अन्न आदि एकत्र हुए। उन्होंने पधारे सभी ऋषि-मुनियों को दान देकर विदा किया। हनुमानजी उन्हें मार्ग में मिले। उन्होंने उनसे पूछा कि कहाँ से आ रहे हो तो उन्होंने उत्तर दिया कि राम द्वारा स्थापित शिवलिंग के कार्यक्रम से आ रहे हैं। हनुमानजी को बहुत क्रोध आया और वे राम के समक्ष पहुँचे और

बोले कि भगवान् यदि बालू का ही शिवलिंग स्थापित करना था तो मुझे शिवलिंग लेने के लिए काशी क्यों भेजा। श्रीराम बोले शुभ मुहूर्त खत्म हो रहा था, इसलिए मैंने बालू का ही शिवलिंग स्थापित करा लिया। तुम इसे उखाड़ दो। मैं तुम्हारे द्वारा लाए गए शिवलिंग को स्थापित करा दूँगा, लेकिन हनुमानजी बालू के शिवलिंग को हिला न सके और उनका अहंकार चूर-चूर हो गया। तब हनुमानजी ने श्रीरामजी के चरणों में गिर कर क्षमा माँगीं। हनुमानजी द्वारा लाए शिवलिंग को वहाँ उत्तर दिशा में स्थापित करा दिया। राम ने कहा कि भक्तजन इस शिवलिंग की पहली पूजा करने के बाद मेरे द्वारा दक्षिण दिशा में स्थापित शिवलिंग की पूजा करने पर ही पुनः लाभ प्राप्त होगा। यह शिवलिंग आज भी रामेश्वरम् में स्थापित है तथा तीर्थ के रूप में माना जाता है।

- सनातन धर्म में हनुमान सर्वाधिक पूज्य देवता है, जिनके आशीर्वाद से भक्त सभी प्रकार की चिंताओं से मुक्त हो जाता है। संत तुलसी को हनुमानजी ने दर्शन देकर उन्हें रामचरितमानस जैसे महान् ग्रंथ की रचना की प्रेरणा दी। राम, सीता और हनुमानजी को अपने ग्रंथ रामचरितमानस द्वारा हिंदू समाज का सर्वाधिक पूज्य देवता ईश्वर स्वरूप बना दिया।
- राष्ट्र कवि मैथलीशरण गुप्त ने अपने महान् ग्रंथ साकेत में उर्मिला के चरित्र को उभारने की कोशिश की और तुलसी दास के अधूरे कार्य को पूर्ण किया। राम के साथ सीता ने वन गमन किया था, परंतु लक्ष्मण के साथ उर्मिला को न ले जाने के कारण उनका त्याग किसी भी रूप में कम नहीं था। वास्तव में श्री मैथलीशरण गुप्त ने पूज्य बापू के आशीर्वाद से उर्मिला के त्याग को साकेत जैसे महाकाव्य द्वारा उभारने की पूरी कोशिश की है, जिसे बापू ने मुक्त कंठ से सराहा। रामचरितमानस के इन सभी पात्रों को हनुमान सहित शत-शत बार नमन।

□

17

सनातन धर्म और मूर्ति पूजा

पहले हम सनातन धर्म का अर्थ समझे, जिसमें मूर्ति पूजा का विधान है। मूर्ति पूजक को आस्तिक कहा जाता है। हमारे देश में मोहनजोदड़ो-हड़प्पा जैसी भारतीय प्राचीन सभ्यता-संस्कृति में मूर्ति पूजा के प्रमाण मिले हैं। मूर्ति पूजा हमारे अचेतन मन में ईश्वर भक्ति के प्रति आस्था पैदा करती है।

हमारे संतों और कवियों ने भगवान् की मूर्ति के समक्ष बैठकर उन्हें रिझाने की कोशिश की है, चाहे वह गणेश वंदना हो—भगवान् राम-कृष्ण-शिव की उपासना हो। सूर-तुलसी-मीरा ने भगवान् के साकार रूप की उपासना की है। वर्तमान काल में राधा को अपना इष्ट मानने वाले महान् संत श्री कृपालुजी महाराज, जो ब्रह्मलीन हो चुके हैं, राधा की भक्ति में इतने अनुरक्त हो जाते थे कि वे उनकी अराधना के सम्मक्ष अपना सबकुछ भुला देते थे।

देश का दुर्भाग्य था कि हम 1500 वर्ष तक गुलाम रहे। मुस्लिम काल में मंदिरों को ध्वस्त किया गया। मथुरा-काशी-अयोध्या आदि स्थानों के मंदिरों के भग्नावशेष इस बात के साक्षी हैं। मुस्लिम आक्रमणकारियों का उद्देश्य मंदिरों की मूर्ति को तोड़ना रहा, जो हमारी आस्था-श्रद्धा की प्रतीक थी। जब मोहम्मद गजनी ने भारत पर आक्रमण करते समय गुजरात में प्रवेश किया तो वहाँ उसने सोमनाथ के शिव मंदिर को तोड़ दिया। शिव पूजा में लगे पंडितों ने उसे धन लेकर मूर्ति न तोड़ने की बात कही, तब गजनी का उत्तर था कि मैं मूर्ति विक्रेता नहीं मूर्तिभंजक बनना चाहता हूँ। वह शिवलिंग को खंड-खंड

करके गजनी (अफगानिस्तान) ले गया, जहाँ उसने मस्जिद बनवाई, जिसकी सीढ़ियों पर उस मूर्ति के टुकड़े लगाए गए, जिससे आते-जाते मुसलमानों के पैर पड़े। नि:संदेह इन मुस्लिम आक्रमणकारियों के मंदिर विंध्वस करने के कारण हिंदू धर्म के अनुयायी आहत हुए। मुगल बादशाह बाबर ने अयोध्या के राम मंदिर को तोड़कर अपने नाम से बाबरी मस्जिद बनवाई, जिसे पिछले वर्षों में स्वयसेवकों द्वारा ढहा दिया गया। यह प्रकरण सर्वोच्च न्यायालय के समक्ष विचाराधीन है कि पहले यहाँ मंदिर था, जिसे तोड़कर मस्जिद बनाई गई अथवा मस्जिद का ही इस स्थान पर अस्तित्व था।

अत्याचारी मुगल बादशाह औरंगजेब का कार्यकाल इस प्रकार की पाशविकता से भरा पड़ा है। कर्नाटक के मैसूर राज्य के शासक टीपू सुल्तान ने भी मंदिरों को तोड़ा, इससे हिंदुओं की धार्मिक भावना आहत हुई। अखंड भारत से अलग होकर दो नए देश पाकिस्तान-बंगलादेश बने। वहाँ से करोड़ों की संख्या में हिंदू प्रजा ने भारत में शरण ली तथा वहाँ उनके पूजास्थल तोड़े गए, जिसका सिलसिला आज भी जारी है। इस सबसे हमारे सनातन धर्म को बहुत हानि पहुँची, जो सनातन धर्म भारत में केरल से कश्मीर तक--पश्चिम बंगाल से गुजरात तक विस्तृत है। यहाँ सभी जगह सनातन धर्म के अंतर्गत मूर्ति पूजा का विधान है। केरल में पैदा हुए आदि गुरु शंकराचार्य ने देश के चार कोनों में सनातन धर्म के प्रतीक मठ बनवाए और सनातन धर्म को पुनर्स्थापित करने का प्रयास किया। उन्होंने मूर्ति पूजा के विरोधियों को शास्त्रार्थ में पराजित किया। उसी का प्रतिफल है कि भारत की हिंदू जनता सनातन धर्म में विश्वास रखती है, जिसमें मूर्ति पूजा का विधान है।

हम सर्वप्रथम सनातन धर्म का अर्थ समझे इसके संबंध में बुद्ध कहते हैं कि सत्य को छोड़कर जो असत्य बोलता है—धर्म का उल्लंघन करता है—परलोक की जिसे चिंता नहीं है, वह आदमी बड़े-से-बड़े पाप कर सकता है, जो मनुष्य शास्त्र की बातें तो बहुत करता है, पर उसके अनुसार आचरण नहीं करता वह साधु बनने के लायक नहीं है। देखने में फूल बहुत सुंदर हों, पर उसमें खुशबू न हो तो उसका होना, न होना बराबर है। उसी तरह से जो

आदमी बोलता तो बहुत मीठा है, पर जैसा बोलता है, वैसा करता नहीं। उसकी मीठी वाणी व्यर्थ है।

भगवान् बुद्ध आगे कहते हैं कि असत्यवादी नर्कगामी होते हैं और वे भी नर्क में जाते हैं, जो करके 'नहीं किया' कहते हैं, जिसे जानबूझकर झूठ बोलने में लज्जा नहीं वह कोई भी पाप कर सकते हैं, इसीलिए तो यह हृदय में अंकित कर ले कि मैं हँसी-मजाक में भी कभी असत्य नहीं बोलूँगा जितनी हानि शतरु-शतरु और बेरी-बेरी की करता है, मिथ्या मार्ग का अनुगमन करनेवाला चित्त उससे कही अधिक हानि पहुँचाता है। सभा में, परिषद् में अथवा एकांत में किसी से भी झूठ न बोले। झूठ बोलने के लिए दूसरों को प्रेरित नहीं करे। असत्य का सर्वांश में परित्याग कर देना चाहिए। सत्य वाणी ही अमृत वाणी है, सत्य वाणी ही सनातन धर्म है। सत्य और सधर्म पर संतजन सदैव दृढ रहते हैं। सत्य एक ही है दूसरा नहीं। सत्य के लिए बुद्धिमान विवाद नहीं करते। मूर्ति पूजा सनातन धर्म के प्रति हमारी आस्था का प्रतीक है। सनातन धर्म में जब कुछ बुराइयाँ घर कर गईं तो स्वामी दयानंद सरस्वती ने जब इनके विरुद्ध आवाज उठाई तो उन्हें दूध में जहर पिलाकर मार दिया गया। पिछले दिनों ऐसी कुछ घटनाएँ हुईं, जिनसे हमारा सिर शर्म से झुक गया और सनतान धर्म जो सहिष्णुता पर आधारित था, उसे कंलकित किया गया इसमें अंधविश्वास के विरुद्ध आवाज उठाने वाले यथा एम. कलबुर्गी (कर्नाटक), नरेंद्र दाभोलकर (महाराष्ट्र), गोबिंद पनसारे (महाराष्ट्र), गौरी लंकेश (कर्नाटक) की हत्या कर दी गई। यह एक शर्मनाक घटना थी, जिससे सनातन धर्म कलंकित हुआ।

स्वामी विवेकानंद का एक प्रसंग हमारे अंदर सनातन धर्म के प्रति आस्था पैदा करता है, जिसमें स्वामीजी को राजा ने अपने भवन में बुलाया और बोला आप हिंदू लोग मूर्ति पूजा क्यों करते हैं ? मिट्टी, पीतल, पत्थर की मूर्ति में क्या भगवान् के दर्शन होते हैं। मैं ये सब नहीं मानता ये तो केवल एक पदार्थ हैं। उस राजा के सिंहासन के पीछे किसी राजा की तस्वीर लगी थी। विवेकानंदजी की नजर उस तस्वीर पर पड़ी। विवेकानंदजी ने राजा से पूछा, राजाजी ये तस्वीर किसकी है। राजा बोला मेरे पिताजी की। स्वामीजी बोले

उस तस्वीर को अपने हाथ में लीजिए। राजा तस्वीर को हाथ में ले लेता है। स्वामीजी राजा से कहते हैं कि अब आप उस तस्वीर पर थूकिए। राजा को और अधिक क्रोध आ जाता है। स्वामीजी आप होश में तो हैं न। मैं यह काम नहीं कर सकता। स्वामीजी बोले क्यों? आप ऐसा क्यों नहीं कर सकते। ये तस्वीर तो केवल एक कागज का टुकड़ा है, जिस पर कुछ रंग लगा है, इसमें न जो जान है और न आवाज, न तो यह सुन सकती है, न ही कुछ बोल सकती है, इसमें न ही हड्डी हैं और न ही प्राण। फिर भी आप इस पर कभी नहीं थूक सकते, क्योंकि आप इसमें अपने पिता का स्वरूप देखते हो और आप इस तस्वीर का अनादर करना, अपने पिता का अनादर करना ही समझते हो। स्वामीजी की ऐसी बात सुनकर थोड़ी देर के लिए मौन छाया रहा। स्वामीजी ने मौन भंग करते हुए कहा, वैसे ही हम हिंदू भी उन पत्थर, मिट्टी या धातु की पूजा भगवान् का स्वरूप मानकर करते हैं। भगवान् तो कण-कण में है, पर एक आधार मानने के लिए और मन को एकाग्र करने के लिए मूर्ति पूजा करते हैं। स्वामीजी की बात सुनकर राजा ने स्वामीजी के चरणों में गिरकर क्षमा माँगी।

फेसबुक संस्थापक मार्क जुकर वर्ग (अमेरिका) वह भारत को ज्ञान का मंदिर मानते हैं। एप्पल के पूर्व सी.ई.ओ. स्टीव जोब्स को कहा गया कि वह भारत में एक मंदिर का दौरा करे—इसलिए उन्होंने एक महीने के लिए भारत का दौरा किया। भारत की यात्रा के बाद उनके भीतर फेसबुक को अरबों की कंपनी के रूप में तब्दील करने का भरोसा फिर से पैदा हुआ। उनका कहना था कि कुछ करने से पहले आपको मंदिर जाना चाहिए। पश्चिमी देशों में हमारे मंदिरों में विराजमान देवी-देवताओं के प्रति भौतिकवाद से ऊब के कारण अद्भुत श्रद्धा पैदा हुई है। सबसे पहली कार निर्माता हेनरी फोर्ड के कंपनी के सी.ई.ओ. हरे राम, हरे कृष्ण संप्रदाय से जुड़े होने के कारण भगवान् कृष्ण के प्रति उनकी अगाध अनुरक्ति है तथा मंदिर निर्माण के लिए 100 करोड़ रुपए दान में दिए हैं।

□

18

लक्ष्मीजी का उत्कर्ष एवं दीपोत्सव का विधान

अनादि काल से हम धर्म से अनुप्राणित रहे हैं। बहुदेववाद हमारे धर्म का प्रमुख आधार रहा है। एकेश्वरवाद के प्रवर्तक स्वामी दयानंद सरस्वती, दादूजी, संत सुंदरदास जैसे महापुरुष रहे हों, परंतु हम सदैव बहुदेववाद को ही अपनी पूजा का आदर्श मानते रहे हैं।

इस्लाम, ईसाई धर्म भले ही एकेश्वरवाद के समर्थक हो, परंतु हमने विदेशी आक्रमणकारियों से अपनी धार्मिक भावनाओं को अक्षुण्य बनाए रखा है।

मोहम्मद गजनी, अहमद शाह अब्दाली, तैमूर लंग, नादिर शाह और औरंगजेब जैसे दुर्दांत आक्रमणकारी एवं धर्मांध हमें बहुदेववाद की पूजा से वंचित नहीं कर सके।

दैवीय शक्ति के रूप में हम जहाँ ज्ञान की अधिष्ठार्थी देवी सरस्वती की आराधना हमारे पूजा-विधान का जहाँ भाग है, वहीं धन, वैभव, ऐश्वर्य की देवी लक्ष्मी को भी हमने धार्मिक विश्वास का आधार बनाया है। लक्ष्मीजी की पूजा के हमें दो रूप मिलते हैं। एक उल्लूवाहिनी लक्ष्मी जो रजोगुण का प्रतीक है। उसकी आराधना करनेवाले को प्रकाश रूपी सत्कर्म नहीं सूझते। उसकी उपासना करने से मनुष्य में दुर्गुणों की अधिकता होती है। इसके विपरीत गरुड़वाहिनी लक्ष्मी प्रकाश प्रिय है। इसकी उपासना करने से परिवार में सुख,

शांति, परस्पर सौहार्द में दिनोदिन वृद्धि होती है। अतः अंधकार व दुर्गुणों को दूर करने के लिए सतगुण रूपी प्रकाश फैलाने के लिए उल्लूवाहिनी लक्ष्मी का नहीं गरुड़वाहिनी लक्ष्मी की उपासना करें। यही लक्ष्मी सब प्रकार की दरिद्रता दूर कर विजय व वैभव लाने वाली है। यही विष्णुप्रिया विष्णुपत्नी है। संपूर्ण जगत् की माता, जगत्माता जगदंबा है। लक्ष्मीजी जब समुद्र मंथन से प्रकट हुई तो लक्ष्मी उसे वर के रूप में चुनना चाहती थी, श्रेष्ठ गुणों से पूर्ण हो, जो सबका पालन करता हो। ऐसे एकमात्र विष्णु थे, सो लक्ष्मी ने उनका वर्ण किया। इससे जीवन में सफलता के महान् सूत्र-श्रेष्ठ बनने की प्रेरणा मिलती है।

एक अन्य कथा में आता है, जब रुक्मिणी लक्ष्मी से मिलने बैकुंठ पहुँची तो उन्होंने लक्ष्मी से पूछा कि देवी आप कैसे मनुष्य के पास और किन स्थानों पर रहती है। उन्होंने बताया, जो मनुष्य मधुर बोलने वाला कार्य-कुशल, संयमी, सदाचारी, धर्मज्ञ, बुद्धिमान, उदार होता है, उसके यहाँ मेरा निवास है।

लक्ष्मी एक विचारधारा भी है, जो हमें श्रेष्ठ गुणों के आधार पर जीवन जीने की प्रेरणा देता है। महापुरुषों की जीवन की सफलता में यही गुण सन्निहित है। लक्ष्मी पूजा का भी यही विधान है कि हम श्रेष्ठ जीवन को अपनाकर स्वयं के विकास एवं राष्ट्र के संवर्धन में भागीदार बने।

लक्ष्मीजी के साथ सरस्वतीजी और गणेशजी की भी पूजा की जाती है। इसके संदर्भ में एक पौराणिक मान्यता है कि एक बार लक्ष्मीजी सरस्वतीजी के घर गई, जहाँ सरस्वतीजी ने मधुर संगीत बखेरकर उनका भव्य स्वागत किया, जिसे देखकर लक्ष्मीजी मुग्ध हो गई सरस्वतीजी को वरदान दिया कि पूजन के वक्त सदैव मेरे साथ तुम्हारी भी पूजा होगी। यही कारण है कि दीपोत्सव/दीवाली पर लक्ष्मीजी, सरस्वतीजी और गणेशजी की साथ-साथ पूजा होती है अतः श्री गणेश कार्यसिद्धि, लक्ष्मी धनवर्षा व सरस्वती घर-आँगन में संगीत व विद्या बखेरने तथा दीपक का मानव का अंधकार नष्ट करने के प्रतीक के रूप में दीपावली महोत्सव मनाया जाता है।

ज्योति पर्व/प्रकाश पर्व/दीप पर्व का उल्लेख अनेक प्राचीन ग्रंथों में

मिलता है। भगवान् राम जब 14 वर्ष बाद अयोध्या आए, तब मकानों की छत पर दीप जलाए गए थे। इसका आशय यह था कि वह यह जान ले कि यह अयोध्या है, जो उनके स्वागत में दीप जलाकर उनकी प्रतीक्षा कर रही है।

दीप जलाने की यह परंपरा यूनान, चीन, थाईलैंड, जापान, दक्षिण अमेरिका आदि देशों में आज भी है।

'हेमाद्रि पुराण' में चतुर्मुखी या अष्टमुखी दीप के साथ 8 बत्तियों जलाने का विधान है। यह 8 दीप धर्म, महादेव, पृथ्वी, राधा-दामोदर, धर्म-राज, प्रजापति, गण-पितृगण, प्रेतों के निमित किए जानेवाले दीप-दान के प्रतीक माने गए हैं।

हमारे यहाँ ज्योति और प्रकाश की पूजा की प्राचीन परंपरा है। प्रकाश का एकमात्र अनादि और अनंत स्रोत सूर्य ही है। विश्व की प्राचीन संस्कृतियों में बुद्धि (ज्ञान) को प्रकाश की प्रतिमूर्ति माना गया है। यूनानी संस्कृति भी इस तथ्य की पुष्टि करती है। सच तो यह है कि प्रकाश की यह पूजा ही दीपोत्सव, ज्योतिपर्व, प्रकाशपर्व या दीपावली का आधार है।

चंद्रगुप्त के समय गुप्तकालीन ग्रंथों के अनुसार पाटिलपुत्र में यह महोत्सव धूम-धाम से मनाया जाता था।

'प्राकृत गाथा सप्तशती' के अनुसार दीपोत्सव का समय 2000 वर्ष से भी पहले का माना जाता है।

□

19

प्रकाशोत्सव और लक्ष्मी निवास

महान् कथाकार मुंशी प्रेमचंद ने कहा था कि उत्सव आपस में प्रीति बढ़ाए जाने के लिए मनाए जाते हैं, जब प्रीति के बदले द्वेष बढ़े तो उनका न मनाना अच्छा है। भारत त्योहारों का देश है। इन त्योहारों का संबंध धार्मिक सांस्कृतिक के साथ किसानों की फसल आने की प्रफुल्लता से जुड़ा हुआ है। सदियों से इन त्योहारों के साथ जो घटनाएँ जुड़ी हुई हैं। वे भी इन त्योहारों की महत्ता बढ़ाती हैं। दीपोत्सव प्राय अक्तूबर/नवंबर माह में मनाया जाता है।

यदि हम अपने देश के प्रमुख त्योहारों पर प्रकाश डालें तो ज्ञात होता है कि दीपावली/दीपोत्सव विश्व स्तर पर अपनी महत्ता के लिए स्वीकार्य है। मध्यकाल में मुगल शासक स्वयं दीपावली को उल्लास के प्रतीक के रूप में दीप जला अपनी मनोभावना का इजहार करते थे। हिंदुओं द्वारा यह पर्व भगवान् राम के 14 वर्ष के वनवास से वापस आने के उल्लास के प्रतीक के रूप में मनाया जाता है। अयोध्यावासियों ने भगवान् राम के आगमन के उपलक्ष्य में दीप प्रज्वलन कर अपनी प्रसन्नता का परिचय दिया था, तब से अब तक सदियाँ बीत गईं, परंतु दीपोत्सव का यह पावन पर्व सभी वर्गों में आज भी सर्वाधिक महत्त्व के साथ जन-जन की आस्था के प्रतीक के रूप में जाना जाता है।

यह त्योहार ज्ञान के प्रकाश से भी जुड़ा हुआ है। ब्रह्मा से अंधकार ने

शिकायत की कि सूरज मुझे टिकने नहीं देता। ब्रह्मा ने अंधकार को सूरज से मिलने को कहा, परंतु सूरज ने अंधकार देखा ही नहीं था अंधकार में साहस नहीं था कि वह सूरज से मिल सके, जिस प्रकार अंधकार सूरज का सामना नहीं कर सकता, उसी प्रकार ज्ञान के सामने अज्ञान का कोई वजूद नहीं है।

भगवान् बुद्ध ने कहा—तुम दीप बनो, दीप वही है, जो प्रकाश है दीप के आलोक को अग्नि, सूर्य व चंद्रमा तीनों का प्रतीक रूप माना गया है। दीपावली का यह पावन पर्व सामाजिक स्तर पर उसी ज्योति साधना की व्यापक प्रेरणा है। चौथी शताब्दी के पदम पुराण तथा सातवीं शताब्दी के स्कंद पुराण में पहली बार दीपावली की विस्तृत रूप रेखा प्रस्तुत की गई।

कुछ विचारकों का मत है कि विजय दशमी को रावण का वध हुआ और अयोध्या लौटने पर श्रीराम के राज्याभिषेक उत्सव के रूप में दीपावली आयोजित की गई। यही वह पर्व है, जो उल्लास, प्रसन्नता, हर्ष एवं खुशी का इजहार कराता है। जहाँ-जहाँ भारतीय गए वहाँ-वहाँ अपने साथ अपनी धर्म संस्कृति से जुड़े—इन तीज-त्योहारों को भी ले गए। सिंगापुर, मलेशिया, थाइलैंड, त्रिनिदाद, फिजी, गयाना, मॉरीशस, सुरीनाम आदि देशों में दीपावली ज्योति पर्व के रूप में मनाई जाती है। त्रिनिदाद के पूर्व प्रधानमंत्री श्री वासुदेव पांडे का कहना है कि यहाँ के छोटे-बड़े सभी शहर में दीपावली पर भारत के गाँवों जैसा ही नजारा देखने को मिलेगा। इस अवसर पर यहाँ तेल के दीप जलाए जाते हैं। त्रिनिदाद की एक सड़क का नाम दीवाली स्ट्रीट है। मॉरीशस में भी दीवाली पर बाजारों में जबरदस्त रौनक रहती है। यहाँ के प्रवासी भारतीय पूरे विधि-विधान के साथ दीवाली पूजन करते हैं। गयाना-सुरीनाम जैसे कैरिबियाई देशों में बसे भारतीय कुछ महीने पहले से ही धार्मिक पुस्तकें मँगवाना शुरू कर देते हैं। मलेशिया यहाँ बसे भारतीय मोहल्ले उसी तरह जगमग हो जाते हैं, जैसे भारत में होते हैं।

मध्य एशिया के देश बहरीन, कुवैत, कतर, ओमान, सऊदी अरब जैसे खाड़ी देशों में बसे भारतीय भारत से मिठाइयाँ रोशनी के पर्व से जुड़े सामान भारत से मँगवाते हैं। विश्व की सर्वोच्च दो शक्तियाँ अमेरिका एवं ब्रिटेन—

व्हाइट हाउस—राष्ट्रपति निवास वाशिंगटन पूर्व राष्ट्रपति बराक ओबामा एवं फर्स्ट लेडी मिशेल ओबामा डोनाल्ड ट्रम्प (वर्तमान अमेरिकी राष्ट्रपति) तथा ब्रिटिश में दीप प्रज्वलन कर विधि-विधान से प्रकाशोत्सव मनाना, हम भारतीयों के लिए गर्व की बात है। कार्तिक मास के कृष्ण पक्ष में मनाए जानेवाला यह पर्व हमें सद्भावना, एकता सौंदर्यबोध, स्वच्छता के साथ जीवन की सार्थकता का संदेश देता है। व्यक्ति को निराशा से आशा की ओर ले जाने के लिए प्रेरित करता है।

धन की देवी लक्ष्मी की इस अवसर पर पूजा की जाती है, वे वैश्य समाज की कुल देवी के रूप में हमारी आराध्या है। इस आराध्या की कृपा हमारे ऊपर जीवन पर्यांत बनी रहे। इस अवसर पर सरस्वती की भी पूजा की जाती है। जब लक्ष्मीजी ने सरस्वती का वीणा वादन सुना तो बड़ी प्रसन्न हुई तथा यह वरदान दिया कि मेरे साथ तुम्हारी भी पूजा होगी। उसी का परिणाम है कि लक्ष्मीजी के साथ सरस्वतीजी की भी पूजा का विधान है।

इस बार लंदन में श्री स्वामी नारायण मंदिर में आयोजित कार्यक्रम में दीपावली महोत्सव में भारतीय परिधान पहनकर आई पूर्व ब्रिटिश प्रधानमंत्री डेविड कैमरन की पत्नी सामंध कैमरन सबके आकर्षण का केंद्र बन गई। उन्होंने भारतीय परंपरानुसार हाथ जोड़कर सबका अभिवादन कर आदर्श भारतीय नारी के रूप में सबका मन मोह लिया। एक किंवदती प्रचलित है कि लक्ष्मीजी किसी के पास स्थिर नहीं रहती, वे विष्णु प्रिया है। कहा जाता है कि लक्ष्मी चंचल होती है—रहीमजी ने लिखा है—

कमला थिरन रहीम काहे वह जानत है सब कोइ,
पुरुष पुरातन की वधु क्यों ने चंचला होय।।

जब श्रीकृष्ण प्रिया रुक्मिणी ने लक्ष्मीजी से पूछा कि देवी आप कहाँ और कैसे मनुष्यों के पास रहना पसंद करती हैं तो उन्होंने उत्तर दिया, जो मनुष्य परिश्रमी, कार्यकुशल, जितेंद्रीय, दयालु और उदार हैं, उनके यहाँ मेरा निवास होता है। वही व्यक्ति धर्म, अर्थ, सुयश के पात्र होते हैं। उन्हें वे ही स्त्रियाँ पसंद हैं, जो कर्तव्य परायण चरित्रवान होती हैं। उन्हीं के यहाँ लक्ष्मी

का निवास होता है। महालक्ष्मी के रूप में वे भक्तों का कल्याण करनेवाली होती हैं। वे भक्तों के समस्त मनोरथ पूर्ण करती हैं। महाभारत में कहा गया है कि लक्ष्मी शुभ कार्य से उत्पन्न होती हैं। चतुरता से बढ़ती है और संयम से स्थिर रहती है।

गरुण पुराण के अनुसार जिस घर में कलह रहती है, माता-पिता का निरादर होता हैं तथा अकर्मण्यता, आलस्य के कारण सदैव दरिद्रता के बाहुपास में जकड़े रहते हैं। वहाँ लक्ष्मी का वास नहीं होता, यदि इंद्र भी हो तो लक्ष्मी उसको छोड़कर चली जाएगी, ऐसे स्थानों पर लक्ष्मी की बड़ी बहन अलक्ष्मी का वास होता है। ब्रह्म वैवर्तपुराण में लिखा है—अलक्ष्मी के पति का नाम दुःसह है अर्थात् ऐसे व्यक्तियों को अपार दुःख भी सहने पड़ते हैं। कुछ विद्वानों को कहना है कि लक्ष्मी और सरस्वती एक साथ नहीं रह सकती—इस सबंध में महापंडित राहुल सांकृत्यायन का एक प्रसंग इस कथन का साक्षी है। एक बार उनकी पत्नी घर से बाहर काम से जाते समय उन्हें लक्ष्मी के चित्र के समक्ष, जहाँ दीपक जलाकर रखा हुआ था बिठा गई कि दीपक बुझ न जाए, जब वे वापस घर आई तो यह देखकर दंग रह गई कि दीपक बुझा हुआ था—लक्ष्मी का चित्र दीवार से हटा हुआ था, उन्होंने जब इसका कारण पूछा तो बताया कि सरस्वती पुत्र का लक्ष्मी पूजन से क्या सरोकार?

प्रायः सरस्वती पुत्र लक्ष्मी की कृपा से वंचित होते देखे गए हैं। उदाहरणार्थ महान् साहित्यकार मुंशी प्रेम चंद एवं मैक्सिमगोर्की (रूस) जैसे असंख्य मनीषी अभावों में पैदा हुए और अभावों में ही जीवन जीया। यही स्थिति हिंदी के यशस्वी साहित्यकार श्री सूर्यकांत त्रिपाठी 'निराला' की थी।

□

20

पावन पर्व दीपावली…

जीवन में उमंग भरने में हमारे सामाजिक, धार्मिक, राष्ट्रीय पर्वों की बहुत बड़ी भूमिका अनादिकाल से रही है। अधिकांश पर्व ऐसे समय में आते हैं, जब फसल पककर तैयार होने को होती है। फिर हमारा भी देश कृषि प्रधान देश है, जहाँ 50 प्रतिशत व्यक्ति खेती पर अवलंबित हैं, जबकि अमरीका में 2 प्रतिश और यूरोप में 5 प्रतिशत व्यक्ति खेती पर अवलंबित हैं।

यही एक ऐसा पर्व है जो देश के सभी धर्मों एवं वर्गों से जुड़ा हुआ है। हमारे देश की अर्थव्यवस्था खेती पर अवलंबित है। इसी कारण धन, समृद्धि, संपन्नता की अधिष्ठात्री देवी लक्ष्मी के पूजन का विधान अनादिकाल से चला आ रहा है। सदियों से हमारी समृद्धि के प्रतीक स्वरूप उन्हें समाज के कल्याणकारी देवी के रूप में देखा जाता है। समुद्र मंथन से अनेक वस्तुएँ निकलीं उनमें एक श्री, सौंदर्य और ऐश्वर्य की प्रतीक लक्ष्मी प्रकट हुईं, उन्हें पाने के लिए दैव, असुर सभी लालायित थे। लक्ष्मीजी उसे चुनना चाहती थीं, जो श्रेष्ठ गुण संपन्न हो, जो सबका पालन करता हो। ऐसे एक मात्र भगवान् विष्णु थे। लक्ष्मीजी ने उनका वरण किया। लक्ष्मीजी का कहना था कि जो स्त्री पति की सेवा करती है जिसमें क्षमा, सत्य, संयम, सरलता और सदगुण होते हैं, मैं उनके समीप निवास करती हूँ। लक्ष्मी एक सिद्धांत भी है, जो उनमें श्रेष्ठ गुणों के आधार पर जीवन जीने की प्रेरणा देता है। जो व्यक्ति महान् बने हैं, उनमें हम इन्हीं गुणों का समावेश पाते हैं। यही लक्ष्मी पूजा का तात्पर्य है।

लक्ष्मी पूजा का यह पर्व—दीपावली सदियों से कार्तिक कृष्णा, तिथि अमावस्या को आता है। इस अवसर पर सरस्वती, लक्ष्मी, गणेशजी की पूजा के पीछे यह धारणा है कि वे क्रमश: विद्या, धन एवं कार्य सिद्धि के साथ दीपक को मानव जीवन के अंधकार विदीर्ण के रूप में देखा जाता है। यह सत्य है कि लक्ष्मी, सरस्वती का आपस में विरोध रहा है। परंतु एक बार लक्ष्मीजी सरस्वतीजी के घर गईं, जहाँ सरस्वती ने मधुर संगीत बिखेर कर इनका भव्य स्वागत किया, जिसे देखकर लक्ष्मी मुग्ध हो गईं और सरस्वती को वरदान दिया कि पूजन के वक्त सदैव मेरे साथ तुम्हारी भी पूजा होगी।

इस लोकपर्व को स्वच्छता पर्व के रूप में देखा जाता है। इस संदर्भ में हम देखें तो वर्तमान प्रधानमंत्री नरेंद्र मोदी स्वच्छता को राष्ट्रीय अभियान के रूप में संचालित कर रहे हैं, जिससे देश 2019 तक स्वच्छ देश के रूप में स्थापित हो जाए। सदियों पूर्व हमारे पूर्वजों ने इस स्वच्छता के महत्त्व को इस दीपावली पर्व से जोड़कर देखा था। यही कारण है कि इस पर्व के आने से पूर्व लोग अपने घरों को साफ-सुथरा बना एक दुलहन की तरह सजाने के पीछे लक्ष्मी के घर प्रवेश की धारणा सन्निहित है। संत साँई बाबा का भी इस संदर्भ में कहना है, ''स्वच्छ रखो अपना घर और उसके आस-पास का वातावरण, इससे बना रहेगा स्वास्थ्य व आनंद तुम्हारा और समाज का।''

इस अवसर पर अपनी खुशी का इजहार करने के लिए पटाखों का प्रचलन प्रारंभ हुआ। दुनिया में सबसे पहले 1040 ई. में चीन ने पटाखों का प्रयोग किया। मार्कोपोलो अपनी चीन-यात्रा के समय इसे यूरोप ले गए, जहाँ सबसे पहले 1228 ई. में इसका प्रयोग शुरू हुआ। 14वीं शताब्दी शुरू होते-होते प्राय: दुनिया के प्रत्येक देश में खुशी के इजहार के रूप में इनका प्रचलन बढ़ा। 1892 ई. में अमरीका में 10 लाख लोगों ने कोलंबस के चौथी बार आगमन की खुशी में अतिशबाजी को देखा—

- दीपावली के अवसर पर पटाखे छोड़कर मुगल बादशाह खुशी का इजहार करते थे। दीपावली पर दीप जलाकर इसे धूमधाम से मनाते थे। सम्राट् बाबर का शाही महल पूरे 7 दिनों तक लाखों देशी घी के दीपों से

जगमगाता रहता था।

- बाबार के उत्तराधिकारी हुमायूँ भी दीपावली बहुत उत्साह के साथ मनाते थे। वे हिंदू देवी-देवताओं यथा लक्ष्मी आदि की पूजा के साथ एक विशाल मैदान में आतिशबाजी का आयोजन करते थे। फिर 101 तोपों के गोले छोड़े जाते थे। लोगों को मिठाइयाँ बाँटी जाती थी।
- शाह आलम द्वितीय भी दीपावली बड़ी शान से मनाया करते थे। पूरे महल को हजारों तोपों से सजाया जाता था।
- अबुल-फजल ने अपने ग्रंथ 'आइना-ए-अकबरी' में सम्राट अकबर द्वारा दीपावली पर्व मनाए जाने का जिक्र किया है। अकबर स्वयं दीपावली की रात मुंडेरों पर स्वयं दीये सजाया करते थे। शहजादियाँ और बेगम सुंदर वस्त्र पहनकर सजधज कर महल की छत पर एकत्र होती थीं।
- बादशाह जहाँगीर को भी दीवाली मनाने का बड़ा शौक था, इस दिन वे जी भर कर जुआ खेलते थे।
- तेलुगू भाषा के लेखक भैरव कल्प ने अपनी कृति में लिखा है कि मुगल बादशाहों के अधीन नवाब लक्ष्मी की मूर्ति के समक्ष तीन दीप जलाकर पूजा करते थे। वे नरक चतुर्दशी एवं दीपावली धूमधाम से मनाते थे। साँझ ढलते ही आतिशबाजी के साथ शौर्य प्रदर्शन किया जाता था।

यह त्योहार दीपावली पूजा के साथ गोवर्धन पूजा और भैया दूज से भी जुड़ा हुआ है।

- इस प्रकार यह त्योहार किसी खास वर्ग का न होकर संपूर्ण राष्ट्र का हो गया है। इस त्योहार के पीछे ऐसे अनेक कथानक विभिन्न धर्मों के जुड़े हुए हैं, जो इसे सभी के लिए स्वीकार्य बनाते हैं। इस कथन को निम्न बिंदुओं के आधार पर प्रतिपादित किया जाता है—
- यहाँ तक कि मोहनजोदड़ो की सभ्यता में दीपावली मनाए जाने के चिह्न मिलते हैं।
- भगवान् राम रावण को मारकर, जो अनीति, अन्याय, असत्य, अत्याचार

का प्रतीक था, अयोध्या वापस लौटे तब उनका दीप जलाकर स्वागत किया गया। राम स्वयं ऐसी महान् व अलौकिक विभूति थे, जिन्होंने अपने समस्त जीवन में जिन मर्यादाओं को स्थापित किया, वह समाज निर्माण की कड़ी में अनादिकाल से आज तक चिरस्थायी है।

- इसका संबध द्वापर युग में अवतरित भगवान् श्रीकृष्ण से भी है, जब उन्होंने आततायी नरकासुर जैसे दुष्ट का वध कर ब्रज में शांति स्थापित की। राक्षस के वध के उपलक्ष्य में प्रसन्नता-स्वरूप दीप जलाकर अपने उल्लास को ब्रजवासियों ने प्रकट किया।
- महाकाली के क्रोध का भगवान् शंकर ने अपने स्पर्श से शांत कर दिया, उसी की प्रतिछाया शांति-स्वरूप को लक्ष्मी के रूप में पूजा गया।
- तीनों लोकों पर आधिपत्य जमाए बैठे प्रतानी राजा बलि का गर्व चूर करने के लिए भगवान् विष्णु ने बामन रूप धारण कर दान के रूप में तीन पग भूमि दान-स्वरूप माँगी। उन्होंने अपने रूप का विस्तार कर तीन पग में तीनों लोकों को नाप लिया। राजा बलि की दानशीलता के फलस्वरूप उसे विष्णु ने पाताल लोक का राज्य दे दिया। उन्होंने यह भी आश्वासन दिया कि इस घटना की याद में भूलोकवासी प्रतिवर्ष दीपावली मनाएँगे।
- कार्तिक अमावास्या के दिन सिक्खों के छठे गुरु हरगोविंद सिंह बादशाह जहाँगीर की कैद से मुक्त होकर अमृतसर वापस लौटे थे, इसलिए दीपावली का सिक्खों की दृष्टि में विशेष महत्त्व है।
- बौद्ध धर्म के प्रवर्तक गौतम बुद्ध के अनुयायियों ने 2500 वर्ष पूर्व गौतम बुद्ध के स्वागत में हजारों-लाखों द्वीप जलाकर दीपावली मनाई थी।
- सम्राट् विक्रमादित्य का राज्याभिषेक दीपावली के दिन हुआ था, इसलिए दीप जलाकर खुशियाँ मनाई गईं।
- अमृतसर में स्वर्ण मंदिर का निर्माण दीपावली के दिन हुआ था।
- तीर्थांकर महावीर ने दीपावली के ही दिन अपना शरीर त्याग किए थे।
- स्वामी रामतीर्थ का जन्म व महाप्रयाण दोनों दीपावली के दिन ही हुए थे।

- महर्षि दयानंद का इसी दिन दीपावली पर अवसान हुआ था।
- चारों वेदों के अध्येता सनातन धर्म के प्रचारक आद्य शंकाराचार्यजी का निर्जीव शरीर जब चिता पर रख दिया गया था, तब सहसा उनके शरीर में इसी दिन पुनः प्राण का संचार हुआ था।

ऐसी बहुत सी जन श्रुतियाँ दीपावली से जुड़ी हुई हैं। यह पर्व हम सबके जीवन में प्रकाश एवं एकता लाए, इस कामना के साथ आप सभी को दीपावली की हार्दिक शुभकामनाएँ।

□

21

होली मिलन—पर्व के रूप में

होली मिलन एवं एकता के पावन पर्व के रूप में अनादिकाल से मनाई जाती है। यही वह त्योहार है, जिसे हम अनीति पर न्याय की विजय के रूप में मनाते आ रहे हैं। साथ ही सृष्टि के अनादिकाल से जिस पर्व ने हममें समानता का भाव जाग्रत् किया, लेकिन आज इस पर्व ने जिन विकृतियों को जन्म दिया उससे इस पर्व की अच्छाइयों फीकी पड़ गई।

एक समय था, जब गुलाल इस पर्व पर उल्लास प्रकट करने का प्रतीक माना जाता था—कवि का यह कथन इस बात की पुष्टि करता है—उड़त गुलाल लाल भयो अंबर।

होली के अवसर पर गुलाल का ही प्रयोग किया जाता था। शनै-शनै इसमें जो दोष पैदा हुए, जिसके कारण गुलाल का स्थान कीचड़, भद्दे रंगों के प्रयोग मद्यपान कर उत्पात मचा हम किस दिशा की ओर जा रहे हैं।

होली के अवसर पर पानी की बरबादी एक राष्ट्रीय अपराध है पानी हमारे जीवन का आधार है। पानी नहीं तो भोजन नहीं पानी नहीं तो बिजली नहीं पानी नहीं तो शहर नहीं।

होली एक ऐसा पर्व है, जिसमें सर्वाधिक गंदगी फैलती है। गंदगी के लिए हमारे देश को नोबेल पुरस्कार यदि कोई होता है तो मिलना चाहिए।

जल आज दुर्लभ बनता जा रहा है। हम जल की बरबादी से आखिर हम क्या संदेश देना चाहते हैं। जल को जीवन का पर्याय माना गया है, तब फिर

हम जल की बचत द्वारा ऐसा अनुकरणीय उदाहरण प्रस्तुत करें, जो हमारे जीवन में सुखद स्थिति ला सके।

कोई भी व्यक्ति जल मिश्रत रंग का प्रयोग अपने अंतर्मन से पसंद नहीं करता।

इन सब बुराइयों से बचने के लिए गुलाल, सूखे रंग तथा फूलों के प्रयोग के द्वारा हम एक ऐसी नई परंपरा डालें, जो पूर्व से जुड़ी बुराइयों से मुक्त हो सके। तभी यह पर्व हमारे जीवन में अनंत खुशियों के प्रतीक के रूप में दिखाई देगा। यह पर्व हमें शिक्षा देता है कि हम अपने बिछुड़े साथियों को गले लगाकर गुलाल तथा फूलों को बखेर ऐसा स्वागत परस्पर करें, जिससे दोनों एकाकार होने के साथ फिर से प्रगाढ़ मित्रता के बंधन में बँध सके।

शास्त्रों में होली खेलने के लिए पलाश का उल्लेख आता है। पलाश को ढाक भी कहा जाता है। ढाक के फूल कई रोगों के निदान में काम आते हैं।

जल उपलब्धता में भारत का स्थान विश्व के 180 देशों में 133वाँ है।

हम सोचे पानी व्यर्थ बहाने से हम क्या अपनी अराष्ट्रीय भूमिका नहीं निभा रहे हैं। जब देश में 11.8 करोड़ परिवारों को घर में पेय जल उपलब्ध नहीं हैं, तब फिर हम होली के पर्व पर असीमित जल होली खेलने में व्यर्थ बहाकर क्या हम उस भयावह संकट को जन्म नहीं दे रहे हैं, जब हमें पीने के पानी की प्राप्ति के लिए युद्ध करने पड़ेंगे।

हम आज इस होली के पावन पर्व पर संकल्प लें कि 21वीं शताब्दी के इस युग में अपने इस पर्व की महत्ता तभी बनाए रख सकते हैं, जब हम अपने आचरण से शालीनता का परिचय दें, जिसमें भद्दापन, अश्लील आचरण हमें छू तक नहीं सके तथा रंगों की जल युक्त होली का स्थान गुलाल एवं फूलों से खेलकर दें।

□

22

धर्म से जुड़ी 2050 में दुनिया

सन् 2050 में धार्मिक आधार पर दुनिया में बड़े परिवर्तन आने की भविष्यवाणी की गई है। इस भविष्यवाणी से दुनिया के अनेक देशों में गंभीर चिंता व्याप्त हो गई है। इसे यदि सही मान लिया जाए तो परिवर्तन होने का जो अनुमान लगाया गया है, उससे दुनिया का धार्मिक नक्शा ही बदल जाएगा।

अमेरिका की सुप्रसिद्ध सर्वेक्षण संस्था पीयू ने हाल ही में दुनिया के प्रमुख देशों में धर्म के आधार पर होनेवाले परिवर्तन पर विस्तृत रिपोर्ट प्रकाशित की है। पीयू ने 2010 से 2050 तक के संदर्भ में दुनिया के विभिन्न धार्मिक समुदायों की जनसंख्या की रिपोर्ट को प्रकाशित किया है। उक्त रिपोर्ट में विश्व के साथ-साथ हमारे देश भारत के संदर्भ में अनुमान आश्चर्य चकित करनेवाले है।

अगर उक्त रिपोर्ट के पूर्वानुमान सही निकले तो दुनिया के अनेक देशों की भौगोलिक स्थिति बदल जाएगी। आज दुनिया के कई देश रिपोर्ट से उनके देश पर होनेवाले प्रभाव पर गंभीरता से विचार कर रहे हैं। विचार करना स्वाभाविक भी है, क्योंकि आज के युग में जनसंख्या धर्मों की ताकत नापने का मुख्य पैमाना बन गया है।

पीयू द्वारा जारी रिपोर्ट में यह उल्लेख किया हैं सन् 2010 से 2050 के बीच इन 40 वर्षों में दुनिया की जनसंख्या में 35 प्रतिशत वृद्धि होगी, जिसमें

मुसलमानों की जनसंख्या सर्वाधिक अर्थात् 73 प्रतिशत, ईसाई समाज की 35 प्रतिशत एवं हिंदुओं की जनसंख्या 34 प्रतिशत बढ़ेगी, इस अनुमान से मुसलमान प्रथम, ईसाई दूसरे एवं हिंदू तीसरे स्थान पर होंगे।

वर्ष 2050 में भारत की कुल जनसंख्या में हिंदुओं की हिस्सेदारी में 2.8 प्रतिशत तक कमी आने की संभावना है। तब देश की कुल आबादी का 76.7 प्रतिशत हिंदू होंगे, जबकि वर्ष 2010 में यह आँकड़ा 79.5 प्रतिशत था। इस विवरण से हम यह अनुमान लगा सकते हैं हिंदुओं की कुल जनसंख्या में 2.8 प्रतिशत कमी आने की संभावना है। वर्ष 2010 में भारत में हिंदुओं की कुल जनसंख्या 97.37 करोड़ थी, आगे वर्ष 2050 में अनुमानित यह जनसंख्या 129.79 करोड़ होगी, इस अनुमान से अगले 35 वर्ष बाद सन् 2050 में कुल हिंदुओं की जनसंख्या में 32.42 करोड़ की वृद्धि होगी।

रिपोर्ट के अनुसार भारत में सन् 2010 में मुसलमानों की आबादी 14.4 प्रतिशत थी, वह सन् 2050 में बढ़कर 18.4 प्रतिशत हो जाएगी। जहाँ मुसलमानों की सन् 2010 में जनसंख्या 17.62 करोड़ थी, वह आगे बढ़कर 31.06 करोड़ हो जाएगी। इस प्रकार इन 40 वर्षों में मुसलमानों की जनसंख्या में 13.44 करोड़ की वृद्धि होगी।

पीयू रिसर्च सेंटर की जारी रिपोर्ट में भारत के बारे में बताया है कि सन् 2050 में भारत में दुनिया के सबसे अधिक हिंदू और सबसे अधिक मुसलमान होंगे। इसके बाद पाकिस्तान तथा इंडोनेशिया में होंगे। यहाँ यह भी उल्लेखनीय है कि सर्वाधिक हिंदू तीन देशों भारत, नेपाल और मॉरीशस में रहते हैं। रिपोर्ट में सबसे ज्यादा आश्चर्यजनक तथ्य यह है कि विश्व में सन् 2050 में दुनिया की धार्मिक आधार पर भौगोलिक स्थिति क्या होगी इस रिपोर्ट ने कई देशों की सरकारों को चिंता में डाल दिया है। आनेवाले समय में धार्मिक असंतुलन आने से विश्व के एक नहीं अनेक देशों में राजनैतिक असंतुलन बढ़ने का खतरा मँडराने लगा है। सर्वेक्षण की जारी रिपोर्ट में जो आँकड़े उजागर हुए हैं, उनके अनुसार 2050 के मध्य विभिन्न धर्मावलंबियों की अनुमानित आबादी के भी आँकड़े जारी किए गए हैं। वर्तमान में विश्व में मुसलमान 160 करोड़

हैं, वे 120 करोड़ बढ़कर 280 करोड़ हो जाएँगे। रिपोर्ट में कहा है विश्व में हिंदुओं की संख्या 105 करोड़ से बढ़कर 130 करोड़ हो जाएगी। साथ ही यह भी उल्लेख किया गया है भारत में मुस्लिम जनसंख्या का अनुपात बढ़ा हुआ होगा।

रिपोर्ट के अनुसार अमेरिका की हिंदू जनसंख्या बढ़कर 22.3 लाख हो गई है और आबादी की दृष्टि से अमेरिका में हिंदू धर्म मानने वाले चौथे स्थान पर आ गए हैं। यूरोप में मुस्लिमों की जो वृद्धि होगी, वह मुख्य रूप से फ्रांस, जर्मनी और बेल्जियम में होगी। पीयू रिसर्च सेंटर ने जो सर्वेक्षण रिपोर्ट जारी की है, वह पूरी दुनिया के लिए वर्तमान में आश्चर्य के साथ चिंताजनक लग रही हैं। रिपोर्ट पर जारी अनुमान पर अनेक विशेषज्ञों ने यह प्रतिक्रिया दी हैं। इस रिपोर्ट से भयभीत होने की जरूरत नहीं है। यह रिपोर्ट संदेहास्पद है तथा आगे पीछे के तथ्यों को एकत्रित कर उनका गहन अध्ययन कर बनाई प्रतीत होती है। जनगणना का घटना बढ़ना एक जटिल समस्या है। जनसंख्या किसी भी देश के आर्थिक, सामाजिक, राजनैतिक, धार्मिक, भौगोलिक क्षेत्र में बदलाव पैदा कर देती है। यह भी कहा गया है रिपोर्ट में जारी अनुमान शत-प्रतिशत सही निकलेंगे, यह मानना भी बड़ी भूल होगी।

□

23

पूजन में शहद का महत्त्व

देवी-देवताओं के पूजन में कई प्रकार की विशेष सामग्रियों का उपयोग किया जाता हैं। इन चीजों में शहद का भी महत्त्वपूर्ण स्थान हैं। पंचामृत बनाते समय दूध, दही, घी, शक्कर के साथ ही शहद भी मिलाया जाता है। शहद की तासीर ठंडी होती है और इसी वजह से शिवजी के अभिषेक में शहद का प्रयोग मुख्य रूप से किया जाता है। ऐसा माना जाता है कि देवी-देवताओं को शहद चढ़ाने से अच्छे स्वास्थ्य और सुखी जीवन का आशीर्वाद प्राप्त होता है।

भगवान् को शहद चढ़ाते समय यही भाव होने चाहिए कि हम भी शहद की तरह पवित्र और पुण्य कर्म करते रहें। हमारा चरित्र और व्यवहार भी शहद हो जाए। जिस प्रकार शहद पानी में आसानी से घुलता नहीं हैं और अपने गुणों को कम नहीं होने देता है। ठीक इसी प्रकार हमारा स्वभाव भी वैसा ही हो जाए, ताकि हम संसार में रहते हुए भी सांसारिक बुराइयों से बचे रहें। दरअसल, शहद को उसके गुणों के कारण पूजा में विशेष स्थान दिया गया है। शहद तरल होकर भी पानी में आसानी से घुलता नहीं है।

यह संसार में रहकर भी संसार से अलग रहने का संदेश देता है। शहद को पंच तत्त्वों में आकाश तत्त्व का प्रतीक भी माना गया है। इसकी तासीर ठंडी होती है और इसमें कई औषधीय गुण भी होते हैं। शहद का उपयोग कई प्रकार की बीमारियों में दवा की तरह किया जाता है। पंचामृत के रूप में इसका सेवन करने से हमें कई प्रकार के स्वास्थ्य लाभ प्राप्त होते हैं।

घर में शहद रखने का महत्त्व

घर में शहद रखना बहुत ही शुभ माना जाता है। इसी वजह से अधिकांश घरों में इसे अनिवार्य रूप से रखा जाता है। ज्योतिष के अनुसार घर में शहद रखने से शनि संबंधी दोषों का निवारण होता है। यदि आपके घर में किसी प्रकार की नकारात्मक ऊर्जा है तो शहद की सकारात्मक ऊर्जा उसे नष्ट कर देती है। शहद के शुभ प्रभाव से परिवार के सदस्यों को चमत्कारी लाभ प्राप्त होता है। इतने फायदों को देखते हुए शहद को अपने घर में अवश्य ही रखें। इसे किसी सुरक्षित स्थान पर रखा जाना चाहिए। इसके साथ ही घर में पूरी तरह से साफ-सफाई रखें, जिससे आपके घर में बरकत बनी रहेगी और फिजूल खर्चों में कमी आएगी।

□

24

हिंदू धर्म और ईश्वर का अस्तित्व

हवाई में हिंदू मठ के प्रमुख सद्गुरु बोधनाथ वेयलन स्वामी का कहना है कि कर्म, पुनर्जन्म और दिव्य शक्ति की व्यापकता में विश्वास रखना ही हिंदुत्व है। सर्वोच्च न्यायालय द्वारा हिंदू धर्म के बारे में दी गई टिप्पणी सारयुक्त है कि हिंदू धर्म का कोई प्रवर्तक नहीं। वह सनातन है तथा वह एक ऐसा जीवन दर्शन है, जो मानव मूल्यों की अनुभूति कराता है तथा देवालय से बँधा नहीं है। धर्म 10 नैतिक बंधनों पर जोर देता है। इनमें सत्य, अहिंसा, चोरी न करना, ब्रह्मचर्य, क्षमा-निष्ठा, दया, आर्जव (निष्ठा), मिताहार (शाकाहार और कम भोजन) और शौच या शुद्धि शामिल है। इसी तरह जीवन के विविध अवसरों के संस्कार हैं। जिनमें हमें गुरु, ईश्वर, परिवार और समाज का आशीर्वाद मिलता है। जिस प्रकार ईसाई धर्म के प्रवर्तक ईसा मसीह थे और इस्लाम धर्म के प्रवर्तक मोहम्मद साहब थे और बौद्ध धर्म के प्रवर्तक भगवान् बुद्ध, जैन धर्म-सिख धर्म के क्रमशः तीर्थाकर और 10 गुरुओं की वाणी इनकी उत्पत्ति का आधार रहा है। हम ईश्वर के संबंध में जाने, जिससे ज्ञात हो सके कि हमारे वेद शास्त्रों में ईश्वर के संबंध में अवधारणा क्या थी, इसे हिंदू धर्म में निर्विवाद रूप से स्वीकार किया गया है।

इस संबंध में डॉ. सर्वपल्ली राधा कृष्णन (कुलपति हिंदू विश्वविद्यालय बनारस, पूर्व राष्ट्रपति) का कहना है कि ईश्वर की कोई बौद्धिक परिभाषा नहीं दी जा सकती। हाँ उसका आत्मा के सहारे अनुभव किया जा सकता है।

रामकृष्ण परमहंस का कहना है कि जिस तरह पानी को कोई जल, कोई आब, कोई वॉटर कहते हैं। उसी तरह एक ही सच्चिदानंद परमेश्वर को कोई अल्लाह, कोई हरि, कोई गॉड कहकर पुकारते हैं।

वसुधेव कुटुंबकम की अवधारणा तथा सद्चरित्र जीवन हमारे हिंदू धर्म की प्रमुख विशेषताएँ हैं। हिंदू धर्म इसी अपनी विशेषता के कारण विश्व के अन्य सभी धर्मों के साथ श्रेष्ठता रखता है।

पीयू रिपोर्ट सेंटर की एक ताजा सर्वेक्षण रिपोर्ट में दुनिया के विभिन्न देशों के नागरिकों के धर्म संबंधी नजरिए का खुलासा हुआ है। जिसके अनुसार इथोपिया 98 प्रतिशत, सेनेगल 97 प्रतिशत, इंडोनेशिया 95 प्रतिशत, युगांडा 94 प्रतिशत, पाकिस्तान 93 प्रतिशत, अमेरिका 80 प्रतिशत, ब्रिटेन, जर्मनी व स्पेनी 21 प्रतिशत, रूस 19 प्रतिशत, चीन 3 प्रतिशत, जापान 11 प्रतिशत, फ्रांस 14 प्रतिशत, ऑस्ट्रेलिया 18 प्रतिशत, दक्षिण कोरिया, 19 प्रतिशत, भारतीय 80 प्रतिशत धर्म परायण की श्रेणी में आते हैं।

ईश्वर क्या है ?

ईश्वर प्रकाश स्वरूप है, लेकिन वह प्रकाश नहीं है। ईश्वर केवल एक है, उसके जैसा कोई दूसरा नहीं। ईश्वर बंधनमुक्त है। ईश्वर निराकार, निर्विकार और निर्विकल्प है। उसकी कोई मूर्ति नहीं बनाई जा सकती। ईश्वर अजन्मा है। ईश्वर दयालु, प्रेमपूर्ण और जगत् का रखवाला है। वह सच्चिदानंद है अर्थात् सतचित्त और आनंद स्वरूप है। सत् का अर्थ है—सनातन, शाश्वत जिसका कोई प्रारंभ नहीं और अंत भी नहीं, न बदलने वाला—न समाप्त होनेवाला। चित् का अर्थ है—चेतना, विचारणा, मन और बुद्धि आदि। चेतना से ही संसार का उद्‌भव हुआ है। तीसरा इस संसार का सबसे बड़ा आकर्षण 'आनंद' है। संसार की उत्पत्ति आनंद के लिए ही हुई है। शुद्ध आनंद की अनुभूति होना दुर्लभ है। वे सबके आदि (प्रारंभ) तथा सबके जानने वाले हैं। इन परमात्मा को देवगण भी नहीं जान सके। उनकी शक्ति से ही वायु, जल वर्षण आदि क्रियाएँ होती हैं। वे चलते हैं, स्थिर भी हैं और वे दूर से दूर और

निकट से निकट है। वे इस संपूर्ण विश्व के भीतर परिपूर्ण है तथा इस विश्व के बाहर भी है।

—ईशवास्योपनिषद्

ईश्वर कहाँ है ?

ईश्वर वह है, जो समय और स्थान से प्रभावित नहीं होता है। ईश्वर न धरती पर है और न आकाश में, लेकिन वह सर्वत्र होकर भी अकेला है। सृष्टि से पहले भी वही था और सृष्टि के बाद भी वही एक मात्र होगा। ईश्वर सभी की आत्मा में है और सभी की आत्मा ही ईश्वर है, लेकिन वह कभी किसी को महसूस नहीं होता। इसके लिए आत्मवान होना जरूरी है। वह दूर से दूर और पास से भी पास है। परमात्मा सर्वव्यापक है। लेकिन माया के आवरण से परमात्मा की प्रतीति नहीं होती है।

जो भूत, भविष्य और सब में व्यापक है, जो दिव्य लोक का भी अधिष्ठाता है, उस ब्रह्मा (परमेश्वर) को प्रणाम है।

—ऋग्वेद में लिखा है

ईश्वर क्या करता है ?

ईश्वर का कोई संदेशवाहक नहीं। संदेशवाहक देवी और देवताओं के होते हैं। ऋषिओं ने ईश्वर के वचनों को सुना और उसकी स्तुति की, जिसे वेद कहा गया। वह ईश्वरीय वचन है, जिनमें आदेश, संदेश या आज्ञा नहीं है। ईश्वर किसी को भयभीत करनेवाला और न ही प्रेम करनेवाला है, जो उससे प्रेम करते हैं। वह स्वतः ही उसके सान्निध्य में होकर सुरक्षित हो जाते हैं, जो उस से भयभीत रहते हैं, वे अपने पापों के कारण ही भयभीत रहते हैं।

जो लोग उसका ध्यान करते हैं और सभी को ईश्वरमय समझते हैं, वे हर तरह की सजा–पुरस्कार और स्वर्ग–नर्क से परे होकर शांति पाते हैं।

ईश्वर होने से ही सृष्टि हुई और उस के होने से ही सूर्य, तारे, पृथ्वी तथा दूसरे ग्रह–नक्षत्र काबू में रहते हैं। उनके काबू में रहने से ही प्राणियों का

अस्तित्व विद्यमान है, उसकी उपस्थिति से ही सबकुछ है और उसकी इच्छा से ही सभी की सुरक्षा है और उसकी इच्छा से ही विध्वंस है। जड़ से बढ़कर प्राण है, प्राण से बढ़कर मन। मन से बढ़कर बुद्धि है और बुद्धि से बढ़कर विवेक। विवेक से बढ़कर चेतना है और चेतना से बढ़कर आत्मा। आत्मा ही सभी को धारण करनेवाली है और इस आत्मा को धारण करनेवाला परमात्मा है।

धरती से बढ़कर जल है, जल से बढ़कर अग्नि। अग्नि से बढ़कर वायु है और वायु से बढ़कर आकाश। आकाश से बढ़कर आत्मा। आत्मा से बढ़कर वह एकमात्र परमात्मा ही सभी को धारण करनेवाला है। उस ब्रह्म से प्रकट यह संपूर्ण विश्व है, जो उसी प्राण रूप में गतिमान है। इसी ब्रह्म के भय से अग्नि व सूर्य तपते हैं और इसी ब्रह्म के भय से इंद्र, वायु और यमराज अपने-अपने कामों लगे रहते हैं। शरीर के नष्ट होने से पहले ही यदि उस ब्रह्म का बोध प्राप्त कर लिया तो ठीक अन्यथा अनेक युगों तक विभिन्न योनियों में पड़ना होता है।

तैत्तिरीयोपनिषाद में लिखा है—

यह आत्मा ही ब्रह्म है। ब्रह्मस्वरूप होने और ब्रह्म में से ही प्रस्फुटित होने के कारण आत्मा को भी ब्रह्म तुल्य माना गया है। संसार प्राकृतिक शक्तियों का खेल है और चित्त की शक्तियाँ आत्मा का खेल है और आत्माएँ ईश्वर के होने से ही विद्यमान हैं। स्वयं को जानने वाला ही ईश्वर को जान सकता है। ईश्वर तक पहुँचने के दो ही रास्ते हैं—शरणागति और ध्यान। ये दो मार्ग अभ्यास और जागृति से हासिल किए जा सकते हैं। 'अहम् ब्रह्मास्मि' अर्थात् मैं ही ब्रह्म हूँ शतत्वस्मी अर्थात् तू ही ब्रह्म है और एकमेव ब्रह्म सत्य अर्थात् वह ब्रह्म ही सत्य। इसका मतलब वह ब्रह्म मुझ में, तुझ में और सर्वत्र होकर भी अकेला है। शरीर में रहकर आत्मा जाग्रत्, स्वप्न और सुषुप्ति। उक्त तीन अवस्थाओं से बाहर निकलने की विधि का नाम ही है हिंदू धर्म है। यह आत्मा ही सबकुछ है अर्थात् समस्त वस्तु, विचार, भाव और सिद्धांतों से बढ़कर आत्मा है। आत्मा को जानने से ही परमात्मा को जाना जा सकता है। यही सनातन धर्म का सत्य है।

निष्कर्ष : उस प्राणस्वरूप, दुःखनाशक, सुखस्वरूप, तेजस्वी, पापनाशक, परमात्मा को हम अंत:करण में धारण करें। वह परमात्मा हमारी बुद्धि को सन्मार्ग में प्रेरित करें। हिंदू धर्म के ग्रंथ वेद में ईश्वर को ब्रह्मा कहा गया है। ब्रह्म को प्रणव, सच्चिदानंद, परब्रह्म, ईश्वर, परमेश्वर और परमात्मा भी कहा जाता है। इसी कारण हिंदू धर्म को ब्रह्मवादी धर्म भी कहा जाता है। इस ब्रह्मा के बारे में उप-निषद (वेदांत) और गीता में सारतत्त्व समझाया गया है। दुनिया के सभी धर्मों से अलग है—हिंदू धर्म में ईश्वर की धारणा, जो कि बिल्कुल भी सतही नहीं है। यह ऋषियों का अनुभूत सत्य है। जाँचा-परखा मार्ग है। ऋषियों ने ईश्वर की कल्पना नहीं की, बल्कि उसका अनुभव किया और जाना। जो जाना वही कहा।

□

25

देश में फैले पूजा/उपासना स्थल

पूजा स्थल किसी-न-किसी धर्म से जुड़े होते हैं। धर्म जीवन का शाश्वत सत्य है। अनादि काल से मनुष्य धर्म से किसी-न-किसी रूप में जुड़ा रहा है। चर्च-मंदिर-मस्जिद-गुरुद्वारा आदि सभी मनुष्यों की धार्मिक आस्था के प्रतीक हैं, जो व्यक्ति की आध्यात्मिक आस्था एवं नैतिक चरित्र निर्माण में अपनी महत्त्वपूर्ण भूमिका निभाते हैं। दु:ख तब होता है, जब व्यक्ति धर्मांधता की आड़ में नर-पिशाच बनकर एक-दूसरे की हत्या करने को धर्म मान लेता है।

आई.एस.—इस्लामिक राज्य की अवधारणा इसी धार्मिक असहिष्णुता का प्रतीक है। आतंकी नेता अबु-बकर-अल-बगदादी से सारा विश्व डरा हुआ है। यूरोप के देशों, विशेषकर फ्रांस ने मस्जिदों के ताला लगाने की बात कही है, क्योंकि यह आतंकी कार्रवाई का स्थल बन गई है। अमेरिकी राष्ट्रपति डोनॉल्ड ट्रंप ने मुस्लिमों के अमेरिका में प्रवेश पर रोक लगा दी है। इनमें छह मुस्लिम देशों के नागरिकों के प्रवेश को वर्जित कर दिया गया है। उनका इस कारण अमेरिकी जन समर्थन बढ़ा है।

भारत की अतिवादी मुस्लिम पार्टी आल इंडिया मजलिस इत्तेहादुल मुसलिमीन के नेता असदुद्दीन ओवैसी ने तो संवेदनहीनता की सारी सीमाएँ लाँघ दी, यदि 15 मिनट के लिए देश से पुलिस हटा दी जाए तो सौ करोड़ हिंदुओं पर मुसलमान भारी पड़ेंगे। आज मुस्लिम आतंकवाद सभ्यता और

बर्बरता के बीच लड़ाई बन गई है। अतः धर्मनिरपेक्षता/पंथनिरपेक्षता सभी धर्मों के मध्य परस्पर संवेदनशीलता का आधार बन सकती है।

धर्मनिरपेक्षता की व्याख्या को लेकर देश में हमेशा वैचारिक बहस चलती रही है। राजनीति चमकाने का भी यह सबसे आसान जरिया है। लेकिन धर्म को लेकर सबसे ज्यादा आस्था अगर दुनिया में कहीं है तो भारत में। यह इतनी विस्तृत है कि आबादी के अनुपात में स्कूल, कॉलेज या अस्पताल ही नहीं शौचालय तक भले ही कम हो, लेकिन पूजा स्थलों की भरमार है।

देश में हर रोज एक हजार परिवारों के लिए औसतन 12.1 पूजा स्थल है। केंद्र शासित प्रदेश में तो यह औसत 40.4 है। उसकी तुलना में चंडीगढ़ में हर एक हजार परिवारों के लिए 1.9 पूजा स्थल है। राष्ट्रीय औसत से नीचे तो गिने-चुने राज्य केंद्र शासित प्रदेश ही हैं। राजधानी दिल्ली में यह औसत 2.5 है। दादर और नगर हवेली में 5.6, हरियाणा में 6.9, पुडुचेरी में 7.6, नागालैंड में 8.1 और बिहार में 8.80 पूजा स्थल ही एक हजार परिवारों के लिए हैं। इस अध्ययन का सबसे दिलचस्प पहलू यह है कि जिन राज्यों की धर्मनगरी के रूप में ख्याति है, वहाँ आबादी की तुलना में पूजा स्थल कम हैं। उत्तराखंड को देवभूमि माना जाता है। वहाँ एक हजार परिवारों के लिए 16.4 पूजा स्थल है, जबकि पड़ोसी राज्य हिमाचल प्रदेश में यह औसत 25.8 का है। उत्तर प्रदेश में तो यह राष्ट्रीय औसत से भी कम 10.7 का है। मध्य प्रदेश का औसत 11.3, झारखंड का 10.3 और महाराष्ट्र का 11.5 है।

कुछ दक्षिणी राज्य धर्म के प्रति आस्था के मामले में काफी आगे माने जाते हैं। वहाँ विभिन्न धर्मों की प्रतीक प्राचीन व भव्य इमारतें तो हैं, लेकिन गली-गली में पूजा स्थलों का बिखराव नहीं है। आंध्र प्रदेश में एक हजार परिवारों के लिए 9.1 और तमिलनाडु में 9.2 पूजा स्थल पर्याप्त मान लिये गए हैं। कर्नाटक में यह औसत आश्चर्यजनक रूप से 16.5 का है। सबसे ज्यादा शिक्षित व प्रगतिशील और कम्युनिस्ट विचारधारा से ज्यादा प्रभावित केरल में एक हजार परिवारों को अपने धार्मिक अनुष्ठान निपटाने के लिए 13.5 पूजा स्थल उपलब्ध हैं। राज्य में सरकार किसी भी विचारधारा की रही हो, धर्म

के प्रति लोगों की आस्था डिग नहीं पाती। पश्चिम बंगाल में बरसों वामपंथी शासन रहा, लेकिन वहाँ के पूजा स्थलों को औसत 12.7 रहा।

अध्ययन में धर्म के आधार पर पूजा स्थलों की संख्या का खुलासा नहीं किया गया है, लेकिन मंदिर–मस्जिद की संख्या में आमतौर पर ज्यादा फर्क नहीं दिखता। जिन राज्यों में अल्पसंख्यक आबादी की बहुलता है, वहाँ के पूजा स्थलों में इस धर्म को मानने वालों की प्रधानता है, उसका अंदाजा मुश्किल नहीं है।

असम में एक हजार परिवार पर 25, जम्मू कश्मीर में 23.3, मिजोरम में 17.4, गोवा में 17.5, अंडमान निकोबार द्वीप समूह में 15.9, अरुणाचल प्रदेश में 12.9, मेघालय में 12.8, त्रिपुरा में 12.2 पूजा स्थल हैं, जो राष्ट्रीय औसत से ज्यादा है; लेकिन समानुपातिक नहीं है। हिंदीभाषी राज्यों में राजस्थान (17.7) का औसत चौंकाने वाला है। गुजरात में यह 14.9 और ओड़िशा में 13.9 है।

दुनिया के किसी अन्य देश की तुलना में भारत में पूजा स्थलों की बहुतायत की वजह देश की सांस्कृतिक विविधता है। यह विविधता एकता का सबसे बड़ा आधार हो सकती है, लोगों की जीवनशैली और सोच को उदारवादी बना सकती है।

हर धर्म सामंजस्यता और भाईचारे की सीख देता है और उन्हें बेहतर इंसान बनने के लिए प्रेरित करता है। लेकिन धर्म में इतनी गहरी और व्यापक आस्था होने के बावजूद मानवीय मोर्चे पर भारतीय म्याँमार, भूटान, थाईलैंड और मलेशिया तक के लोगों से काफी पीछे हैं।

छह साल में पहली बार उन देशों की रैंकिंग जारी की गई है, जहाँ के लोग दान देने, दूसरों की मदद करने और परमार्थ में समय देने में विशेष रुचि रखते हैं। रिपोर्ट का निचोड़ है कि 80 फीसदी भारतीय सामाजिक कल्याण के कामों के लिए दान नहीं देते। ऐसे कामों के लिए समय देने में भी 83 फीसद भारतीय कोताही बरतते हैं।

शिया मुस्लिम अग्रणी आई.टी. कंपनी विप्रो के संस्थापक देश के एक

मात्र ऐसे गिने-चुने भारतीयों में से एक हैं, जिन्होंने अपनी कुल पूँजी 1.40 लाख करोड़ रुपए में से 53 हजार करोड़ रुपए सामाजिक कल्याणकारियों/परोपकार के कार्यों के लिए दान कर दी हैं। उनका अजीम प्रेमजी फाउंडेशन देश में 8 राज्यों के 3.5 लाख स्कूलों में शिक्षा का स्तर सुधारने के लिए काम कर रहा है। सामाजिक सेवा को अपनी पूजा मानने वाले अजीम प्रेमजी का कहना है कि यदि मैं राजनीति में चला गया होता तो कुछ वर्षों में ही मृत्यु हो गई होती।

सामाजिक कल्याण के क्षेत्र में विश्व स्तर पर देखें तो ज्ञात होगा कि फेसबुक के सी.ई.ओ. जुकरबर्ग ने तो अपनी बेटी के जन्म दिवस (04.12.2015) की खुशी में दुनिया के महानतम दानियों यथा बिल गेट्स, वारेन बफे (दोनों अमेरिकी) और जॉर्ज सोरेस (हंगरी) को पीछे छोड़ते हुए अपनी संपत्ति का 99 प्रतिशत भाग लगभग—तीन लाख करोड़ रुपए दान में देकर दुनिया को आश्चर्यचकित कर दिया। यह सभी हमारी प्रेरणा के स्रोत हैं।

□

26

पुनर्जन्म शास्त्र सम्मत तथा वैज्ञानिक

अनादिकाल से पुनर्जन्म के सत्य पर चर्चा होती रही है। विद्वानों का मत है कि इस सत्य को स्वीकार करना होगा कि पुनर्जन्म वैज्ञानिक एवं शास्त्रीय आधार पर भी उतना ही सत्य है, जितना समाज में फैली जनश्रुतियाँ इस तथ्य को वास्तविक रूप में उजागर करती है।

हमारे यहाँ यह मान्यता है कि व्यक्ति वृद्धावस्था पा मृत्यु को प्राप्त होता है, परंतु यह तथ्य उसी अनुरूप है, जिस प्रकार मनुष्य एक वस्त्र के फटने पर दूसरा नया वस्त्र धारण करता है।

कहा जाता है कि देवता पृथ्वी पर बार-बार आगमन से मुक्त हैं, जबकि मनुष्य का अपने कर्मों के फल स्वरूप आगमन बना रहता है। इसलिए ईश्वर से व्यक्ति की यह प्रार्थना होती है कि वह वह जन्म मरण के बंधन से मुक्त कर दें।

व्यक्ति को सुकर्म उसे जन्म मरण के बंधन से मुक्त कर सकते हैं। पुनर्जन्म की ऐसी बहुत सी घटनाएँ हैं कि एक व्यक्ति ने दूसरे के घर जन्म लिया और उसे पूर्व जन्म की कथा याद है, जिसके आधार पर अपने पुराने परिवारीजनों की ऐसी आश्चर्यजनक बातें बताता है, जिससे हम पुनर्जन्म को सत्य मानने के लिए तैयार हो जाते हैं।

इस बात में कोई संशय नहीं है कि अन्य धर्मों यथा—ईसाई, मुसलमान, बौद्ध और दुनिया की प्राचीन सभ्यताओं के आधार पर उल्लिखित विवरण भी

पुनर्जन्म की आस्था पर अपनी स्वीकृति देता है। यह आस्था कपोल कल्पित नहीं अपितु हमें सद्कर्मों के लिए प्रेरित करती है।

पुनर्जन्म हमारी भारतीय संस्कृति के साथ-साथ ज्ञान का एक भौतिक सिद्धांत है। शरीर की मृत्यु के साथ शरीरगत आत्मा मृत न होकर, उस देह में प्राप्त संस्कारों के साथ दूसरे देह अथवा कहें कि भौतिक शरीर में चला जाता कहते हैं। कर्म तथा पुनर्जन्म का सिद्धांत भारतीय धर्म की आधार शिला है। भारतीय सनातन संस्कृति में असंख्य ऐसे उदाहरण मिलते हैं, जो सिद्ध करते हैं कि पूर्व जन्म का सिद्धांत शास्त्रसम्मत है—सत्य है और तार्किक तथा वैज्ञानिक भी। विश्व स्तर पर ऐसे अनेकानेक प्रामाणिक तथ्यों के प्रकरण लगभग हर कोई अपने जीवन में सुनता अथवा पढ़ता रहता है।

- रामायण के अनुसार मनुष्य का कोई भी कर्म, भले ही वो अज्ञानतावश किया गया हो, निष्फल नहीं जाता। इसीलिए महर्षि वाल्मीकि ने अनेक उदाहरणों से पुनर्जन्म को सिद्ध किया है।
- ऋग्वेद के अनुसार, वृद्धावस्था से व्याप्त प्राणी की जब मृत्यु होती है, तब पुनः जन्मांतर में उसका प्रादुर्भूत होता है।
- गीता के अनुसार, जन्म-मरण-समानाधिकण्य नियम का कथन साक्षात भगवान् ने किया है।
- गीता के अनुसार, मनुष्य जैसे वस्त्र धारण करके नवीन वस्त्र ग्रहण करता है, देहांतर की प्राप्ति भी वैसी ही होती है। हम लोगों के बहुत से जन्म हो चुके हैं।
- सांख्यकारिका-7 के अनुसार, पुनर्जन्म था तथा पुनः भी जन्म होगा। अनुमान प्रमाण से पुनर्जन्म को सिद्ध करने के लिए दो उदाहरण हैं—फल को देखकर अतीत बीज का अनुमान किया जाता है, तद्नुसार उत्तम कुल एवं अधम कुल से जन्म देखकर पुनर्जन्मकृत शुभाशुभ कर्म का अनुमान करके पूर्वजन्म सिद्ध किया जाता है।
- चरक सूत्र के अनुसार, जन्मांतर में किए हुए कर्म का विनाश नहीं होता, वह अविनाशी हैं।

- योगवशिष्ठ के अनुसार, पुनर्जन्म का सिद्धांत न केवल युक्ति-युक्त है, अपितु आत्मा की दृष्टि से भी आवश्यक है।
- शुक्र विरचित द्वादशाक्षर स्रोत में आता है, इस दीर्घ संसारपथ में आवागमन करते-करते मैं परेशान हो गया हूँ, अब मैं फिर नहीं आना चाहता। हे मधुसूदन! मेरी रक्षा करो। वेद, उपनिषद्, पुराण, आगम, मानस आदि में ऐसे अनेक उदाहरण पुनर्जन्म तथ्य को लेकर देखे जा सकते हैं। वैदिक संस्कृति के अतिरिक्त तीन प्रमुख मतों, बौद्ध, ईसाई तथा इस्लाम में भी अनेक ऐतिहासिक प्रमाण उपलब्ध हैं, जिनसे पुनर्जन्म का अस्तित्व सिद्ध होता है। ईसाइयत और इस्लाम से पूर्व फ्रांस, यूनान, इंग्लैंड आदि अनेक यूरोपीय देशों के साथ-साथ अरब, ईरान, मिस्र आदि एशियाई देशवासियों में भी आत्मा के आवागमन की आस्था है। इन देशों में अनेक जनजातियाँ पूर्व जन्म में पूर्णरूप से आस्था रखती हैं।
- बाइबिल में एलियाह नबी की आत्मा मरने के बाद एलोशा में आ गई।
- मलाकी में नबी को पुनः भेजने की बात आती है।
- कुरआन के अनुसार, अल्लाह वह है, जिसने पैदा किया तुमको, फिर रिज्क दिया तुमको, फिर मारेगा तुमको, फिर जिलायगा तुमको।
- पाल और ईसाई गुरुओं के प्राचीन कुछ गुप्त सिद्धांतों में पुनर्जन्म सम्मिलित था।

वर्तमान में तार्किक, व्यावहारिक और पुनर्जन्म की असंख्य घटनाओं से यह तथ्य स्वीकार किया जाने लगा है कि मृत्यु जीवन का अंत नहीं है, यह एक पड़ाव मात्र है। वैज्ञानिक परिपेक्ष्य में देखें तो अनेक बौद्धिक वर्ग स्वीकार करते हैं कि ऊर्जा का सिद्धांत ही मरने के बाद फिर से जन्म लेने के तथ्य की वैज्ञानिक रूप से पुष्टि करता है। डॉ. स्टीफन का कहना है कि चेतना को वैज्ञानिक शब्दावली में ऊर्जा की शुद्धतम अवस्था कह सकते हैं। विज्ञान के अनुसार ऊर्जा का किसी भी अवस्था में विनाश नहीं होता है, सिर्फ उसका

रूप–आकार बदलता है। जैसे ऊर्जा कभी भी पूर्ण रूप से नष्ट नहीं होती वैसे ही चेतना अथवा कहें कि आत्मा नष्ट नहीं होती, वह एक शरीर से निकलकर दूसरे नए शरीर में प्रवेश कर जाती है। प्रमुख प्रोफेसर कार्नेगी का कहना है कि अनुसंधान के मध्य अनेक ऐसे उदाहरण भी आए हैं, जिससे व्यक्ति के शरीर पर उसमें उपस्थित पूर्व जन्म के चिह्न वैसे के वैसे ही मौजूद थे। चेतना का रूपांतर तो समझ में आता है, परंतु शरीर के चिह्नों का ज्यों के त्यों पुनः नए शरीर में परिलक्षित होना एक बहुत बड़ा प्रश्न चिह्न लगाता है। क्या यह पुनर्जन्म की सत्यता का मौन संकेत नहीं है ?

□

27

गोधन संवर्धन

गवोपनिषद् में प्रसंग आता है, जिससे हिंदू धर्म में गौ के महत्त्व को समझा जा सकता है। प्रसंगानुसार राजा सौदास महर्षि वशिष्ठ से प्रश्न करते हैं कि तीनों लोकों में ऐसी कौन सी पवित्र वस्तु है, जिसका नाम लेने से मनुष्य को उत्तम पुण्य की प्राप्ति हो सकती है। महर्षि वशिष्ठ कहते हैं—राजन गौओं के शरीर से अनेक प्रकार की मनोरम सुगंध निकलती रहती है तथा बहुतेरी गौयें गुग्गुल के समान गंधवाली होती हैं। गौयें ही भूत और भविष्य हैं। गौयें ही सदा रहनेवाली पुष्टि का कारण तथा लक्ष्मी की जड़ हैं। गौओं को जो कुछ दिया जाता है, उसका पुण्य कभी नष्ट नहीं होता। गौयें ही सर्वोत्तम अन्न की प्राप्ति में कारण हैं। वे ही देवताओं को उत्तम भविष्य प्रदान करती हैं। स्वाहाकार (देवयज्ञ) और वषट्कर (इंद्रयाग)—ये दोनों कर्म सदा गौओं पर ही अवलंबित हैं। गौयें ही यज्ञ का फल देने वाली हैं। उन्हीं में यज्ञों की प्रतिष्ठा है अर्थात् यज्ञ गौओं पर ही निर्भर है। महातेजस्वरी पुरुषप्रवर! प्रातः काल और सायंकाल सदा होम के समय ऋषियों को गौयें ही हवनीय पदार्थ (घृत) आदि देती हैं। प्रभो! जो लोग (नवप्रसूतिक दूध देने वाली) गौ का दान करते हैं, वे जो कोई भी दुर्गम संकट आनेवाले होते हैं उन सबसे, अपने किए हुए दुष्कर्मों से तथा समस्त पाप समूह से भी तर जाते हैं।

गौ की स्तुति करते हुए हिंदू धर्म ग्रंथों में इस प्रकार कहा गया है गौ रुद्रों की माता, वसुओं की पुत्री, अदिति पुत्रों की बहन और घृतरूप अमृत

का खजाना है, प्रत्येक विचारशील पुरुष को मैंने यही समझाकर कहा है कि निरपराध एवं अवध्य गौ का वध न करो। गौओं ने हमारे यहाँ आकर हमारा कल्याण किया है। वे हमारी गौशाला में सुख से बैठें और उसे अपने सुंदर शब्दों से गुँजा दें। ये विविध रंगों की गौयें अनेक प्रकार के बछड़े-बछड़ियाँ जनें और इंद्र (परमात्मा) के यजन के लिए उषा काल से पहले दूध देने वाली हों।

माँ शब्द एक भावनात्मक शब्द हैं। माँ केवल अपने बच्चे का पालन-पोषण कर उसका भला चाहती है, जबकि गौमाता पूरे विश्व का पालन कर भला चाहती है। गौमाता में करोड़ों देवी, देवताओं का वास है। गौवंश का गोबर वैदिक काल से आज तक पवित्रीकरण के लिए भारतीय संस्कृति में प्रयोग किया जाता रहा है, जो दुर्गंध नाशक, पोषक, शोधक व बलवर्धक जैसे गुणों से युक्त है। गाय का दूध, घृत, दही, गौमूत्र व गोबर के रस को मिलाकर पंचामृत तैयार किया जाता है। गौमाता की शक्ल को केवल निहारने व उसके गोबर को उठाने मात्र से कैंसर जैसी घातक बीमारी से छुटकारा पाया जा सकता है। हमें अपनी रक्षा के लिए गौमाता की रक्षा करनी होगी। भगवान् श्रीकृष्ण ने भी गौमाता की सेवा की थी। गौमाता के शरीर से निकलने वाली ऊर्जा से नकारात्मक तत्त्व समाप्त होते हैं। देशी गाय के दूध और गौमूत्र डेंगू जैसी गंभीर बीमारी में लाभ देते हैं। गौसेवा से बढ़कर कोई सेवा नहीं है। गौसेवा के लिए एक सप्ताह में कुछ समय परिवार सहित अवश्य निकालें।

गाय के शरीर का कोई अंग ऐसा नहीं है, जो मानवहित की दृष्टि से उपयोगी न हों। पहले हमारी कृषि का आधार गाय का बछड़ा हुआ करता था, जो बैल बनकर भूमि को उर्वरा बनाने के काम में लिया जाता था। आज के युग को मशीनरी युग कहा जाता है, जिसमें कृषि के सारे कार्य कृषि यंत्रों के द्वारा संचालित है। गाय को धार्मिक और सांस्कृतिक दृष्टि से पूज्य मानने की सोच सदियों से चलती आ रही है।

हिंदू धर्म में पवित्र मानी जानेवाली गाय को नेपाल ने अपने नए धर्म निरपेक्ष संविधान में राष्ट्रीय पशु का दर्जा दिया है। वहाँ गाय को संवैधानिक

संरक्षण प्रदान किया गया है और गौहत्या को कानूनी अपराध माना गया है। गाय को वहाँ पूज्य माना गया है।

प्राचीन काल में गायों के रख-रखाव के आधार पर व्यक्ति की संपन्नता का मूल्य आंका जाता था। तभी से प्रत्येक हिंदू घर में पहली रोटी गाय को दी जाती है। सूरदासजी ने लिखा है, जब कृष्ण अपने साथी ग्वाल वालों से उलझ जाते हैं तो उनके साथी उन्हें उलहाना देते हैं कि

"अति अधिकार जनावत जासे अधिक तुम्हारे हैं कछु गईया।" यह एक दुर्भाग्यपूर्ण विडंबना है कि गाय के हमारी अर्थव्यवस्था का आधार होते हुए आज यह शर्मनाक स्थिति देखने को मिलती है, जहाँ गौ मांस भक्षण को उचित ठहराया जाता है। उस समय तो हद हो जाती है कोई हिंदू राजनेता गला फाड़कर मुस्लिम हित संरक्षण के लिए उच्च स्तर में गौ मांस भक्षण को उचित समझता है। केंद्रीय रक्षा मंत्री निर्मला सीता रमन का कहना है कि गाय, बछड़े, बैल आदि के मांस पर तो प्रतिबंध लगा हुआ है।

एक सांस्कृतिक परंपरा के रूप में गौ मांस के सेवन को कभी उचित नहीं माना गया। माना जाता है कि भारत में मुगलों के आने के बाद मुस्लिम आधिपत्य के दौर में गौ मांस खाने का प्रचलन शुरू हुआ और इसके बाद ईसाइयों ने भी इसे आगे बढ़ाया। देश में 13 राज्य ऐसे हैं, जहाँ गौ वध पर प्रतिबंध है। लेकिन फिर भी इन राज्यों में गौ वध की घटनाएँ अवैध रूप से होना आम बात है। आज वोट की राजनीति के कारण कुछ हिंदू राजनेता वोटों के लिए अल्पसंख्यकों को आकर्षित करने के लिए गौ कसी को सही ठहराते हैं।

गौ वध पर रोक के आदेश के बावजूद इस वर्ष बकरीद पर कश्मीर घाटी में बकरों से अधिक गाय की बलि देने की घटनाएँ हुईं। मुस्लिमों के लिए गौ कसी हिंदू की भावनाओं को आहत करने का एक माध्यम है, साथ ही उनके लिए गौ किसी आर्थिक दृष्टि से लाभदायक हो अथवा उनके जीवनयापन का जरिया हो। यह उचित नहीं कि इसकी आड़ में पूरे हिंदू समाज की धार्मिक भावनाओं की अनदेखी कर दी जाए। ऐसी कोई आर्थिक गतिविधियाँ समाज

के हित में नहीं हो सकती हैं, जो दो समुदायों को आमने-सामने खड़ा कर दें।

सभ्य समाज गौ कसी की मान्यता नहीं देता। साध्वी प्राची (विश्व हिंदू परिषद्) का कहना है कि गाय हमारी आस्था से जुड़ी है। प्रशासन को गौ मांस खाने वालों के साथ सख्ती से निपटना चाहिए।

उधर केंद्रीय मंत्री गिरिराज सिंह (प्रमुख भाजपा नेता-बिहार) का कहना है कि हिंदू गौ पालक कभी गाय का मांस नहीं खाते। हिंदू धर्म में गाय को पूजा जाता है। इसलिए गौ वंश की हत्या को न केवल निषेध किया गया है, बल्कि उसे घृणित भी माना गया है।

योग गुरु बाबा रामदेव का कहना है कि कुरआन और बाइबल में कहीं भी गौ मांस खाने की बात नहीं लिखी गई है।

इधर लालू प्रसाद यादव (बिहार के पूर्व मुख्यमंत्री) का कहना कितना शरारतपूर्ण है कि हिंदू भी गौ वंश का मांस खाते हैं। खाने वाले के लिए गाय और बकरे में क्या फर्क है।

ऑल इंडिया इत्तेहादुल मुसलिमीन के प्रमुख असद्दीन ओवैसी ने इसे धार्मिक रंग देते हुए कहा कि वे लोग कौन होते हैं, जो मुस्लिम के गौ मांस खाने को प्रतिबंधित करते हैं।

एक सिरफिरे विवादास्पद सर्वोच्च न्यायालय के पूर्व न्यायाधीश मार्कंडेय काटजू ने तो हद तब कर दी जब उन्होंने गाय और अन्य जानवरों को समान बताया और कहा कि गाय इंसानों की माता कैसे हो सकती है, यदि कोई गौ मांस खाता है तो वे लोग किसी की इच्छाओं को रोकने वाले कौन होते हैं, आखिर कोई ये बताए कि एक जानवर इंसान की माँ कैसे हो सकता है। गाय भी घोड़े और कुत्ते की तरह जानवर है। मैं उसे माता नहीं मानता। उन्होंने ये भी कहा कि मैं गौ मांस खाता हूँ और खाता रहूँगा देखता हूँ कौन रोकता है।

अब हमारा कर्तव्य बनता है कि हम गौ धन के रक्षण और संवर्धन में अपनी भूमिका निभाएँ। बूढ़ी गाय हमारी संवेदनहीनता के कारण अपने हाल पर मरने के लिए छोड़ दी जाती है। हमारे देश में गौशालाओं का अभाव है। हम व्यापारी वर्ग के कृतज्ञ हैं, जो गौशालाओं के लिए दान दे रहे हैं। कैसी

विडंबना है कि एक तरफ हम गाय को माँ मानते हैं और दूसरी ओर उसके दूध देना बंद करते ही उसे धक्के खाने के लिए छोड़ देते हैं। आज गाय कूड़े में मुँह मारती देखी जाती हैं, पर क्या कभी किसी ने भैंस–भेड़–बकरी–मुर्गे को इस तरह से धक्के खाते हुए नहीं देखा गया। हमें गायों की दुर्दशा पर विचार कर ऐसे कदम उठाने होंगे, जिससे गौधन को उचित संरक्षण मिले और उसे राष्ट्रीय पशु घोषित किया जाए। केंद्रीय सरकार गौवध पर प्रतिबंध लगाया जाए। महात्मा गांधी का सपना था कि भारत में गौ मांस पर प्रतिबंध लगाया जाए। गाय पूजक देश में गाय के बूचड़खाने बंद के लिए कानून बनाया जाए तथा जन जाग्रत् के द्वारा गाय के प्रति लोगों में संवेदनशीलता पैदा हो। □

सामाजिक

28

महिलाशक्ति : भ्रूण हत्या और घटता लिंगानुपात

सृष्टि के प्रारंभ काल से ही स्त्री–पुरुष का अनुपात समतुल्य रहा है। सृष्टि के रचनाकार मनु और सतरूपा स्वयं इसके साक्षी हैं। आज हमारा 131 करोड़ की आबादी का देश इस संक्रमणकाल से गुजर रहा है विशेषकर उत्तर भारत।

हम यह भूल जाते हैं कि वर्तमान में कई देशों की शासक महिलाएँ हैं। जब महिला–पुरुष से आज की प्रजातंत्रीय व्यवस्था में अच्छा शासन दे सकती है तो हम उनके महत्त्व की अस्वीकृति से असंतुलन पैदा कर आखिर क्या संदेश देना चाहते हैं? वर्तमान में विभिन्न देशों की ये महिलाएँ राष्ट्राध्यक्ष के पद के गौरव की प्रतीक समझी जाती हैं यथा ऐंजिला मार्केल (जर्मनी), एलिजा बेथ द्वितीय (इंग्लैंड), मिशेलिन कैमी (स्विरजरलैंड), तारजा हेलोनेन (फिनलैंड), अलेइन जॉनसन (लाइब्रेरिया), क्रिशियाना फर्नेंडिश (अर्जेंटाइना), डालिया गायरस (लिथुनिया), रोजा उटुन (किर्गिस्तान), लोरा चिंचिला (कोस्टारिका), डिल्मा रूजेफ (ब्राजील), अतिफेते डालिया (कोसोवो), पेयर लेट लूसी (सेंट लुसिया), क्वैंटन वायरिस (ऑस्ट्रेलिया), आदि के साथ विभिन्न देशों के प्रधानमंत्री पद की ये महिलाएँ शोभा हैं—श्रीमती हसीना वाजेद (बंगला देश), जोहोना (आइसलैंड), रोगाकोसोर (क्रोशिया), ईवेटा राडीकोवा (स्लोवाकिया),

सीसे मारियान काडीनाम (माली), यिंगलक शिनावत्रा (थाईलैंड), हेले थोरिग स्मिथ (डेनमार्क), कमला प्रसाद विशेशर (त्रिनिडाड और टोबैगो), जूलिया गिलार्ड (ऑस्ट्रेलिया) आदि।

विश्व की एक अन्य सर्वशक्तिमान महिला श्रीमती हिलेरी क्लिंटन विदेशमंत्री अमेरिका भले ही वे वहाँ के राष्ट्रपति बराक ओबामा के अधीन रही हों, परंतु वे विश्व के देशों को नई दिशा देने की असीमित शक्ति रखती थी, जिनका एक-एक शब्द अमेरिकी प्रभुत्व स्थापना की दिशा में मील का पत्थर था तथा वे विश्व के देशों में सत्ता परिवर्तन की भी सूत्रधार थी। श्रीमती मीरा कुमार पुरुष वर्चस्व वाली लोकसभा की अध्यक्ष रहीं। श्रीमती सुमित्रा महाजन, वर्तमान लोकसभा अध्यक्ष अपनी कार्यकुशलता की विशेष छाप रखती हैं। व्यावसायिक क्षेत्र में चेन्नई की इंद्रा नुई विश्व की सर्वाधिक 50 करोड़ रुपए सालाना वेतनधारी पेप्सिको की सी.ई.ओ./प्रबंधक हैं। भारत की विदेश मंत्री श्रीमती सुषमा स्वराज अपनी वाक् शक्ति से राजनीति में अपना अभूतपूर्व प्रभाव रखती हैं। भारत के दो राज्यों की पूर्व मुख्यमंत्री यथा श्रीमती शीला दीक्षित (दिल्ली), स्व. श्री जयललिता (तमिलनाडु) तथा वर्तमान सुश्री ममता बनर्जी (प. बंगाल), पूर्व सुश्री मायावती (उत्तर प्रदेश) ने पुरुष वर्चस्व को क्या चुनौती नहीं दी।

श्रीमती रेणु भारद्वाज (हुसेन) (भाजपा के प्रवक्ता, पूर्व केंद्रीय नागरिक उड्डयन मंत्री श्री शाहनबाज हुसेन की पत्नी) का कहना है कि लड़कियों को जीवन साथी चुनने का अधिकार नहीं है। घर के फैसलों में 63 प्रतिशत महिलाओं की राय नहीं ली जाती है। ओनर किलिंग की घटनाए समाज के मुँह पर तमाचा है। लड़कियों के मामले में समाज का दकियानूसीपन उनके प्रगति की ओर बढ़ते कदमों को रोकता है। उन्हें लड़कों की तुलना में हर क्षेत्र में हीनता का शिकार होते देखा जाता है और इसमें भूमिका वह निभाती है, जो उसी के तुल्य लिंग धारणी माँ है, तब फिर क्या इससे भ्रूण हत्या समाप्त हो जाएगी। मानसिकता परिवर्तन एक मात्र कन्या भ्रूण हत्या को रोकने का उपाय है, परंतु जो ढर्रा समाज का प्रचलित है उससे मानसिकता परिवर्तन होना एक

दिव्य स्वप्न है। इसके प्रतिफल स्वरूप हमारे यहाँ आज 1000 पुरुष के पीछे 847 महिलाएँ हैं।

राष्ट्रीय अपराध ब्यूरो की वार्षिक रिपोर्ट कहती है कि शिक्षा के प्रसार के बावजूद मानसिकता में कोई परिवर्तन नहीं आया है।

'सेंटर फोर सोशल रिसर्च' की निदेशक रंजना कुमारी का कहना है—दो समाज हैं—आगे देखो समाज और पीछे देखो समाज—आगे देखो समाज सजग है, जिसकी संख्या कम है, जबकि पीछे देखो समाज आज भी वही रहना चाहता है इंग्लैंड जैसे महान् देश के कानून में वहाँ के पूर्व प्रधानमंत्री डेविड केमरून ने तब एक परिवर्तन किया था, जब 300 वर्षों से वहाँ प्रचलित कुप्रथा के कारण पुत्र को ही राजगद्दी का उत्तराधिकारी माना गया था। इस प्रथा में अब परिवर्तन द्वारा पहली संतान—पुत्र हो या पुत्री, वही राज्य की उत्तराधिकारी होगी/होगा। राजकुमार विलियम एवं राजकुमारी केट मिडलट्न की पहली संतान जो भी होगी, वह इंग्लैंड की सम्राट्/साम्राज्ञी बनेगी।

यद्यपि महान् कथाकार मुंशी प्रेमचंद ने स्त्री को मनुष्य समझने की वकालत की, परंतु दहेज दानव ने कन्या भ्रूण हत्या को बढ़ावा दिया। क्या कन्यादान एक बेटी का अपमान नहीं है, जिसका दान कर दिया। उससे नाता टूट जाता है, उसे इतना तुच्छ क्यों समझा जाता है कि वह दान करनेवाली वस्तु बन जाती है, कन्यादान नहीं कन्या विवाह क्यों ठीक नहीं है ?

इस दान से बचने के लिए लोगों ने कन्या भ्रूण हत्या की पहचान करके उसे गर्भ में ही समाप्त करने का हल ढूँढ़ निकाला, जब कन्या ही नहीं रहेगी तो दान की आवश्यता कहाँ रहेगी। इसे दान इसलिए नहीं माना जा सकता, क्योंकि वह स्वेच्छा से कम और मजबूरी में ज्यादा दिया जाता है मुझे नहीं लगता कि कन्या भ्रूण हत्या हमारे उपदेश मात्र से बंद हो जाएगी, यह और बढ़ेगी इसके लिए हम और आप सब उत्तरदायी हैं; क्योंकि हमारी मानसिकता अपने योग्य पुत्र (अच्छी सेवा-व्यवसाय) की आड़ में दहेज रूपी दानव की माँग से जकड़ी हुई है और यह जकड़न और कसेगी, क्योंकि हमारी शिक्षा के बढ़ते स्तर के होते हुए भी नैतिक मूल्यों के अभाव में दहेज के कारण

होनेवाली हत्याओं में कोई कमी नहीं आई है, जब बोली लगाना हम अपने लाडले के लिए गर्व की बात समझते हैं।

हमारे शीर्ष नेतृत्व द्वारा सामाजिक सम्मेलनों में लोगों को भ्रूण हत्या एवं दहेज के विरुद्ध शपथ दिलाई जाए और इसे जघन्य सामाजिक अपराध के रूप में देखा जाए तथा यह संदेश जन-जन तक प्रचार माध्यमों द्वारा पहुँचाया जाए। इस नियम के विरुद्ध आचरण करनेवाले का चाहे वह कितनी ही बड़ी हस्ती क्यों न हो, उसका सामाजिक बहिष्कार किया जाए, तभी कोई आशा की किरण भ्रूण हत्या-दहेज प्रथा के विरुद्ध प्रस्फुटित हो सकती है, तभी लोकमान्य बाल गंगाधर तिलक का यह कथन सार्थक हो सकता है, **जहाँ नारी की पूजा होती है, वहाँ देवता निवास करते हैं।**

□

29

चारों दिशाओं में फैलती है मनुष्य की अच्छाई

कोई भी काम शुरू करने से पहले खुद से तीन सवाल जरूर पूछें—मैं ऐसा क्यों करने जा रहा हूँ? इसका क्या परिणाम होगा? क्या मैं सफल रहूँगा? चाणक्य चंद्रगुप्त मौर्य के महामंत्री थे। वे 'कौटिल्य' नाम से भी विख्यात हैं, उन्होंने नंदवंश का नाश करके चंद्रगुप्त मौर्य को राजा बनाया। उनके द्वारा रचित अर्थशास्त्र राजनीति, अर्थनीति, कृषि, समाजनीति आदि का महान् ग्रंथ है।

- व्यक्ति अकेले पैदा होता है और अकेले मर जाता है और वो अपने अच्छे और बुरे कर्मों का फल खुद ही भुगतता है और वह अकेले ही नर्क या स्वर्ग जाता है।
- भगवान् मूर्तियों में नहीं है। आपकी अनुभूति आपका ईश्वर है। आत्मा आपका मंदिर है।
- अगर साँप जहरीला न भी हो तो भी उसे खुद को जहरीला दिखाना चाहिए।
- इस बात को व्यक्त मत होने दीजिए कि आपने क्या करने के लिए सोचा है?, बुद्धिमानी से इसे रहस्य बनाएँ रखें और इस काम को करने के लिए दृढ रहें।
- शिक्षा सबसे अच्छी मित्र है। एक शिक्षित व्यक्ति हर जगह सम्मान पाता है। शिक्षा सौंदर्य और यौवन को परास्त कर देती है।

- जैसे ही भय आपके करीब आए, उस पर आक्रमण कर उसे नष्ट कर दें।
- किसी मूर्ख व्यक्ति के लिए किताबें उतनी ही उपयोगी हैं, जितना कि एक अंधे व्यक्ति के लिए आईना।
- जब तक आपका शरीर स्वस्थ और नियंत्रण में है और मृत्यु दूर है, अपनी आत्मा को बचाने की कोशिश करें, जब मृत्यु सिर पर आएगी तब आप क्या कर पाएँगे ?
- कोई व्यक्ति अपने कार्यों से महान् होता है, अपने जन्म से नहीं।
- जिस प्रकार सूखे पेड़ को अगर आग लगा दी जाए तो वह पूरा जंगल जला देती है, उसी प्रकार एक पापी पुत्र पूरे परिवार को बरबाद कर देता है।
- दुनिया की सबसे बड़ी शक्ति नौजवानी और औरत की सुंदरता है।
- सबसे बड़ा गुरु मंत्र है—कभी भी अपने राज दूसरों को मत बताएँ। ये आपको बरबाद कर देगा।
- पहले पाँच सालों में अपने बच्चे को बड़े प्यार से रखें। अगले पाँच साल उन्हें डाँट-डपट के रखें। जब वह सोलह साल का हो जाए तो उसके साथ एक मित्र की तरह व्यवहार करें। आपके वयस्क बच्चे ही आपके सबसे अच्छे मित्र हैं।
- फलों की सुगंध केवल वायु की दिशा में फैलती है, लेकिन एक व्यक्ति की अच्छाई हर दिशा में फैलती है।
- हमें भूत के बारे में पछतावा नहीं करना चाहिए, न ही भविष्य के बारे में चिंतित होना चाहिए। विवेकवान व्यक्ति हमेशा वर्तमान में जीते हैं।
- हर मित्रता के पीछे कोई-न-कोई स्वार्थ होता है। ऐसी कोई मित्रता नहीं, जिसमें स्वार्थ न हो। यह कड़वा सच है।
- साँप के फन, मक्खी के मुख और बिच्छु के डंक में जहर होता है, पर दुष्ट व्यक्ति तो सिर से पैर तक इसमे भरा होता है।
- वह जो हमारे चिंतन में रहता है, वह करीब है, भले ही वास्तविकता

में वह बहुत दूर ही क्यों न हो; लेकिन जो हमारे ह्रदय में नहीं है वो करीब होते हुए भी बहुत दूर रहता है।

- वह जो अपने परिवार से अत्यधिक जुड़ा हुआ है, उसे भय और चिंता का सामना करना पड़ता है, क्योंकि सभी दुःखों की जड़ लगाव है। इसलिए खुश रहने के लिए लगाव छोड़ देना चाहिए।
- जब आप किसी काम की शुरुआत करें, तो असफलता से नहीं डरें और उस काम को न छोड़े। जो लोग ईमानदारी से काम करते हैं, वो सबसे प्रसन्न होते हैं।
- सेवक को तब परखें जब वह काम न कर रहा हो, रिश्तेदार को किसी कठिनाई में, मित्र को संकट में और पत्नी को घोर विपत्ति में।
- एक उत्कृष्ट बात जो शेर से सीखी जा सकती है, वो ये है कि व्यक्ति जो कुछ भी करना चाहता है, उसे पूरे दिल और जोरदार प्रयास के साथ ही करें।
- संतुलित दिमाग जैसी कोई सादगी नहीं है, संतोष जैसा कोई सुख नहीं हैं, लोभ जैसी कोई बीमारी नहीं है और दया जैसा कोई पुण्य नहीं है।
- यदि किसी का स्वभाव अच्छा है तो उसे किसी और गुण की क्या जरूरत है ? यदि आदमी के पास प्रसिद्धि है तो भला उसे और किसी श्रृंगार की क्या आवश्यकता है।
- अपमानित होकर जीने से अच्छा मरना है। मृत्यु तो बस एक क्षण का दुःख देती है, लेकिन अपमान हर दिन जीवन में दुःख लाता है।
- कभी भी उनसे मित्रता नहीं करें, जो आपसे कम या ज्यादा प्रतिष्ठित हों। ऐसी मित्रता कभी आपको खुशी नहीं देगी।
- अपना धन उन्हीं को दो जो उसके योग्य हों और किसी को नहीं। बादलों के द्वारा लिया गया समुद्र का जल हमेशा मीठा होता है।
- जो लोग परमात्मा तक पहुँचना चाहते हैं, उन्हें वाणी, मन, इंद्रियों की पवित्रता और एक दयालु ह्रदय की आवश्यकता होती है। □

30

समाज संगठन एवं एकता

हमेशा ये कहा जाता रहा है कि समाज का संगठित रूप उसे जीवंत बनाता है। उसे शक्ति प्रदान करता है। कनवाह के मैदान (फतेहपुर सीकरी, आगरा) में बाबर की सेना कम होते हुए भी संगठित एवं अनुशासन के बल पर राणा साँगा की असंगठित एवं बिखरी विशाल सेना के सपक्ष विजयी रही।

विश्व में पारसी समाज कुल अस्सी हजार है, जिसमें से भारत में साठ हजार पारसी निवास करते हैं, परंतु गुणवत्ता एवं अपनी श्रेष्ठता के कारण विश्व की कोई जाति एवं धर्म इनके समक्ष में नहीं ठहरता। भारत के विकास में इस जाति ने जो योगदान दिया है, उस पर भारत गर्व कर सकता है। दो प्रधानमंत्री यथा इंदिरा गांधी (1966-77, 1980-84) एवं राजीव गांधी (1985-89) के साथ राहुल गांधी तृतीय प्रधानमंत्री के प्रत्याशी कहे जा सकते हैं। यदि पारसी समाज यहाँ बसा न होता तो हमारी उन्नति अधूरी होती। व्यापार व उद्योग (रतन टाटा, आदिगोदरेज) पत्रकारिता (आर.के. करंजिया) राजनीति (दादा भाई नौरोजी, भीखाजी कामा, होमी तल्यार खाँ), सैन्य बल (जनरल मानेकशॉ) न्यायिक क्षेत्र (एस.एच. कपाडिया, नानी पालकीवाला, फिरोज शाह मेहता, रौहटन नरीमन), फिल्म निर्माण (सोहराब मोदी), उपन्यास एवं लेखन (रौहटन मिस्त्री, मीनू मसानी), विज्ञान (डॉ. होमी जहाँगीर भाभा) आदि इस वर्ग के सभी लोगों ने देश को नई दिशा दी।

विश्व ने दूसरा सबसे बड़ा समाज यहूदियों का है, जिन्होंने अपने बल पर जहाँ विश्व में उनकी कोई भूमि नहीं थी, सारे विश्व में यह समाज बिखरा हुआ था। आज यह समाज विश्व में सबसे अधिक संगठित एवं एकता के सूत्र में आबद्ध है। विश्व के महानतम व्यक्तियों का जन्मदाता समाज अपने अस्तित्व की रक्षा के लिए छटपटा रहा था तथा जर्मनी के हिटलर ने इस जाति को समाप्त करने के लिए गैस चैंबर में इकट्ठा कर लाखों की संख्या में लोगों को मार दिया था। अणु बम के निर्माण के एकमात्र महानायक आइंस्टाइन एवं वाइलिन वादक—मैनुहन इस जाति की यश कीर्ति को विश्व में फैलाने के लिए काफी हैं। काश! हमारे समाज में भी ऐसे महानायक पैदा होते, जो हमारी यश कीर्ति को आगे बढ़ाते।

1972 म्यूनिख (जर्मनी) ओलंपिक में मुस्लिम आतंकवादियों ने इनके खिलाड़ियों का अपहरण कर हत्या कर दी, परंतु इजराइल ने अपने इन खिलाड़ियों की हत्या का बदला इन हत्यारों को ढूँढ़-ढूँढ़कर हत्या करके लिया। इस जाति का इनकी समृद्धि, बौद्धिक प्रतिभा का लोहा स्वीकार ही नहीं किया गया, अपितु वह देश जहाँ-जहाँ ये यूरोप, अमेरिका आदि में बसे थे, इनकी हर क्षेत्र में कार्यक्षमता का कायल था। इन्होंने अपनी मातृभूमि के लिए एक जगह रहने का संकल्प लिया, परिणामस्वरूप इस जीवट की धनी जाति ने अरब भूमि पर विश्व मानचित्र पर इजराइल का अस्तित्व स्थापित किया, यद्यपि फिलीस्तीन मुस्लिम राष्ट्र उसके पड़ोस में उसका प्रबलतम विरोधी है। आज यह 25 लाख की आबादी का देश शतरु देशों से घिरा हुआ है और वे समय-समय पर इस पर आक्रमण कर इसे उखाड़ने की चेष्टा में रहे हैं, परंतु जब इजराइल एक नया देश स्थापित हो गया तो विश्व में बसे यहूदी अपनी कौम का अस्तित्व बचाने के लिए यहाँ आकर बसने लगे। यहाँ के रेगिस्तान को इन्होंने अपने परिश्रम से एक छोटे आदर्श राज्य के रूप में स्थापित किया। आज दुनिया के पर्यटक इजराइल की खुशहाली को देखकर दाँतों तले अंगुली दबातें हैं। कृषि क्षेत्र में जहाँ पानी का पूर्णाभाव हो, वहाँ उन्होंने अपने परिश्रम से एक आदर्श कृषि व्यवस्था को बढ़ावा दिया

है। अस्तित्व में आए अपने राष्ट्र की रक्षा के लिए प्रत्येक यहूदी कटिबद्ध है। परिणामस्वरूप शतरु मुस्लिम राष्ट्रों से घिरा इजराइल स्वाभिमानपूर्वक खड़ा है। इनके युद्ध कौशल के समक्ष मुस्लिम राष्ट्र टिक नहीं पाते।

जैन (50 लाख), सिक्ख (2 करोड़) अल्पसंख्यक होते हुए भी भारतीय समाज में अपना वर्चस्व रखते हैं। हमें आदर्श समाज निर्माण में इन जातियों से प्रेरणा लेनी चाहिए। समाज संगठन एवं एकता, अनुशासन जीवन से जुड़े ऐसे पहलू है, जो हमें आगे बढ़ने में सहायक है हमारी एकता में दरार हमारे लिए एक चुनौती है कि हम किस प्रकार अपने मतभेद भुलाकर एक सुदृढ समाज/राष्ट्र का रूप ले सकते हैं। शास्त्रों का संदेश है कि उत्तम पुरुष का बैर जल की लकीर के समान तत्काल नष्ट होनेवाला होता है तथा उत्तम पुरुष की कीर्ति पत्थर की लकीर के समान अमिट है। निम्न स्वभाव के व्यक्ति की प्रीति जल की लकीर की तरह है, जो तत्काल मिटती चली जाती है। जिस प्रकार मोती की माला में एकजुटता रहती है, उसी प्रकार समाज के प्रत्येक वर्ग में शांति, सद्भावना, एकता व सामाजिक समरसता की भावना होनी चाहिए। प्राय: देखा जाता है कि कुछ लोग जब अपने को उपेक्षित महसूस करते हैं तो फिर वे समाज एकता के विरुद्ध घातक कदम उठाने से नहीं चूकते। पिछले दिनों गुमनाम पत्र युद्ध इसी का द्योतक था। चंद असंतुष्ट दिशाहीन होकर प्राचीन छापामार प्रणाली से समाज को आघात पहुँचाने की कोशिश करते हैं। यद्यपि उनका यह कार्य समाज एकता की दहलीज पर सिर पटकना ही माना जाएगा। सामान्यजन तो समाज को एकता के सूत्र में आबद्ध होता देखना चाहता है। जब शीर्ष नेतृत्व के एकता के लिए किए गए प्रयास तिरोहित हो जाए तो इससे एक ऐसी निराशा उपजती है, जो हताशा को जन्म देती है, तब फिर समाज यह सोचने को विवश होता है कि कुछ व्यक्तियों की कुत्सित महत्त्वाकांक्षा को एकता के नाम पर बढ़ावा देना एक ऐसा अनुचित कार्य होगा, जिसके लिए आगे आनेवाली पीढ़ी हमें कभी क्षमा नहीं करेगी।

तब फिर कवि रहीम की ये पंक्तियाँ याद आती है—

"कहो रहीम कैसे निभै केर बेर को संग।
बे डोलत रस आपने उनके फाटत अंग।।"

हमें इस विरासत से जो समाज रूपी महल मिला है। उसे चुस्त-दुरुस्त कर एक ऐसा सुदृढ आकार दें कि वे असंतुष्ट लोग एकता के नाम पर समाज संगठन में समायोजित होना अपना धर्म समझें।

□

31

गृहस्थ जीवन की उन्नति के 16 स्वर्णिम सूत्र

मनुष्य के वैदिक जीवन के चार सोपान हैं—ब्रह्मचर्य, गृहस्थ, वानप्रस्थ एवं संन्यास आश्रम। ब्रह्मचर्य आश्रम का काल आरंभ के 25 वर्षों का होता है, जिसमें 8 वर्ष की आयु तक गुरुकुल में जाकर वर्णोच्चारण शिक्षा से आरंभ कर संपूर्ण वेद व संपूर्ण विद्याओं का अध्ययन करना होता है। अध्ययन पूरा करने पर गृहस्थ जीवन धारण करने का विधान है, जो विवाह संस्कार से आरंभ होता है। गृहस्थ जीवन के अपने कर्तव्य हैं, जिनमें पंचमहायज्ञों का महत्त्वपूर्ण स्थान है। ये पंच महायज्ञ प्रातः व सायं वैदिक योग विधि से ईश्वरोपासना, जिसमें सद्ग्रंथों का स्वाध्याय भी सम्मिलित है, प्रातः व सायं अग्निहोत्र यज्ञ का अनुष्ठान, पितृ यज्ञ जिसमें माता-पिता की सेवा सुश्रुषा कर उन्हें संतुष्ट व प्रसन्न करना होता है, चौथे कर्तव्य अतिथि यज्ञ में आचार्य, गुरुओं व संन्यासियों विद्वानों का सेवा सत्कार कर उन्हें प्रसन्न व संतुष्ट करना होता है।

अंतिम गृहस्थ का कर्तव्य पालतू पशुओं, कीट-पतंग व पक्षियों आदि के लिए होता है, जिसमें अपने आहार के पदार्थों में से कुछ भाग उनके पोषण के लिए दिया जाता है। 50 से 75 वर्ष की आयु के बीच वानप्रस्थ तथा 75 वर्ष व उससे आगे संन्यास लेकर वेद व वैदिक शिक्षाओं व मान्यताओं का समाज व गृहस्थियों में प्रचार-प्रसार करना होता है, जिससे समाज में अज्ञान, अंधविश्वास, कुरीतियाँ आदि जन्म न ले सकें व यदि यह बुराइयाँ समाज में

आ गई हों तो वह दूर हो जाएँ। गृहस्थ आश्रम अन्य तीन आश्रमों का मुख्य आधार हैं। यदि यह सुधर जाए तो सभी आश्रम अपनी उन्नत अवस्था में रहते हैं। इसके लिए वे एवं वैदिक साहित्य में आवश्यक ज्ञान तिमिर से दूर होकर सत्य ज्ञान को प्राप्त होकर जीवन के उद्देश्य धर्म, अर्थ, काम व मोक्ष की प्राप्ति में सफल हो सकता है।

आर्य समाज में स्वामी विद्यानंद सरस्वती नाम से एक विद्वान् संन्यासी हुए हैं, जिन्होंने तत्त्वमसि, वेद मीमांसा, अनादि तत्त्व दर्शन, मैं ब्रह्म हूँ, सृष्टि विज्ञान और विकासवाद, आर्यों का आदि देश और उनकी सभ्यता, आर्य सिद्धांत विमर्श, अद्वैतमत-खंडन, सत्यार्थ भास्कर, भूमिका भास्कर, संस्कार भास्कर, स्वराज्य दर्शन आदि बड़ी संख्या में अनेक महत्त्वपूर्ण व विद्वत्तापूर्ण ग्रंथों का प्रणयन व रचना की है। उनका समस्त जीवन वेदों की शिक्षाओं पर आधारित था। वह आदर्श शिक्षक, आदर्श गृहस्थी, आदर्श विद्वान् और आदर्श संन्यासी रहे और उन्होंने समाज को श्रेयस्कर मार्गदर्शन एवं नेतृत्व प्रदान किया। अपने ज्ञान व अनुभव के आधार पर वर्तमान आधुनिक समय में गृहस्थ जीवन को सफल व उन्नत करने के लिए स्वामी विद्यानंद सरस्वतीजी ने सोलह उपदेश व प्रमुख सूत्रों का संकलन किया।

आज हम उनके द्वारा वैदिक ज्ञान का मंथन कर दिए गए उपदेशों को पाठकों के लाभार्थ प्रस्तुत कर रहे हैं—

- ईश्वर को सर्वव्यापक, सर्वज्ञ और सर्वशक्तिमान जानो और अपने समस्त कर्तव्य-कर्मों को करना ईश्वर की आज्ञाएँ पालन करना समझो।
- अपने कर्तव्यपालन में भी प्रमाद और आलस्य मत करें, प्रत्येक कर्म को समझ कर सच्चाई के साथ करो।
- अपनी जीवनचर्या को नियमबद्ध बनाओ, जिसमें सूर्योदय से पहले उठना आवश्यक नियम हो।
- प्रत्येक कार्य के लिए समय नियत करो और प्रत्येक कार्य को उसके नियत समय पर करो।

- प्रत्येक वस्तु के लिए स्थान नियत करो और प्रत्येक वस्तु को नियत स्थान पर रखो।
- सबसे मीठे वचन बोलो, प्रेम रखो, ईर्ष्या और द्वेष कभी मत करो।
- दूसरों के सुख में सुखी तथा दुःख में दुःखी होने की भावना दृढ करो।
- कभी किसी दूसरे की निंदा और अपनी प्रशंसा मत करो।
- अपनी योग्यता का कभी अभिमान मत करो, उसको बढ़ाने का सदैव प्रयत्न करो।
- बच्चों को विनम्र, सुयोग्य, सदाचारी और कर्मशील बनाने के लिए बचपन में ही शिक्षा देना आवश्यक है और उसके लिए अपने-आपको उदाहरण बनाना अत्यंत उपयोगी सिद्ध होता है।
- अपने व्यय को आय से कभी अधिक मत बढ़ने दो।
- शुद्ध, सरल, पवित्र और सादा जीवन निर्वाह करो, बनावट और दिखावट से बचे रहो।
- स्वास्थ्य को ठीक रखने के लिए आहार-विहार आदि में संयम रखो और व्यायाम अथवा आसन-प्राणायाम आदि नियमपूर्वक करते रहो।
- गुरुजनों का आदर करो।
- दुःखो और कठिनाइयों को धीरतापूर्वक सहन करो, कभी घबराओ नहीं, सदैव प्रफुल्लित रहो।
- अपनी और कुटुंब की सेवा के साथ समाज की सेवा करना भी जीवन का उद्‌देश्य बनाओ।

इन उपदेशों को लिखकर स्वामीजी ने ईश्वर से प्रार्थना करते हुए कहा है कि वह हमको ऐसी बुद्धि और शक्ति प्रदान करे कि हम इन नियमों को अपने आचरण में परिणत करके अपना जीवन सफल बनाएँ। हम अनुमान करते हैं कि यदि सभी मनुष्य इन सार्वदेशिक नियमों को अपना आदर्श बना लें तो इससे समाज व देश की उन्नति सहित मनुष्य जीवन उन्नत व सफल हो सकता है।

हम आशा करते हैं कि पाठक इन शिक्षाओं को अपने लिए उपयोगी

पाएँगे और इससे लाभ उठाएँगे। हमारा निवेदन और सलाह है कि सभी गृहस्थियों को महर्षि दयानंद लिखित सत्यार्थ प्रकाश के द्वितीय, तृतीय व चतुर्थ समुल्लासों सहित सप्तम् से दशम् समुल्लास भी अवश्य पढ़ने चाहिए और साथ ही संस्कार विधि में गृहस्थाश्रम प्रकरण को पढ़कर उससे गृहस्थ जीवन में सुख-शांति का लाभ लेना चाहिए।

□

32

बेटी का सहारा

आज भारतीय समाज पुत्रमोह में जकड़ा हुआ है। प्रत्येक परिवार एक पुत्र की लालसा लिये हुए है। वह चाहता है कि उसकी संपत्ति का असली वारिस पुत्री नहीं पुत्र है। प्रारंभ से ही उस बेटे की परिवरिश पर यथोचित् ध्यान दिया जाता है, जो बाप का वारिस बनेगा, जिससे बाप पिंडदान द्वारा मोक्ष प्राप्ति की आशा करता है, यद्यपि बेटियों द्वारा कुछ ऐसे साहसिक उदाहरण प्रस्तुत किए गए हैं, जब बेटी ने समाज के पुराने मिथक को तोड़ते हुए बाप की अंत्येष्टि कार्य में भाग लिया है। यद्यपि ऐसे उदाहरण अपवाद हैं, जब इनका प्रचलन आम हो जाएगा, तभी बेटी के सामाजिक महत्त्व को परिवार में मान्यता मिलेगी। बेटी को पराया धन समझकर शादी से पूर्व तक ही उससे नाता बनाए रखा जाता है। यह परंपरा सदियों से चली आ रही है। आखिर यह मिथक कब टूटेगा, जब बेटी को पराया धन न समझकर बेटे के समान परिवार में महत्त्व प्राप्त होगा।

जब बेटी की संसार में आने से पूर्व भ्रूण के रूप में उसकी हत्या कर दी जाती है। ऐसे समाज को हम किस रूप में देखे—चाहे कितनी ही योजनाएँ बेटी बचाव से जुड़ी शुरू की जाए, परंतु जब तक हमारी मानसिकता नहीं बदलेगी, तब तक परंपरागत स्थिति में कोई परिवर्तन नहीं आएगा। बेटे का रौद्र रूप माता-पिता के लिए भयंकर हो सकता है। कुछ दिनों पहले की घटना है कि गोरखपुर में एक व्यक्ति दीनानाथ नामक व्यक्ति ने अपने बाप की

हत्या साथी से मिलकर कर दी कि वह बेरोजगार था। बाप सरकारी सेवा में था, उसका मानना था कि बाप की मृत्यु के बाद उसे अनुकंपा नियुक्ति मिल जाएगी। उसे अनुकंपा नियुक्ति तो नहीं मिली, अपितु हत्या के अपराध में जेल जाना पड़ा; परंतु किसी बेटी के आचरण के बारे में इस प्रकार की कल्पना भी नहीं कर सकते।

प्रधानमंत्री नरेंद्र मोदी का 15 अगस्त का वह भाषण ऐतिहासिक था, जिसमें उन्होंने समाज से पूछा था कि लड़का घर से जाता है तो कोई नहीं पूछता कि तुम कहाँ जा रहे हो, कब आओगे और क्यों जा रहे हो, जबकि लड़की घर से जाती है तो यही प्रश्न लड़की से पूछे जाते हैं कि कहाँ जा रही हो क्यों जा रही हो और कब आओगी। इस प्रकार व्यवहार में असंवेदनशीलता झलकती है। अपराध का जनक बेटा होता है बेटी नहीं।

बाल-विवाह के पीछे एक तर्क यह भी है कि बेटी की अगर जल्दी शादी कर दी जाऐगी तो घर से बोझ का छुटकारा मिल जाएगा, जिसे परिवार अपनी अनिच्छा से छुपाए हुए हैं। युनिसेफ के अनुसार विश्व की 72 करोड़ महिलाओं की शादी 18 वर्ष से कम आयु में कर दी जाती हैं, जिसमें लगभग 25 करोड़ का विवाह 15 वर्ष से कम आयु में हो जाता है। माता-पिता से दुर्व्यवहार की घटनाओं में बेटे की साजिश होती है। बेटी शादी के उपरांत जितना सहज आदर-भाव अपने माता-पिता के लिए रखती है, वह उसके आदर्श रूप का प्रतीक है। गरीब हो चाहे अमीर माँ-बाप की बेटी में एक संवेदनशीलता होती है, जो उसे देवी की श्रेणी में ला खड़ा कर देती है। ऐसे अनेक परिवार मिल जाएँगे आज जब वृद्धावस्था में बेटी उनका सहारा बनी हुई है तथा जिसने वृद्ध माँ-बाप के नारकीय जीवन में अपनी उनके प्रति संवेदनशीलता के द्वारा एक मरहम का कार्य किया है। यद्यपि यूरोपीय समाज में बेटे की तुलना में बेटी को भी वह प्राथमिकता नहीं मिली, जब उसे नेतृत्व के उपयुक्त समझा गया हो। अमेरिका के इतिहास में आज तक कोई महिला राष्ट्रपति नहीं हुई। भले ही वहाँ का समाज बेटे-बेटी की समानता को आधार मानता हो। अमेरिका के पिछले 4 राष्ट्रपति रोनाल्ड रीगन की एक लड़की,

जॉर्ज जूनियर बुश की दो लड़कियाँ, बिल क्लिंटन की एक लड़की, बराक ओबामा के दो लड़कियाँ होने के उपरांत भी वहाँ लड़का न होने का उन्हें कोई पश्चात्ताप नहीं है। एक अन्य प्रसंग में देखें तो ज्ञात होगा कि अमेरिका में बेटी होना ईश्वरीय वरदान के रूप में स्वीकार किया जाता है। उदाहरण—अमेरिकी पूर्व राष्ट्रपति बिल क्लिंटन एवं हिलैरी की बेटी चेल्सी (34) के बेटी के जन्म (28.09.2014) के अवसर पर पति—**मार्क एवं चेल्सी ने कहा था कि हम इसके लिए विधाता के शुक्रगुजार है तथा हम दोनों बेहद खुश हैं।**

ब्रिटेन जो प्रजातंत्र का जनक है, वहाँ के 500 वर्ष के इतिहास में मात्र एक महिला श्रीमती मार्गेट थैचर प्रधानमंत्री बनने का अवसर प्राप्त कर सकी। यद्यपि इंग्लैंड के सिंहासन पर लंबे अरसे से एलिजाबेथ द्वितीय सिंहासनारूढ़ हैं, जिन्हें महिला सशक्तीकरण के रूप में देखा जाता है।

अपने यहाँ बेटियों पर अत्याचार की घटनाएँ सदियों से होती रही हैं। एक समय सतीप्रथा भारतीय समाज का अंग थी। पिछले दिनों की उस घटना को हम आज तक नहीं भूले हैं, जब सीकर जिले के दिवराला गाँव में जीवित स्थिति में उसकी पत्नी को मृत पति के साथ जला दिया गया। यद्यपि भारत के पूर्व उपराष्ट्रपति भैरो सिंह शेखावत ने इसका विरोध करते हुए कहा था कि यदि मेरे पिता की मृत्यु पर मेरी माँ को सती के रूप में जीवित जला दिया गया होता तो मैं आज जिस स्थिति में हूँ तो मैं उस स्थिति तक नहीं पहुँच पाता। यह मेरी माँ की परवरिश की देन है।

युनिसेफ की एक रिपोर्ट के अनुसार भारतीय माताएँ खासकर सौतेली माताएँ अपनी बेटियों पर सबसे अधिक शारीरिक अत्याचार करती हैं। इस प्रकार के अत्याचार का शिकार 15 से 16 वर्ष की आयु की लगभग 41 प्रतिशत लड़कियाँ होती हैं। हम अपनी आँखों के सामने अपने ही घरों में देखते हैं कि लड़के को पौष्टिक भोजन और लड़की को जैसा-तैसा खाना देकर काम चला दिया जाता है, यह सब कार्य वह औरत करती है, जो कभी बेटी रही है। कितनी बड़ी दुर्भाग्यपूर्ण विडंबना है कि वही बेटी माँ बन जाने पर अपनी बेटी को क्रूरता का शिकार बनाती है। यद्यपि अब बच्चियाँ में शिक्षा

के प्रति रूझान पैदा हुआ है, परंतु अभी उनकी दयनीय स्थिति में कोई विशेष परिवर्तन नहीं आया है। इसके लिए हमारा रूढ़िग्रस्त परिवार/समाज उत्तरदायी है। यहाँ आज भी बेटी उपेक्षा और निरादर का पात्र है और तब शिक्षा के प्रति उसका रूझान कैसे पैदा हो, जब उसके अभिभावकों ने घर में कामकाज के कारण पढ़ाई छुड़वा ली हो।

बहुत से घरों में अपने से बड़ी बहन को पीटने का अधिकार भी छोटे भाई को माँ ही देती है। छोटा है तो क्या हुआ? समाज इतना निष्ठुर है कि अफगानिस्तान में मलाला जैसी लड़की को मारने की इसलिए कोशिश की जाती है कि वह स्कूल क्यों जाती है। यद्यपि वही मलाला आज आदर्श के रूप में परंपरागत समाज से जूझते हुए नोबेल पुरस्कार प्राप्त कर आगे बढ़ रही है। संयुक्त राष्ट्र ने मलाला के साहसिक कदम की मुक्त कंठ से प्रशंसा की है।

एक विधायक द्वारा राजस्थान विधानसभा में बताया गया कि जिस व्यक्ति के पहला बच्चा बेटी होती है तो वह फिर कन्या होने से बचने के लिए भी कन्या भ्रूण हत्या करता है, इसे कोई नहीं रोक सकता। आज हम देखते हैं कि 1961 की जनगणना से लेकर वर्ष 2011 की जनगणना तक 6 साल की बच्चियों की संख्या में लगातार गिरावट आई है। 1000 बेटों के मुकाबले 906 बेटियाँ (2011) जन्म ले पा रही हैं। मातृ शक्ति के पूजन वंदन की सार्थकता तभी है, जब हर घर के आँगन की रौनक बेटियाँ सम्मानपूर्वक जी सकें।

अमेरिका के वर्जिनिया प्रांत में रहनेवाले हीटन ने अपनी 7 साल की बेटी ऐमली की खुशी के लिए मिस्र और सूड़ान के बीच एक नए राज्य की स्थापना कर दी। ऐसा आदर्श पिता हर बेटी को मिले। 'वाशिंगटन पोस्ट' के अनुसार कुछ महीने पहले ऐमली ने खेल-खेल में अपने पिता से पूछा कि क्या वह असली जिंदगी में कभी राजकुमारी बन सकती है। लड़की का पिता मध्यमवर्गीय परिवार से था। दूर-दूर तक राजघराने से उसका कोई संबंध नहीं था। वह नए राज्य की स्थापना का विचार सोच भी नहीं सकता था। उसने अपने शोध से बेटी को राजकुमारी बनाने के लिए दुनिया के नक्शे में मिस्र और सूड़ान के बीच में एक खाली जगह खोज ली और अपनी बेटी को राजकुमारी

बनाने के लिए नए राज्य की नींव डाली। बच्ची के लिए राजकुमारी जैसे कपड़े, जेवर और ताज तो खरीद कर दिए जा सकते हैं, परंतु राज्य नहीं हीटन ने बेटी के लिए ये सबकुछ कर दिखाया।

आज सरकार 'कन्या/बेटी बचाओ' अभियान पर लाखों रुपए खर्च करती है, लेकिन आज भी परिवार में बेटी होना अभिशाप ही माना जाता है। **बैडमिंटन चैंपियन सायना नेहवाल का कहना है कि जब मैं पैदा हुई तो मेरी दादी अस्पताल में मेरी लड़की के रूप में पैदा होने के कारण मुझे देखने नहीं आई।** इंदौर की एक घटना में, एक व्यक्ति ने अपनी गर्भवती पत्नी की इसलिए हत्या कर दी कि उसके पहले से ही दो बेटियाँ थीं, वह भ्रूण परीक्षण करवाना चाहता था। उसकी पत्नी ने इसके लिए इंकार कर दिया, इस पर उसने अपनी पत्नी की हत्या कर दी और जब पोस्टमार्टम हुआ तो पता चला गर्भ में लड़की नहीं लड़का था। इसी प्रकार पूर्व केंद्रीय मानव संसाधन विकास मंत्री **श्रीमती स्मृति ईरानी (28.06.2014) का कहना है कि जब मैं पैदा हुई थी तो कुछ लोगों ने बेटी को बोझ बताते हुए मेरी माँ से मुझे मार डालने की सलाह दी थी, लेकिन मेरी माँ बहादुर थी और उन्होंने ऐसा नहीं किया।** यही कारण है कि मैं आज आपके सामने खड़ी हूँ। खंडवा (म.प्र.—14.05.2014) की यह घटना भी नहीं भुलाई जा सकती, जब तीसरी बार बेटी के पैदा होने पर रविशंकर नामक व्यक्ति गुस्साया अपने ससुराल गया तो उसने तीन दिन की नवजात को पटक-पटक कर मार डाला, क्योंकि उसने अपनी पत्नी भूरीबाई से कह दिया था कि इस बार उसे बेटा ही चाहिए। यह ऐसे कुछ उदाहरण हैं, जो बेटियों के प्रति हमारी क्रूरता का घिनोना रूप प्रस्तुत करते हैं। यह जमीनी सच्चाई है कि अक्सर हमारे यहाँ सिरियल्स, फिल्मों और सभा गोष्ठियों में घर के पुरुष विशेषतौर पिता और भाइयों को घर की लड़कियों को सताने में अव्वल कहा जाता है, परंतु यह भी सच्चाई है कि माँ अपनी लड़कियों को सताने में कोई कोताही नहीं बरतती। आखिर यह ऐसा क्यों होता है ? माँ को अपनी ही प्रजाति बुरी क्यों लगती है। लड़की होने भर से आखिर अपनी माँ की नजरों से कोई कैसे गिर सकता है ? लड़कियों के प्रति माताओं का भेदभाव,

भाई की दादागिरी आखिर बेटियों के नारकीय जीवन का आभास कराती है। बेटी के प्रति अधिक भेदभाव मध्यमवर्ग के मुकाबले गरीब तबके में अधिक देखने को मिलता है। उसकी एक वजह यह भी है कि इन दिनों मध्यमवर्ग की पढ़ी-लिखी औरत को अपने अधिकार मालूम हैं, इसके लिए वह पुलिस के सामने जाने में संकोच नहीं करती, जबकि गरीब वर्ग की औरतें पति के खिलाफ पुलिस के पास जाने से अब भी डरती हैं। दुःख इस बात का है कि बेटी उसी की प्रजाति की होते हुए भी वह उसके प्रति हिंसा का सहारा लेती है और उसी के सारे अधिकार छीनती है। नियम से तो ऐसी माताओं को जो बेटियों को सताती हैं, उन्हें कठोर सजा मिलनी चाहिए। यदि लड़कियों के प्रति खुद की माँ ही हिंसा कर रही हैं और उन्हें भूखा मार रही हैं तो दूसरों से क्या उम्मीद की जा सकती है।

ध्यान रहे इन अपवादों को छोड़कर इन्हीं औरतों में से बेटी से महान् बनी, ये महिलाएँ हमारे आदर और सम्मान की पात्र हैं, यथा—विजयलक्ष्मी पंडित, इंदिरा गांधी, सरोजिनी नायडू, ममता बनर्जी, जयललिता, मायावती और सोनिया गांधी आदि। प्राचीन समय में नारियों को समाज में सम्मान की दृष्टि से देखा जाता था। यही कारण था कि ब्रह्मा ने अपने मंत्रिमंडल में महिलाओं को सर्वाधिक महत्त्व दिया। उन्हें पुरुष शक्ति पर विश्वास नहीं था, यही कारण था। उन्होंने दुर्गा को रक्षामंत्री, लक्ष्मी को वित्तमंत्री, सरस्वती को शिक्षामंत्री, अन्नपूर्णा को खाद्यमंत्री बना नारी सशक्तीकरण को महत्त्व प्रदान किया।

□

33

बुजुर्ग एवं युवा पीढ़ी का अंतर्द्वंद्व

आज का युग प्रजातंत्र का युग है, जिसमें राज्य शासन शक्ति बुलेट के स्थान पर वोट से प्राप्त की जाती है। बुजुर्ग एवं युवा पीढ़ी में यह अंतर्द्वंद्व पैदा हुआ है कि राज्यसत्ता/समाज सत्ता बुजुर्ग के पास होनी चाहिए अथवा युवा शक्ति के हाथ में। बुजुर्ग व्यक्ति के पास अनुभव तो हो सकता है, परंतु कार्यक्षमता युवा की तुलना में नगन्य रहती है, परंतु इसमें कोई संदेह नहीं कि आज भी बुजुर्ग अपनी कार्यक्षमता का एहसास करा रहे हैं, चाहे वे केरल के पूर्व मुख्यमंत्री अच्युतानंदन (87) हों, दक्षिण की राजनीति के पुरोद्धा तमिलनाडु के पूर्व मुख्यमंत्री करुणानिधि (90) हों, लेखक खुशवंत सिंह 98 वर्ष की आयु तक सक्रिय रहे। 89 वर्ष के मुगावे सातवीं बार जिंबाब्वे के राष्ट्रपति बने हैं। इंग्लैंड की साम्राज्ञी एलिजावेथ (द्वितीय) की आयु 90 वर्ष है, उनकी तीन पीढ़ी इंग्लैंड के उत्तराधिकारी के रूप में क्रमशः चार्ल्स, विलियम एवं नवजात शिशु जॉर्ज प्रतीक्षारत हैं। भारत दुनिया का सबसे युवा देश है, जिस देश के दो तिहाई मतदाता 35 वर्ष से कम आयु के हैं। इस देश में 60 प्रतिशत आबादी 35 साल से कम उम्र की है, वहाँ सत्ता की बागडोर विश्व के सबसे बुजुर्ग नेताओं के हाथ में है। पूर्व प्रधानमंत्री डॉ. मनमोहन सिंह स्वयं 80 वर्ष के हो चुके हैं। यद्यपि भारत का नेतृत्व करनेवाले बुजुर्ग वार नेता राजनीति की चौसर पर मंजे हुए खिलाड़ी साबित हुए हैं, चाहे वे भाजपा के लालकृष्ण आडवाणी (87) हों, पूर्व मुख्यमंत्री/राज्यपाल नारायण

दत्त तिवारी, मोतीलाल बोरा—सभी 80 से अधिक। एक कवि की इन पंक्तियों में पूर्व केंद्रीय मंत्रिमंडल में दिशाहीन बुजुर्ग मंत्रियों की भरमार पर एक व्यंग्य देखिए—

जीप सरकारी थी,
सरकती न थी
उसको धक्का
लगा रहे थे यार।
जीप पर लिखा
था—भारत सरकार।

यद्यपि अनुभव की अनदेखी नहीं की जा सकती, परंतु कार्य क्षमता की सीमा होती है, जिन लोगों के हाथ-पाँव काँपने लगे हों, बोलते समय साँस फूल जाती है, ऐसे लोग चाहे वे राजनीति से जुड़े हों, चाहे वे किसी सामाजिक संगठन से जुड़े हों, उन्हें युवा पीढ़ी के आगे बढ़ाने के लिए मार्ग प्रशस्त करना चाहिए, तभी युवा पीढ़ी में बुजुर्ग पीढ़ी के प्रति श्रद्धा भाव पैदा होगा। इसी वृद्धावस्था से संदर्भित सुमित्रा नंदन पंत की 'परिवर्तन' नायक कविता की ये पंक्तियाँ स्मर्ण दिलाती हैं—

हाय ऐ कैसा परिवर्तन
चार दिन सुखद चाँदनी रात और फिर अंधकार अज्ञात।
शिशिर सा झर नयनों का नीर झुलस देता गालों के फूल
प्रणय का चुंबन छोड़ अधीर, अधर जाते अधरों को भूल।।
हाय मेरे करतार।

भारत की आजादी में युवाओं का बहुत बड़ा योगदान रहा है—भगतसिंह, राजगुरु, सुखदेव, रामप्रसाद बिस्मिल, चंद्रशेखर आजाद, सुभाष चंद्र बोस, वीर सावरकार आदि ऐसे अनेक क्रांतिकारियों के नाम भरे पड़े हैं, जिन्होंने भारत माता की पराधीनता की बेड़ियाँ काटने के लिए हँसते-हँसते अपने प्राण न्योछावर कर दिए।

फ्रांस का नेपोलियन बोनापार्ट, वाल्टेअर, इटली का गैरी वाल्डी, मेजनी,

जर्मनी का प्रिंस विस्मार्क, बोल्विया/बेनेजुअला का चेग्वेंरा की लिखी डायरी क्रांतिकारियों की गीता है अपने-अपने देश के जननायक रहे हैं।

सामाजिक एवं धार्मिक क्षेत्र में हम देखें तो ज्ञात होगा कि युवाशक्ति के प्रतीक शंकराचार्य, स्वामी विवेकानंद, महर्षिदयानंद सरस्वती, जर्मनी के मार्टिन लूथर आदि ऐसी अजेय शक्तियाँ थीं, जिन्होंने मानवता को सच्चा रास्ता दिखाया।

आज हम भारतीय राजनीति के परिप्रेक्ष्य में देखें तो ज्ञात होगा—कांग्रेस के राष्ट्रीय उपाध्यक्ष श्री राहुल गांधी (42) युवाओं के प्रेरणास्रोत हैं, उनके अन्य युवा सहयोगी ज्योतिरादित्य सिंधिया, सचिन पायलेट, मनीष तिवारी, अजय माकन, शशि थरूर, भँवर जितेंद्र सिंह, मधुसूदन मिस्त्री आदि अपनी देश संचालन में गौरवपूर्ण भूमिका निभा रहे हैं। भाजपा के वरुण गांधी (33) शाहनवाज हुसैन, किरीट सोमैया अनुराग ठाकुर आदि के अतिरिक्त सुखवीर सिंह बादल अकाली दल आदि युवा शक्ति के प्रतीक हैं।

राज्यों के युवा पूर्व मुख्यमंत्री श्री उमर अब्दुला (जम्मू-कश्मीर), मनोहर परिक्कर (गोवा), नवीन नवीनपटनायक (उड़ीसा), अखिलेश यादव (उत्तर प्रदेश), ममता बनर्जी (पश्चिम बंगाल), नरेंद्र मोदी (गुजरात), सुश्री जयललिता (तमिलनाडु), शिवराज सिंह चौहान (मध्य प्रदेश), रमन सिंह (छत्तीसगढ़) आदि सभी ऊर्जावान शक्ति के प्रतीक रहे हैं और पूर्व के बुजुर्ग मुख्यमंत्रियों की तुलना में सुशासन देने में समर्थ रहे। आज बुजुर्ग पीढ़ी के नेता प्रधानमंत्री पद के कांग्रेस के युवा दावेदार यथा श्री राहुल गांधी के प्रतिद्वंद्वी श्री शरद पवार, डॉ. मनमोहन सिंह, ए.के. एंटोनी, दिग्विजय सिंह जैसे लोग परदे के पीछे सक्रिय हैं, वही भाजपा में नरेंद्र मोदी की प्रतिद्वंद्वी के रूप में श्री लालकृष्ण आडवाणी, सुषमा स्वराज आदि की भूमिका हमारे सामने हैं।

इंदिरा गांधी ने 49 वर्ष की आयु में प्रधानमंत्री पद सँभाला था। एक कुशल प्रधानमंत्री के रूप में उनका कार्यकाल इतिहास के स्वर्णिम पृष्ठों पर अंकित है, जबकि डॉ. मनमोहन सिंह (80) अपने 9 साल के प्रधानमंत्री कार्यकाल में देश के सपने को सच नहीं कर पाए। इंग्लैंड के पूर्व प्रधानमंत्री

डेविड कैमरून 45 वर्ष तथा 49 वर्षीय अमेरिका के पूर्व राष्ट्रपति श्री बराक ओबामा ने विश्व स्तर पर अपने कुशल नेतृत्व को प्रमाणित किया है।

आज हम देखें तो ज्ञात होगा कि मानव जाति की आबादी लगभग 7 अरब 9 करोड़ 61 लाख से अधिक लोगों की है। दुनिया में आबादी की दृष्टि से चीन प्रथम (1 अरब 35 करोड़ 40 लाख), भारत द्वितीय (1 अरब 31 करोड़) अमेरिका तृतीय (31 करोड़ 61 लाख) है। दुनिया भर की तुलना में भारत में अधिक युवा हैं। **बाबा रामदेव का कहना है कि युवाओं की भागीदारी पर ही देश का भविष्य निर्भर है। वहाँ बूढ़ों की जमात एक मरघट का सूचक है।**

यद्यपि अच्छी स्वास्थ्य सेवाओं के कारण बुजुर्गों की संख्या भी बढ़ी है—**एप्पल के संस्थापक स्टीव जॉब्स का कहना है—मरना कोई नहीं चाहता। वो भी नहीं जो स्वर्ग जाना चाहता है।** नि:संदेह भविष्य युवाओं का है। जन सांख्यिकीय गणनाएँ बताती हैं कि 2030 तक भारत विश्व की आबादी का एक चौथाई होगा। साथ ही देश में युवाओं की संख्या बाकी दुनिया के मुकाबले काफी अधिक होगी। जाहिर है कि युवा भारत—सशक्त भारत समाज कला, संस्कृति, विज्ञान और उद्योगों में दखल के जरिए दुनिया में सकारात्मक बदलावों का नेतृत्व करेगा।

शहीद भगतसिंह का कहना था कि युवा ही वह शक्ति है, जो यह जानता है कि जिंदगी तो सिर्फ अपने कंधों पर ही जी जाती है, दूसरों के कंधों पर तो केवल जनाजे उठाए जाते हैं।

□

34

बुजुर्गों के प्रति बढ़ती असंवेदनशीलता

बुजुर्ग की परिभाषा में 60 वर्ष तथा इससे अधिक आयु के स्त्री-पुरुष आते हैं। माता-पिता भी इसी श्रेणी में हैं, जिन्हें हमारी सेवा की आवश्यकता है। महाभारत के अनुसार माता का गौरव पृथ्वी से अधिक है और पिता आकाश से भी ऊँचा है। उपनिषद् में कहा गया है कि माता-पिता की पूजा देवता के समान करनी चाहिए, क्योंकि यह दोनों प्रत्यक्ष देव हैं, जिनका आशीर्वाद युग-युग तक फलता-फूलता है। पुत्र को लेकर महाभारत में कहा गया है कि जो माता-पिता के अनुकूल चलता है—उनका हित चाहता है—वास्तव में वही पुत्र है। आज वही पुत्र बूढ़े माँ-बाप को बोझ समझता है। यद्यपि बुजुर्गों की सुरक्षा के अनेक कानून बनाए गए हैं, परंतु वे बेटों एवं पुत्रवधुओं का अपमान सहने को मजबूर हैं—बुजुर्गों की उपेक्षा दो कामों से है एक तो संस्कार की कमी और दूसरा आर्थिक कारण।

प्रत्येक व्यक्ति को जीवन की संध्या में वृद्धावस्था से होकर गुजरना पड़ता है, जब पहले संयुक्त परिवार थे, उस समय वृद्ध अपने को अधिक सुरक्षित समझते थे। आज एकल परिवार का युग है। भौतिकवादी संस्कृति हम पर हावी है, जहाँ बुजुर्गों की सेवा के लिए कोई स्थान नहीं है। महानगरों में एक समस्या जगह की भी है। घर छोटे होते हैं—एकल परिवार की दृष्टि से बनाए जाते हैं। ऐसे में घर के बुजुर्गों की स्थिति दयनीय हो जाती है। यही स्थिति कस्बों और गाँवों की है, जहाँ बुजुर्ग घुटन भरा जीवन जीते हैं। हम याद

रखे बुजुर्गों की मुस्कान में छिपा होता है खुशहाल होने का आशीर्वाद। यदि परिवार में बुजुर्ग का सम्मान न हो, देखभाल न हो, उन्हें उनके भाग्य पर छोड़ दिया जाए तो परिवार की नींव हिल जाएगी।

मैं एक घटना का उल्लेख करूँगा, जिसमें एक बेटा अपने पिता को टूटे बर्तन में खाना देता है। एक दिन उसका बेटा एक टूटे बर्तन को सँभाल कर रख रहा होता है, जब पिता उससे पूछता है कि वह ऐसा क्यों कर रहा है तो वह कहता है कि वह इस बर्तन को इसलिए सँभाल कर रख रहा है, जब आप बूढ़े होंगे तो इसमें मैं आपको खाना दे सकूँ जैसा कि आप दादाजी को देते हैं। हमारा ध्यान बरबस प्रेम चंद की कहानी 'बूढ़ी काकी' की ओर जाता है, जिसमें घर की दावत में सैकड़ों मेहमान खाना खाते हैं, मगर बूढ़ी काकी को कोई नहीं पूछता, जब सब चले जाते हैं तो रात को काकी झूठी पत्तलों से खाना खा रही होती है तो बहू को बहूत अफसोस होता है उसे अपने किए का काफी पश्चात्ताप भी होता है। अपराध बोध से भरी बहू काकी को अपने सामने बैठाकर खाना खिलाती है। वे संतान से कुछ कहना चाहते हैं, जो जीवन में उन्होंने जो कुछ देखा है; लेकिन जीवन की आपाधापी में लगी युवा पीढ़ी के पास उनकी बात सुनने के लिए सुख-दुःख का हाल पूछने के लिए समय नहीं है। उसका एक कारण भाग-दौड़ से भरा व्यस्त जीवन हैं।

कुछ घटनाएँ हमें सुनने-देखने-पढ़ने को मिलती हैं, जिसमें संतान ने अपने माँ-बाप के प्रति क्रूरता दिखाई—

- भटिंडा (पंजाब) के एक सेठ राम लाल नामक व्यक्ति ने अपनी तीन कपूत संतानों के व्यवहार से तंग होकर अपनी सारी संपत्ति अपने परिवार का मोह त्यागकर दान कर दी। यहाँ तक हुआ कि उन्होंने अपनी मृत देह को फरीदकोट (पंजाब) मेड़ीकल कॉलेज को दान कर दी। यह उन बेटों के लिए सबक है, जो अपने बुजुर्ग माता-पिता की सेवा नहीं करते।
- इतिहास साक्षी है—मुगल बादशाह शाहजहाँ को उसके बेटे औरंगजेब ने आगरा के किले में कैद कर लिया, जो आठ साल तक मरते दम

तक उसकी कैद में ही रहा। औरंगजेब इतना निष्ठुर था कि उसने अपने वृद्ध पिता की कैद में जलापूर्ति बंद कर दी। सम्राट् अकबर के विरुद्ध उसके पुत्र सलीम (जहाँगीर) ने राज प्राप्त करने के लिए विद्रोह किया, जो गलत था।

- जिला महेंद्रगढ़ (हरियाणा) में एक बहू-बेटे ने 80 वर्ष की बुजुर्ग महिला को मारपीट करके निकाल दिया, अब वहाँ की पुलिस ने थाने में उसे आश्रय दिया।
- पटना (बिहार) के आलमगंज थानाक्षेत्र में विजय महतो नामक एक युवक ने संपत्ति विवाद के चलते अपनी 80 वर्षीय माँ दौलता देवी की हत्या कर दी।
- एक बूढ़ी माँ को दिल्ली के एक गुरुद्वारे में इसलिए शरण लेनी पड़ी, क्योंकि उस बूढ़ी माँ को उसके अपने बेटों ने जंगल में छोड़ दिया था।
- कुछ दिनों से व्हाट्सएप पर एक लघुकथा वायरल हो रही है, जिसका संक्षिप्त यह है कि एक बेटा माँ को घुमाने के बहाने ले जाकर एक वृद्धाश्रम में छोड़ देता है, जब बेटा वहाँ से वापस जाने लगता है तो माँ उसे बुलाकर कहती है कि तुमने मुझे घुमाने के बहाने से लाकर वृद्धाश्रम में छोड़ दिया, इस बात का गम नहीं है, मैं तो तुम्हें केवल एक बात कहना चाहती हूँ कि **मैंने तेरे जन्म के पूर्व पाँच लड़कियों की भ्रूण हत्या करवाई थी, तब तुमको जन्मा है।**
- अनेक घरों में बूढ़े लोग जिंदा लाश के समान हैं। मर तो सकते नहीं, क्योंकि मरना भी आसान नहीं है। बूढ़े लोगों की उपयोगिता घर की रखवाली तक सीमित रह गई है।
- कुछ संताने प्रोपर्टी जल्दी पाने के चक्कर में उन्हें ठिकाने तक लगा देती हैं, ऐसी अनेक घटनाएँ देखने-सुनने को मिलती हैं।
- अहमदाबाद (गुजरात) के ईश्वर भाई की घटना कम दुःखद नहीं है, जिसमें अपने 86 वर्षीय बाप को बेटी वृद्धाश्रम में पहुँचा देती है।

उन्होंने सेवा से जुड़ी संस्थाओं और मंदिरों को लाखों रुपए दान दिए, अब उम्र के इस पड़ाव पर उन्हें कोई देखनेवाला नहीं है। उनके दो बेटे अमेरिका में बस चुके हैं। एक बार जब उनकी तबियत खराब हुई तो पड़ोसियों ने उन्हें अस्पताल पहुँचाया था।

- दिल्ली का एक संपन्न परिवार था। 80 साल की कमला देवी के दो बेटे और 3 बेटियाँ थीं। सभी बच्चों की शादी हो चुकी थी। पति की मृत्यु हो गई। वह छोटे बेटे के साथ रहने लगी। उसकी पुत्रवधु को वह खटकने लगी। उसे दुःखी देखकर उसके पड़ोसी ने सुझाव दिया कि वह उसे वृद्धाश्रम छोड़ आए। बेटे ने रोज-रोज की कलह से मुक्ति पाने के लिए माँ का वृद्धाश्रम छोड़ना उचित समझा और एक दिन अंततः अपनी माँ को एक वृद्धाश्रम में छोड़ आया, जहाँ उसे अपनी माँ को रखने के लिए कोई शुल्क अदा नहीं करना था। वहीं बेटे ने पैसा खर्च किए बिना बूढ़ी माँ की जिम्मेदारी से मुक्ति पा ली।

उक्त उल्लिखित कुछ घटनाएँ ऐसी हैं, जो वृद्धों के साथ परिवार द्वारा किए जानेवाले अमानवीय व्यवहार को दर्शाती हैं। कभी परिवार के लिए अनुभव की खान और स्नेह का साया बनने वाले बुजुर्ग हर तरह से उपेक्षित हैं। आज के आपाधापी भरे दौर में जब समाज और सामाजिक परिवेश का ताना-बाना ही बदल गया है--बुजुर्गों के साथ होनेवाला दुर्व्यवहार आम बात हो गई है। माता-पिता का भी बँटवारा भाइयों के बीच पैतृक संपत्ति के बँटवारे की तर्ज पर होता देखा गया है। निश्चित ही जिन पश्चिमी देशों में बुजुर्गों की सामाजिक-आर्थिक स्थिति सुखद देखी जा रही है, वे भी किसी समय ऐसे ही संक्रांतिकाल के गुजरे होंगे, उन्हें आज बच्चों का मोहताज नहीं होना पड़ता।

हेल्पेज इंडिया की एक रिपोर्ट के अनुसार बुजुर्गों के साथ दुर्व्यवहार की घटनाएँ (गाली-गलौच-बेइज्जती-उपेक्षा) रोजमर्रा की बात बन चुकी है। इसमें प्रमुख भूमिका पुत्रवधुओं और बेटों की होती है। सभी के लिए न्याय और गरिमा का वायदा करनेवाला संविधान देश को हासिल होने के 65 वर्ष बाद भी बुजुर्गों के सम्मानपूर्वक जीवन जीने के वायदे को पूरा नहीं कर पाया

है। फिर भी जीवन की गरिमा किसी भी कानूनी अधिकार से कहीं अधिक पवित्र चीज है, जो हमारे जीवनमूल्यों और मानवीय आदर्शों में से उगमित हुई है।

ह्यूमन राइट्स ऑफ एलडरली की ताजा रिपोर्ट चौकाने वाली है, इसके मुताबिक 90 फीसदी बुजुर्गों से दुर्व्यवहार किया जाता है। 25 प्रतिशत वरिष्ठजनों का कहना है कि घर के युवा उन्हें बोझ समझते हैं। 33 प्रतिशत बुजुर्ग शारीरिक प्रताड़ना झेल रहे हैं, जिसके चलते उनके शारीरिक और मानसिक स्तर का क्षरण हो रहा है।

वृद्धाश्रम हमारी संवेदनशीलता को उजागर करते हैं, जिस बुजुर्ग की घर में सेवा होनी चाहिए, उसे बोझ समझकर वृद्धाश्रम में भेज आते हैं। प्रसिद्ध फिल्म अभिनेता **अनुपम खेर का कहना है कि अनाथ आश्रमों में बच्चे गरीबों के मिलते हैं और वृद्धाश्रम में बुजुर्ग अमीरों के मिलते हैं**। यह एक कड़वा सत्य है।

एक बार लखनऊ की एक संस्था द्वारा वृद्धाश्रम के उद्घाटन के लिए महात्मा गांधीजी को आमंत्रित किया गया। गांधीजी को वहाँ एक अन्य कार्य के संबंध में भी जाना था, परंतु वे उस कार्यक्रम में भी नहीं गए तथा आयोजकों से उद्घाटन किए जाने की असमर्थता जताई और कहा जब वृद्धाश्रम बंद करो तो इसके समापन समारोह के अवसर पर मुझे बुला लेना।

हेल्पेज इंडिया से मिली जानकारी के अनुसार हमारे देश में आबादी के अनुपात से वृद्धाश्रम कम हैं। ये एक हजार से कुछ ज्यादा हैं। देशभर में बीमार वरिष्ठ नागरिकों के लिए लगभग 400 के आसपास वृद्धाश्रम हैं और महिला वृद्धाश्रम 100 से कुछ ही ज्यादा हैं। केरल राज्य में सर्वाधिक 200 के आसपास, पंजाब की हालत खराब है, जहाँ केरल की तुलना में 10 प्रतिशत भी वृद्धाश्रम भी नहीं हैं। राजस्थान की स्थिति वृद्धाश्रम के मामलें में बहुत खराब है। दिल्ली में वरिष्ठ नागरिकों के लिए निजी आश्रमों की कमी नहीं है। भले देश में वृद्धाश्रमों की संख्या कम है, परंतु आज के संदर्भ में घर की तुलना में आश्रम में रहना बेहतर समझते हैं, जहाँ वह अपने लिये नई खुशी तलाश लेते हैं।

सामाजिक एवं आर्थिक स्थिति के आधार पर हेल्पएज इंटरनेशनल ने ग्लोबल एज वाच इंडेक्स 2015 में पाया कि 60 साल और उसके ऊपर की उम्र के लिए स्विट्जरलैंड सबसे अच्छो जगह है। इसके बाद नार्वे-2, स्वीडन-3, जर्मनी-4, कनाड़ा-5, नीदरलैंड-6वें पायदान पर आते हैं। इसके बाद आइसलैंड-7वें, जापान-8वें, अमेरिका-10, ब्रिटेन-11, डेनमार्क-12वें पायदान पर है। भारत-71, श्रीलंका-46, चीन-52, बंगलादेश-67, नेपाल-70, पाकिस्तान-92, अफगानिस्तान-96वें के पायदान पर हैं।

भारत में 2011 की जनगणना के अनुसार 60 साल से ज्यादा की उम्र वाले 11 करोड़ 66 लाख लोग रहते हैं। यह संख्या 2026 तक बढ़कर 17 करोड़ 32 लाख हो जाएगी। 2001 में वरिष्ठ नागरिकों की अबादी 7.04 थी, जो 2026 तक बढ़कर 12.40 होने की संभावना है। 2050 तक भारत की कुल अबादी में 55 प्रतिशत की वृद्धि होगी।

संयुक्त राष्ट्र संघ का मानना है कि जिस अनुपात में दुनिया भर में जिस आयु वर्ग की जनसंख्या तेजी से बढ़ रही है, वह 80 वर्ष या उससे ज्यादा आयु का वर्ग है। एक अनुमान के मुताबिक सन् 2050 तक एशिया में रहनेवाले हर 4 में से एक 60 साल का होगा।

देश में 60 साल की उम्र में जीवन प्रत्याशा 17 साल है, यानी 60 साल के लोगों के 17 साल और जीने की उम्मीद की जा सकती है; लेकिन स्वस्थ जीवन प्रत्याशा 12.5 साल है। इसका मतलब है कि 60 साल के लोग अच्छी सेहत के साथ 12 साल 6 महीने जी सकते हैं। इस आयु में सबसे ज्यादा जीवन प्रत्याशा जापान के लोगों की है। वहाँ जापानी औसतन 26 अतिरिक्त साल जीते हैं।

अत: समय की माँग है कि—

- सरकारी और सामाजिक स्तर पर बुजुर्गों के प्रति कर्तव्य को लेकर जागरूकता अभियान चलाया जाए।
- बुजुर्गों को हर कार्य में प्राथमिकता दी जाए, वह रेलवे के टिकट-चिकित्सा उपचार आदि ऐसे बहुत से अवसर हैं, जिनमें बुजुर्गों को

घंटों लाइन में खड़े होता देखा गया है।

- वरिष्ठ नागरिकों को उचित स्वास्थ्य सेवा-सुरक्षा-आवास-मनोरंजन उपलब्ध करवाया जाए। इसके लिए विशेष योजनाएँ बनाई जाएँ।
- जो परिवार अपने माँ-बाप को सँभाल रहे हैं, उनको आयकर में छूट दी जाए।
- संत समाज तथा बुद्धिजीवियों को भी चाहिए कि वह युवा पीढ़ी को बताएँ कि कल को उनको भी उसी स्थिति से गुजरना होगा, जिसमें उनके बुजुर्ग माँ-बाप निकल रहे हैं। इसलिए परिवार में अच्छी परंपरा डालें, जो परंपराएँ आप आज स्थापित करेंगे, उसी का फल आपको भविष्य में मिलने वाला है।

अतः युवावर्ग बुजुर्गजनों के प्रति संवेदनशील बनकर एक सभ्य-मानवीय भूमिका समाज एवं पारिवारिक क्षेत्र में निभाएँ। यह राष्ट्र आज के संदर्भ में युवाओं से यही अपेक्षा करता है।

□

35

युवा-शक्ति

युवा राष्ट्र की शक्ति होते हैं। उनमें असंभव कार्य को संभव बनाने की क्षमता होती है। युवा वर्ग राष्ट्र की उमंग, उत्साह का प्रतीक है। एक समय था, जब नेता युवा वर्ग को अपनी बपौती समझते थे व उनका विध्वंसक कार्यों में भी उपयोग करते थे। अब युवा विकास के साथ जुड़ना चाहते हैं।

स्वामी विवेकानंद ने युवाओं को संबोधित करते हुए कहा था—उठो, जागो और तब तक मत रुको, जब तक मंजिल प्राप्त न हो जाए। यदि युवा वर्ग उनके इस ध्येय वाक्य को आगे रखें तो उन्हें कभी भी जीवन में असफलता और हार का सामना न करना पड़े। आज भारत में युवा वर्ग की संख्या सवा अरब की आबादी में 65 करोड़ की है। ये युवा 25 वर्ष की आयु पार कर तरुणायी की दहलीज पर कदम बढ़ा चुके हैं। उसके मन में देश में वास्तविक विकास और सुशासन की कामना है। आज यूथ यह पूरी तरह से समझ चुका है कि बिना उनकी ताकत के देश का विकास नहीं हो सकता। वह अपने अधिकारों के प्रति जागरूक है।

इतिहास गवाह है कि दुनिया में जो भी परिवर्तन, बदलाव एवं क्रांतियाँ हुई हैं, उनमें छात्रों तथा युवाओं की बहुत बड़ी सहभागिता रही है। आज का युवक संवेदनहीन नहीं अपितु संवेदनशील है। हम युवाओं के संबंध में महापुरुषों के विचारों पर दृष्टिपात करें—

- **स्वामी विवेकानंद :** यदि सफल होना चाहते हो तो पहले अहं का ही नाश कर डालो।

- **हरमेंस हेस :** युवावस्था अहंकार से खत्म हो जाती है। परिपक्वता तब आती है, जब हम दूसरों के लिए जीना सीख जाते हैं।
- **एरिक हॉफर :** युवावस्था स्वयं में एक प्रतिभा है, ऐसी प्रतिभा जो बहुत ही जल्द नष्ट हो जाती है।
- **बेंजामिन डिजरायल :** किसी भी देश के युवा आनेवाली पीढ़ियों के संरक्षक होते हैं।
- **जैकलीन कैरी :** आपके जीने का तरीका आपके यौवन को निर्धारित करता है।
- **सरदार भगतसिंह :** युवा वह शक्ति है, जो ईश्वरीय रचना कौशल का एक उत्कृष्ट नमूना है। राष्ट्र का मुखोज्ज्वल कर दें। बड़े-बड़े साम्राज्य उलट डाले। पतितो के उत्थान और संसार के उद्धारक सूत्र उसी के हाथ में है। अगर हम बलिदान चाहते हैं तो तुम्हें युवक की ओर देखना पड़ेगा। प्रत्येक जाति के भाग्य विधाता युवा ही तो होते हैं।
- **दर्शन शास्त्र :** जो भी सपने देख सके, वह युवा है। सपने देखने का मतलब है—कुछ कर गुजरने का माद्दा रखना।
- **भारत की लोकोक्ति :** जब बेटी कंधे तक आ जाए और बेटा पिता का जूता पहनने लगे तो समझों युवा हो गए।
- **आम धारणा :** आज ज्यादातर देशों में 18 से 45 वर्ष के बीच युवापन माना जाता है।
- **एरिक्सन** (प्रसिद्ध मनोवैज्ञानिक) **:** सामान्यतौर पर 20 से 40 वर्ष के बीच की आयु युवावस्था कही जाती है।
- **यू.एन. के अनुसार :** 18 साल का प्रत्येक व्यक्ति युवा की श्रेणी में आता है।
- **वर्ल्ड डवेलपमेंट रिपोर्ट :** 2020 तक भारत दूसरे पायदान से चलकर युवा आबादी के मामले में सर्वाधिक आबादी वाला देश हो जाएगा।
- **हारूकी मुरकामी** (जापान) **:** अगर आप युवा हैं और प्रतिभा संपन्न

भी हैं तो समझिए आपके पास पंख है।

- **अवतारसिंह पाश** (पंजाबी कवि) : यह टुकड़ा तो अपने कंधे पर पूरा आसमान उठाए फिरता है।

अन्ना का आंदोलन हो या दामिनी का दर्द या चुनाव में अधिकाधिक भागीदारी का सवाल, बात आनन-फानन में ही पूरे यंगिस्तान में फैल जाती है। यह युवा आबादी देश की तकदीर बदल सकती है। बशर्ते उसके उद्‌देश्यों में भौतिक समृद्धि और आध्यात्मिकता का मेल हो। अगर सुभाषचंद्र बोस केवल यह सोचते कि मुझे आई.सी.एस. की परीक्षा पास करके सरकारी नौकरी करनी है, देश की स्वतंत्रता के लिए संघर्ष नहीं करना तो शायद ही आज हमारा देश आजाद होता।

टाइम्स ऑफ इंडिया के सर्वे में सवाल पूछा गया था कि भारत की सबसे बड़ी शक्ति क्या है। इसके जवाब में 61 प्रतिशत युवाओं ने कहा था—युवा-शक्ति।

यदि देश को अपने संसाधनों का बुद्धिपरक और दूरदर्शिता के साथ इस्तेमाल करना है तो युवाओं के हर क्षेत्र में आगे बढ़ने के अवसर मुँहैया कराने होंगे।

भारत में रोजगार लायक युवा 2030 तक 65 करोड़ तक पहुँच जाएँगे। पूर्व राष्ट्रपति डॉ. ए.पी.जे. अब्दुल कलाम ने कहा था कि भारत की सबसे बड़ी संपदाओं में यहाँ मौजूद प्रचुर प्राकृतिक संसाधनों के अलावा हमारी सबसे बड़ी ताकत युवा-शक्ति है। यदि समाज के इस तबके को सशक्त बनाया जाए तो भारत को विकसित राष्ट्र बनाने के लक्ष्य सन् 2020 से पहले हासिल किया जा सकता है।

विकास की उड़ाने भरने से पहले समाज को भी युवा शक्ति को सशक्त बनाना होगा। यह तभी संभव होगा, जब उसे सार्थक शिक्षा, कौशल, प्रशिक्षण, स्वरोजगार, व्यवसाय और रोजगार के सही अवसर मुँहैया कराए जाएँगे।

युवाओं के बल पर भारत उत्पादन और सेवा क्षेत्र की वैश्विक राजधानी बन सकता है। जिस देश में जोश, यौवन और संकल्प से भरे सुशिक्षित

युवाओं की कतार मौजूद हो तो उसके लिए क्या सीमाएँ और क्या रुकावटें हो सकती है। अमेरिका की अर्थव्यवस्था में भारत के युवा इंजीनियरों, तकनीकी विशेषज्ञों, वैज्ञानिकों, चिकित्सों का बहुत बड़ा हाथ है।

आज हमें इस युवा शक्ति पर गर्व है कि आज उनके ज्ञान की बदौलत भारत की युवा शक्ति पूरे विश्व के आसमान पर सितारों की तरह चमक रही है। खेल–कूद, राजनैतिक क्षेत्र में भी युवा शक्ति अपनी सफलता के झंडे दुनिया में गाड रही है। आज हम देश के गौरव की प्रतीक युवा शक्ति को नमन करते हैं।

□

36

हिंदू विवाह में स्त्री धन

हमारा समाज दहेज की दूषित प्रथा से कलंकित रहा है, जिसके कारण सुयोग्य लड़की को सुयोग्य वर नहीं मिल पाता। दहेज के कारण लड़की को जलाने मारने, हत्या के प्रसंग रोजाना घटित होते रहे हैं। इसी अभिशाप के कारण लड़की होना भार स्वरूप माना जाने लगा तथा भ्रूण हत्या का प्रचलन बढ़ा। इसी का परिणाम है कि लड़के-लड़कियों का लिंगानुपात तेजी से घटा है। इससे एक ओर समाज में यौन अपराधों को बढ़ावा मिला है तथा दूसरी ओर आत्महत्या जैसी घटनाएँ इसी बढ़ती दूषित दहेज प्रथा का परिणाम है।

यदि हम अपना प्राचीन वैवाहिक पद्धति का इतिहास उठाकर देखें तो हमें एक ऐसा पक्ष देखने को मिलेगा, जहाँ इसे विवाह के अवसर पर दिए जानेवाले उपहारो को दहेज नहीं अपितु स्त्री धन के रूप में स्वीकार किया गया था। वे किसी भी मायने में दहेज नहीं होते थे जैसा कि आज माना जाता है।

करीब ढाई हजार वर्ष पुराने कौटिल्य के अर्थशास्त्र में इन उपहारों को स्त्री की संपत्ति बताया गया था। कौटिल्य ने उस समय प्रचलित विवाह के छह प्रकारों की चर्चा की थी, जिनमें से केवल एक प्रकार था असुर विवाह, जिसमें वर द्वारा वधू को खरीदा जाता था, लेकिन इस उल्लेख के बाद लिखा है कि कोई भी पिता अपनी पुत्री के एवज में किंचित् मात्र भी धन ले, जो व्यक्ति लालच में ऐसा करता है, वह अपनी संतान का सौदागर है। विवाह के

अन्य प्रकारों में वधू के साथ उपहार देने की प्रथा थी।

कौटिल्य द्वारा बताए गए विवाह के छह प्रकारों में असुर विवाह चौथा प्रकार था, जबकि मनु धर्म शास्त्र में विवाह के आठ प्रकार बताए गए, जिनमें असुर विवाह छठे प्रकार का विवाह था, जिसमें वर-वधू के परिवार को वधू के बदले में धन देता था अन्यथा अन्य किसी भी प्रकार के विवाह में वधू के पिता अपनी पुत्री के बदले किसी भी प्रकार का धन नहीं लेते, बल्कि पुत्री के विवाह के अवसर पर उसके साथ उपहार ही देते थे। महाभारत में वधू के साथ सोने, गायों और घोड़ों के रूप में उपहार देने का उल्लेख मिलता है, लेकिन इस ऐतिहासिक महा काव्य में जिसमें उस समय के काल के जीवन का व्यापक चित्रण है, कहीं भी किसी स्त्री पर इस कारण अत्याचार किए जाने का उल्लेख नहीं है कि उसके पिता ने विवाह में अपनी पुत्री के साथ पर्याप्त उपहार न दिए हों। वर्तमान में जहाँ दहेज विरोधी कानून होने के बावजूद दहेज विवाह की एक अनिवार्य कुप्रथा बनी हुई है, वहीं प्राचीन काल में यह स्वैच्छिक उपहार के रूप में थी और वधू के निजी नियंत्रता में तथा उसके भविष्य की सुरक्षा के रूप में थी।

□

37

राज विरासत का अंतर्द्वंद्व

भारत एक प्रजातांत्रिक देश है। आज हमें 70 साल स्वतंत्रता प्राप्त किए हो गए। भले ही राजतंत्र की कुछ अच्छाइयाँ रही हैं, परंतु प्रजातंत्र में आम जनता की राय समाहित है। अब्राहम लिंकन द्वारा प्रजातंत्र की परिभाषा देते हुए कहा गया है कि प्रजातंत्र जनता का—जनता द्वारा—जनता के लिए शासन है—Democracy is of the people, by the people, for the people तानाशाही का सबसे बड़ा समर्थक हिटलर था, जो कहा करता था कि Democracy consists of fools फ्रांस का महान् दार्शनिक मैरव्यो कहा करता था—One Lion is better than hundred rats वह राजा को शेर तथा जनता के प्रतिनिधियों की तुलना चूहों से करता था।

विश्व के अधिकांश देशों में प्रजातंत्र है, परंतु प्रजातंत्र धीरे-धीरे अपनी शालीनता खो रहा है। विरोधी दल, सत्ताधारी दल की हर अच्छी बात को जनता के समक्ष नकारात्मक रूप में प्रस्तुत करते हैं।

भारत जैसे देश में प्रजातंत्र का स्वरूप क्षेत्रीय, वंशानुगत, जाति परक हो गया है, जो प्रजातंत्र की दिशा में खतरे की घंटी है।

विरोधी दल सरकारी पक्ष की आलोचना रचनात्मक आधार पर नहीं करता—संसद् मछली बाजार बनकर रह जाती है। इस से दुःखी होकर बीजेपी के वरिष्ठ नेता लाल कृष्ण आडवाणी का यह कहना कि मेरी इच्छा संसद् सदस्यता से त्याग-पत्र देने की होती है।

राज्यों के कुछ सत्ताधारी लोग प्रधानमंत्री के प्रति असंसदीय शब्दों का जब प्रयोग करने लगे, तब मर्यादाओं की कोई लक्ष्मण रेखा नहीं रहती। हमारी राजनीति परिवार के भँवर में फँस गई है, जहाँ अंतर्द्वंद्व चरम पर है, मैं कुछ राजपरिवारों के बारे में कहना चाहूँगा—

- उत्तर प्रदेश भारत का सबसे बड़ा राज्य है, जहाँ एक ही परिवार के 40 व्यक्ति राजनैतिक पदों पर है, जिनमें से 7 सदस्य संसद् की शोभा बढ़ा रहे हैं तथा ज्येष्ठ पुत्र दिनांक 11-03-2017 तक उत्तर प्रदेश के मुख्यमंत्री की शोभा बढ़ा रहा था। सत्ता के लिए संघर्ष चाचा शिवपाल सिंह, भतीजे अखिलेश यादव के मध्य शीत युद्ध बना हुआ है। उनके दूसरे चाचा राम गोपाल यादव का पार्टी से निष्कासन एवं पुनः प्रवेश पारिवारिक कलह को उजागर कर रहा है। इस पारिवारिक कलह में पार्टी से निष्कासित ठाकुर नेता अमर सिंह ने भी अपनी आहुति दे रहे हैं। मुलायम सिंह की पत्नी साधना गुप्ता अपने पुत्र प्रतीक को राजनीति में स्थापित करने के लिए व्यग्र हैं, इसलिए उत्तर प्रदेश के बारे में कहा जाता था कि उत्तर प्रदेश के साढ़े चार मुख्यमंत्री थे। एक प्राइमरी स्कूल के अध्यापक से राजनीति में आए मुलायम सिंह यादव छोटे भाई शिवपाल यादव अन्य भाई, प्रो. रामगोपाल और आजम खान शामिल है। अखिलेश यादव को आधे मुख्यमंत्री के रूप में याद किया जाता था। वर्तमान में विधानसभा के हुए चुनाव परिणाम राजनीति को नई दिशा देंगे। ये यादवी कलह कौन सी करवट लेगी, ये भविष्य के गर्त में है। इस रस्सा-कसी के कारण आज पार्टी दो भागों में विभाजित होने के कगार पर है। आज इस परिवार के पास ढाई हजार करोड़ की संपत्ति है, पुराने सामंत बाद का स्थान लोकतांत्रिक राज परिवारों ने ले लिया है। फ्रांस के विख्यात समाचार-पत्रों में ला मुंडे ने दावा किया है कि भारत की राजनीति और शासन व्यवस्था मात्र 40 परिवारों के चंगुल में हैं।
- दक्षिण के राज्य तमिलनाडु के पूर्व मुख्यमंत्री एम. करुणानिधि (94) के परिवार में सत्ता के लिए संघर्ष जारी है। उनके एक पुत्र एम.के. स्टालिन और दूसरे बेटे अलागिरी एवं उनकी पुत्री पूनामुरी के मध्य के सत्ता के लिए संघर्ष जारी है।

- हरियाणा के प्रमुख राजनैतिक देवीलाल परिवार भी परस्पर संघर्षरत रहा है। देवीलाल की विरासत के लिए ओम प्रकाश चौटाला, रनजीत सिंह और प्रताप सिंह में जबरदस्त घमासान मचा और अंत में ओमप्रकाश चौटाला देवीलाल की राजनीति विरासत के हकदार बने।
- हरियाणा के ही चौधरी बंसीलाल के दोनों पुत्रों—रणजीत सिंह महेंद्रा और स्व. चौधरी सुरेंद्र सिंह के मध्य सत्ता के लिए संघर्ष रहा।
- आंध्र के तेलगु देशम के नेता स्वः एन.टी. रामाराव के परिवार के मध्य संघर्ष रह चुका है। उनकी पत्नी लक्ष्मी पार्वती एवं अन्य पुत्र एन. बालकृष्ण तथा अन्य पुत्रों में भी जबरदस्त घमासान मचा। इस घमासान में उनके दामाद चंद्र बाबू नायडू भी कूदे जो सफल रहे। बुढ़ापे का इश्क रामाराव को ले डूबा।
- मुंबई, शिव सेना प्रमुख बाल ठाकरे के उत्तराधिकार के लिए उनके बेटे उद्धव ठाकरे और उनके भतीजे राज ठाकरे में जबरदस्त घमासान मचा। बाल ठाकरे ने अपनी विरासत का मालिक उद्धव ठाकरे को बनाया और राज ठाकरे मुँह देखते रह गए।
- पंजाब का बादल परिवार यहाँ की अकाली राजनीति पर हावी है। प्रकाश सिंह बादल और उनके छोटे भाई गुरदास सिंह बादल को राम-लक्ष्मण की जोड़ी की संज्ञा दी जाती थी, परंतु राजनीतिक विरासत के लिए दोनों भाइयों में टक्कर हुई। गुरदास सिंह बादल अपने बेटे मनप्रीत सिंह बादल को प्रकाश सिंह बादल की विरासत दिलाना चाहते थे, परंतु उन्होंने सुखबीर सिंह बादल को अपना राजनीतिक वारिस घोषित कर दिया। इसके कारण बादल परिवार की एकता छिन्न-भिन्न हो गई। 4 मार्च, 2017 के विधानसभा चुनावों से अकाली दल को पराजय का मुख देखना पड़ा है और प्रकाश सिंह बादल से मुख्यमंत्री पद छिन गया है।
- जम्मू-कश्मीर के नेता शेख अब्दुल्ला के परिवार में राजनीतिक सत्ता के लिए संघर्ष हुआ। उनके दामाद जी.एम. शाह एवं पुत्र फारूक अब्दुल्ला के बीच संघर्ष हुआ। बेगम अकबरजहाँ ने अपने बेटे फारूक अब्दुल्ला का साथ दिया और जी.एम. शाह को मुँह की खानी पड़ी।

- उत्तर प्रदेश के किसान नेता चौधरी चरण सिंह अपने इकलौते बेटे को राजनीति से दूर रखना चाहते थे, परंतु जब चौधरी चरण सिंह बीमार हुए तो उनकी बड़ी बेटी सरोज वर्मा के मध्य विरासत के लिए संघर्ष हुआ, जिसमें चौधरी चरण सिंह की पत्नी गायत्री देवी ने अपने बेटे अजीत सिंह को चौधरी साहब का उत्तराधिकारी घोषित कर दिया। सरोज वर्मा मुँह देखती रह गई।
- तमिलनाडु की मुख्यमंत्री जयललिता की मृत्यु के बाद उनके परिवार में सत्ता के लिए संघर्ष हुआ—वर्तमान में उनकी सहेली शशिकला (जेल) का पार्टी की बागडोर सँभालने के साथ पनीरसेल्वम को मुख्यमंत्री बनाया गया, परंतु थोड़े दिन बाद ही इन्हें बर्खाश्त कर इनके स्थान पर पलानीस्वामी को राज्य का मुख्यमंत्री बनाया गया। यह स्थिति कब तक रहेगी कहा नहीं जा सकता।
- मायावती काशीराम की बी.एस.पी. की उत्तराधिकारी बनाई गई। आज हमारी राजनीति परिवारवाद के चंगुल में फँसी हुई है, परंतु काशीराम के परिवार से उन्हें चुनौती मिलती रही है।
- परिवारवाद के रूप में सत्ता संघर्ष गांधी परिवार में भी देखने को मिला है। इंदिरा गांधी के समय सोनिया गांधी (राजीव गांधी की बेवा) और मेनका गांधी (संजय गांधी की बेवा) के मध्य सत्ता संघर्ष आज भी देखने को मिलता है।
- राहुल व वरुण कभी-कभी आमने सामने दिखाई देते हैं, परंतु इंदिरा गांधी की असली वारिस सोनिया गांधी बनी। सोनिया के स्थान पर कांग्रेस अध्यक्ष राहुल गांधी को बनवाने पर पार्टी कार्यकर्ता बँटे हुए हैं। राहुल और प्रियंका के मध्य कांग्रेस की बागडोर थामने में संघर्ष की बू देखने को मिलती है। ऐसी स्थिति में सत्ता संघर्ष के लिए पारिवारिक कलह देश को किस स्थिति में ले जाएगी। यह भविष्य ही बताएगा।
- अपना दल (उ.प्र.) के नेता सोने लाल पटेल के मरने पर माँ (कृष्णा) बेटी (अनुप्रिया पटेल) के मध्य नेतृत्व के लिए एक-दूसरे को दल से निष्कासन का खेल जारी है।

□

उपदेशात्मक

38

जीवन के सच्चे मूल्यों को पहचानें

हमारे यहाँ अनेक महापुरुष पैदा हुए, परंतु हमने उनके मानव मूल्यों पर आधारित वचनों का अनुशरण नहीं किया, जबकि हमारा ध्यान अच्छाई की ओर जाना चाहिए था। हर व्यक्ति के पास सही और गलत विचार में अंतर करने का विवेक नहीं होता। हमें अपनी बुराइयों पर ध्यान देना चाहिए—चोरी, हिंसा, व्यभिचार, मद्यपान, मांस का सेवन करने से शारीरिक रोग उत्पन्न होते हैं। व्यक्ति के अंतर्मुखी न होने के कारण अंदर से खोखला होता जा रहा है।

हिंदुस्तान धर्म के नक्शे-कदम पर चलने वाला राष्ट्र है फिर भी हर जगह संकीर्णता के बोझ तले इंसान दबा हुआ है। छोटी सोच, नकरात्मक सोच, एक दूसरे को गिरा कर खुद आगे बढ़ने वाली सोच से ग्रस्त हैं। इसका कारण एक ही है कि हम सभी किसी-न-किसी धर्म को तो मानते हैं; लेकिन धर्म जो कहता है वह नहीं करते।

धर्म का पाखंड हम में समता-मनुष्यत्व के भाव उत्पन्न होने में अपना कोई मार्ग दर्शन नहीं कर पा रहा है। आसाराम बापू, गुरमीत राम-रहीम, रामपाल, फलाहारी बाबा (अलवर) आदि संत की कहीं परिभाषा में आते हैं? यह रहस्य तब तक समाज के सामने नहीं आया, जब तक उनके देवत्व की आड में छिपा कुकर्म सार्वजनिक नहीं हुआ।

विदेशी संस्कृति में जिन सुनागरिक गुणों का समावेश है, उससे हम प्राय: अछूते रहे हैं। यही कारण है कि हम एक सुनागरिक की भावना को

अपने जीवन का भाग नहीं बना पाए। देश में जगह जगह धर्म पुस्तकों का परायण उस समय तक खोखला है, जब तक वह उज्ज्वल चरित्र निर्माण को आधार नहीं बनता है। आज हम यदि देखे तो ज्ञात होगा कि हमारे कर्म का धर्म से कोई संबंध नहीं है। दिन पर दिन हर क्षेत्र में संवेदनशीलता का स्थान संवेदनहीनता ले रही है। चाहे वह घर का क्षेत्र हो या बाहर का। सड़क पर घायल अवस्था में पड़े व्यक्ति के प्रति हमारे मन में जब दया जाग्रत् नहीं होती तो धर्म का स्वरूप खोखला दिखाई देता है। हमारे समाज की महान् विभूति संत सुंदरदासजी ने हमे धर्म के पाखंड से सचेत किया।

संत श्री सुंदरदासजी भोग-विलास में अनुरक्त व्यक्ति को शुद्र मानते थे। वर्णव्यवस्था को उन्होंने चुनौती दी तथा ब्राह्मणों की श्रेष्ठता पर प्रहार करते हुए कहा, ''उनके पैदा होने का या मेरे पैदा होने का भिन्न मार्ग क्यों नहीं है ?'' संत कबीर की वाणी भी हमें देवत्व की आड़ में पनपने वाले उन अंधविश्वासों से सचेत करती है। वे कर्म प्रधान समाज के प्रहरी थे। धर्म की विकृति तिलक, माला आदि के बाह्य आड़ंबर से ग्रस्त है तो हमें सचाई के मार्ग की ओर अग्रसर होने की प्रेरणा तभी मिल सकती है जब हम निर्मल भाव से पर सेवा के लिए अपगा जीवन समर्पित बनाएँ। जाति आधारित वर्णव्यवस्था के विरुद्ध डॉ. भीमराव अंबेडकर का धर्म परिवर्तन (बौद्ध), मायावती की इसी दिशा में धमकी हमारी विकृत सामाजिक व्यवस्था का ही दुष्परिणाम है। हमारे यहाँ सामाजिक लोकतंत्र नहीं है कहने को हम सर्वधर्म समभाव की बात करते हैं। अतः समता मूलक समाज रचना ही हमें सही दिशा दे सकती है।

मंदिर जाना ही केवल धर्म नहीं है, अपितु मानव मूल्यों का व्यावहारिक जीवन में आत्मसात् करना इसका सही मापदंड है। मनुष्य होने के लिए मनुष्यता या मानवता ही एकमात्र गुण-धर्म किसी भी मानव के लिए महत्त्वपूर्ण और आवश्यक है। उर्दू के प्रसिद्ध शायर निदा फाजली के जीवन की घटना है—उन्हें इबादत के लिए मस्जिद जाना था, उन्हें पड़ोस के एक बच्चे की रोने की आवाज सुनाई दी। उनके सामने प्रश्न था कि दो में से पहले किस काम को प्रथमिकता दे। उन्होंने पहले बच्चे की सेवा खुदा की सेवा समझा। उनके

इस आचरण से मुल्ला नाराज हुए कि पहले खुदा के घर (मस्जिद) इबादत के लिए जाना चाहिए था। यह धर्म विरुद्ध कार्य है। उन्होंने मुल्लाओं से पूछा कि मस्जिद किरनने बनाई है—मनुष्य ने। इंसान किसने बनाया है—खुदा ने। उनका यह आचरण हमें यह शिक्षा देता है कि अंधविश्वास पर आधारित देवत्व से दूर रह हम भी इसे अपने जीवन का ध्येय बनाएँ, तभी सच्चे अर्थों में मानव जीवन की सार्थकता सिद्ध होगी।

प्रसिद्ध गायक सोनू निगम का भी कहना है कि मस्जिद से उठने वाली आवाज, मंदिर से घंट ध्वनि तथा सड़क पर गुजरने वाले बैंड बाजों की आवाज यह सभी ध्वनि प्रदूषण फैलाती है, यह रुकनी चाहिए; लेकिन इसे रोकना धर्म/देवत्व के विरुद्ध चुनौती भरा काम है। आज मंदिर में पूजा करने का महत्त्व इतना नहीं है कि जितना सामाजिक कुरीतियों यानि अंधविश्वास के विरुद्ध जनचेतना उत्पन्न कर एक आदर्श समाज की परिकल्पना साकार करना है।

विश्व के नंबर दो के धनी बिल गेट्स (पहला नंबर जैफबेजोस) तथा जुकर बर्ग (पाँचवा स्थान) ने अपनी संपति का 99 प्रतिशत भाग तीन लाख करोड़ रुपए कुपोषित बच्चों के लिए U.N. को दान-स्वरूप दे दिया। बिल गेट्स का कहना है कि मैं कभी चर्च नहीं गया। इसी कड़ी में भारत के अजीम प्रेमजी की भी लोकोपकारक कार्यों में 53 हजार करोड़ रुपए दान देने की चर्चा होती है। वास्तव में मानवीय मूल्यों का आत्मसात् करना ही जीवन का सच्चा आधार माने । वर्ष 2016 तक गेटस करीब 199,677 करोड़ रुपए दान कर चुके हैं। दुनिया के पहले नंबर के धनिक बेजॉस भी 2015 के अंत तक करीब 642 करोड़ रुपए दान कर चुके हैं।

पिछले दिनों केरल सरकार का यह फैसला स्वागत योग्य है, जिसमें योग्यता के आधार पर सरकार द्वारा संचालित मंदिरों में 36 पुजारी पिछड़े वर्ग से, जिनमें 6 पुजारी अनुसूचित जाति के हैं लेना अभूतपूर्व है।

धार्मिक अंधविश्वास एक बेहद खतरनाक बीमरी है, इसलिए एक ऐसी आवाज बुद्धिजीवी वर्ग द्वारा उठना, जो इस बीमारी के खिलाफ निरंतर रहे,

जब तक आदर्श समाज रचना के लक्ष्य को प्राप्त न कर ले। पिछले दिनों इन समाज की बुराइयों से लड़ने वाले प्रख्यात विचारको/बुद्धिजीवियों यथा डॉ. नरेंद्र दाभोलकर (महाराष्ट्र-2013), प्रो. एम.एम. कलबर्गी (कर्नाटक-2015), गोविंद पानसरे (महाराष्ट्र-2015), गौरीलंकेश (कर्नाटक-2017), की हत्या कर दी गई । गैलीलियो ने चर्च की धार्मिक मान्यता को झुठलाते हुए वैज्ञानिक आधार पर बताया था कि पृथ्वी गोल है और वह सूर्य के चारों ओर चक्कर लगाती है, पर चर्च ने धर्म की अवधारणा के अनुसार दाबा दिया, कहा कि पृथ्वी चपटी है और सूर्य पृथ्वी के चारों ओर चक्कर लगाता है। यही नहीं गैलीलियो को चर्च द्वारा भयंकर रूप से प्रताड़ित किया गया।

इस बुराई से संघर्ष करना इतना आसान नहीं है, परंतु इससे हार मानना भी मानवीय अपराध है। इस महामारी का संक्रमण इतना जटिल है कि इसके पीड़ित को समाज के बीच से पहचान कर निकाल पाना बहुत ही मुश्किल भरा काम है। उन बातों को बिल्कुल नहीं मानना चाहिए, जो हमको अंधविश्वास की ओर ले जाए—चाहे वह धर्म हो या परंपरा। ईशा का मानना था कि अच्छी परंपराओं का पालन करना चाहिए। किसी परंपरा का पालन करते समय उसका तात्त्विक आधार जान लेना आवश्यक है, लेकिन सोच का वैज्ञानिक आधार ही हमारे विचारों की परिपक्वता का द्योतक है तथा वे ही जाति उन्नति के शिखर पर पहुँचती है। नवविचार ही जीवन है, जहाँ नवविचार नहीं वहीं पिछड़ापन है।

□

39

मरते वक्त रावण ने लक्ष्मण को बताई थीं ये बड़े काम की 3 बातें

जिस समय रावण मरणासन्न अवस्था में था, उस समय भगवान् श्रीराम ने लक्ष्मण से कहा कि इस संसार से नीति, राजनीति और शक्ति का महान् पंडित विदा ले रहा है, तुम उसके पास जाओ और उससे जीवन की कुछ ऐसी शिक्षा ले लो, जो और कोई नहीं दे सकता। श्रीराम की बात मानकर लक्ष्मण मरणासन्न अवस्था में पड़े रावण के सिर के नजदीक जाकर खड़े हो गए।

रावण ने कुछ नहीं कहा। लक्ष्मणजी वापस रामजी के पास लौटकर आए। तब भगवान् ने कहा कि यदि किसी से ज्ञान प्राप्त करना हो तो उसके चरणों के पास खड़े होना चाहिए, न कि सिर की ओर। यह बात सुनकर लक्ष्मण जाकर रावण के पैरों की ओर खड़े हो गए। उस समय महापंडित रावण ने लक्ष्मण को 3 बातें बताईं, जो जीवन में सफलता की कुंजी हैं।

पहली बात जो रावण ने लक्ष्मण को बताई, वह यह थी कि शुभ कार्य जितनी जल्दी होकर डालना और अशुभ को जितना टाल सकते हो टाल देना चाहिए, यानी शुभस्य शीघ्रम। मैं श्रीराम को पहचान नहीं सका और उनकी शरण में आने में देरी कर दी, इसी कारण मेरी यह हालत हुई।

दूसरी बात यह कि अपने प्रतिद्वंद्वी, अपने शतरु को कभी अपने से छोटा नहीं समझना चाहिए, मैं यह भूल कर गया। मैंने जिन्हें साधारण वानर और

भालू समझा उन्होंने मेरी पूरी सेना को नष्ट कर दिया। मैंने जब ब्रह्माजी से अमरता का वरदान माँगा था, तब मनुष्य और वानर के अतिरिक्त कोई मेरा वध न कर सके ऐसा कहा था, क्योंकि मैं मनुष्य और वानर को तुच्छ समझता था। मेरी यह गलती हुई।

रावण ने लक्ष्मण को तीसरी और अंतिम बात यह बताई कि अपने जीवन का कोई राज हो तो उसे किसी को भी नहीं बताना चाहिए, यहाँ भी मैं चूक गया; क्योंकि विभीषण मेरी मृत्यु का राज जानता था। ये मेरी जीवन की सबसे बड़ी गलती थी।

□

40

दूसरों के गुण अपनाएँ

मनुष्यों की सामान्य प्रवृत्ति है कि अपने भीतर सिर्फ गुण देखता है और दूसरों के गुणों को पहचान नहीं पाता है। यही कारण है कि मनुष्य खुद को दूसरों से श्रेष्ठ मानने की भूल कर बैठता है, जबकि गौर से देखें तो जिसे आप अयोग्य व्यक्ति मानते हैं, उसमें भी कुछ-न-कुछ गुण अवश्य पाएँगे। अगर उन गुणों को अपने अंदर ग्रहण करने की कोशिश करें तो जिस व्यक्ति को अयोग्य मान रहे थे, वह भी आपको गुणों का खजाना नजर आने लगेगा। इससे आप कई चीजें एक साथ प्राप्त कर लेंगे।

- एक तो उस व्यक्ति की नजर में आपका सम्मान बढ़ेगा।
- मन से निरादर की भावना दूर होगी।
- आपसी प्रेम में वृद्धि होगी।

महात्मा गांधी के जीवन से जुड़ी एक ऐसी ही घटना का जिक्र यहाँ प्रस्तुत है, जो बताता है कि किस प्रकार हमें बुराइयों में से अच्छाई को ग्रहण करना चाहिए। महात्मा गांधी इंग्लैंड की यात्रा पर थे। उस समय उन्हें एक अंग्रेज ने एक कागज पर बुरा-भला लिखकर दिया। गांधीजी ने उस व्यक्ति से कुछ नहीं कहा, बल्कि कागज में लगा हुआ पिन निकालकर अपने पास रख लिया और कागज फेंक दिया। गांधीजी के साथ जो लोग थे, उन्होंने गांधीजी से कहा कि अंग्रेज आपको बुरा-भला कह रहा है और आप उसे कुछ जवाब नहीं दे रहे हैं। गांधीजी ने कहा कि कागज पर लिखे हुए शब्द मेरे लिए

उपयोगी नहीं थे। इसलिए मैंने उन्हें फेंक दिया, जबकि कागज में लगा हुआ पिन उपयोगी है, इसलिए मैंने उसे अपने पास रख लिया है। गांधीजी ने ऐसा कहकर यह संदेश दिया कि बुराइयाँ को छोड़ दो और जहाँ कुछ भी अच्छाई दिखे, उसे तुरंत ग्रहण कर लो।

□

41

कर्णीय कार्यों की सूची

हमारी भारतीय परंपरा में कुछ ज्ञान की बातें पीढ़ी-दर-पीढ़ी आती रही हैं। ये बातें हमारे बुजुर्गों ने उनके बुजुर्गों के मुख से सूनी है। इन बातों की सत्यता पर संदेह हो सकता है, लेकिन इन्हें मानने में किसी प्रकार का नुकसान भी नहीं है।

- एक वस्त्र धारण करके न तो भोजन करें, न यज्ञ करें, न अग्नि में आहुति दें, न स्वाध्याय करें, न पितृ तर्पण करें और न देवार्चन ही करें।
- लक्ष्मी की इच्छा रखनेवाले को रात में दही और सत्तू नहीं खाना चाहिए।
- जो मनुष्य प्रतिदिन प्रात:काल उठकर गाय, घी, दही, सरसों तथा राई का स्पर्श करता है, वह पाप से मुक्त हो जाता है।
- लक्ष्मी को चाहने वाला मनुष्य घी को जूठे हाथों से न छुए।
- कपास यानी रूई को कभी भी पैर न लगाएँ।
- गौ की सदा रक्षा करनी चाहिए तथा उनका पालन-पोषण करना चाहिए, जो मनुष्य गौओं की सेवा करता है, उसे गाएँ दुर्लभ वर प्रदान करती हैं। वह पुत्र धन, विद्या, सुख आदि जिस-जिस वस्तु की इच्छा करता है। वह सब उसे प्राप्त हो जाती है। गाय का अपमान कभी न करें।

- अपने न्यायपूर्वक अर्जित धन का दसवाँ भाग भगवान् की प्रसन्नता के लिए किसी सत्कर्म में लगाना चाहिए।
- तीर्थक्षेत्र में जाने पर मनुष्य को सदैव स्नान, पूजन, दान, जप, तप आदि करना चाहिए। अन्यथा वह रोग, दरिद्रता आदि दोषों का भागी होता है।

□

42

छोटी उम्र काम बड़े

- 4 वर्ष की आयु में रवींद्रनाथ टैगोर ने अंग्रेजी नाटक 'मैकबेथ' का बाँग्ला अनुवाद किया था।
- सन् 1594 में जन्मे जर्मनी के वॉन पैथनहेम को बाल्यावस्था में ही इतना योग्य समझा गया कि सिर्फ 14 वर्ष की उम्र में ही एल्डोर्फ यूनिवर्सिटी का प्राचार्य नियुक्त कर दिया गया।
- अंग्रेज इतिहासकार थामस बैबिंग्टन मैकाले बाल्यावस्था में बहुत तेज दिमाग का था। मात्र 4 वर्ष की आयु में उसने 42 पृष्ठ की कैटेलॉग 'द आर्फोड क्लेक्शन ऑफ आर्ट' में अंकित 3000 वस्तुओं के नाम याद कर लिये थे।
- लेबनान के कैटुकी नगर के सैंट मैरीज कॉलेज के एक छात्र मार्टिन जे स्पैडलिंग (जन्म : 1810—मृत्यु : 1872) इतना प्रतिभासंपन्न समझा गया कि स्नातक की परीक्षा पास करने से दो वर्ष पहले ही मात्र 14 वर्ष की आयु में गणित के प्रोफेसर नियुक्त कर दिए गए थे।
- फ्रांस के विश्व प्रसिद्ध कवि थेवेन्यू चार्ल्स साइमन केवल 15 वर्ष की उम्र में एक कॉलेज के प्रोफेसर बन गए थे।
- 19वीं सदी के विख्यात ब्रिटिश उपन्यास लेखिका चार्लोट यॉन्ज ने 7 वर्ष की आयु में अध्यापन कार्य प्रारंभ किया था।
- प्रथम परिकलन यंत्र (हिसाब जोड़ने की मशीन) का आविष्कार

फ्रांस के ब्लेज पास्कल ने किया था। पास्कल गणित में तेज था और एक सेठ के पास बतौर मुनीम काम कर रहा था, इसी दौरान 1642 में उसने मात्र 19 वर्ष की आयु में उक्त क्रांतिकारी आविष्कार किया था।

- फ्रांसीसी विद्रोह की सर्वोच्च वैधानिक संस्था 'ग्रांड असैंबली' का एक बालक विधायक चुना गया। विधायक चुने जाने के वक्त जीन बैप्टिस्ट टैस्टे नामक इस बालक की उम्र 13 वर्ष थी।
- प्राच्य संस्कृति के जर्मन छात्र ने यूनानी, हिब्रू व लेटिन भाषाओं का बढ़िया ज्ञान प्राप्त कर इन भाषाओं में 16 वर्ष की आयु में कविताएँ लिखना शुरू कर दिया था।
- हरिशचंद चटर्जी ने 14 वर्ष की उम्र में प्रसिद्ध नाटक 'अबू हसन' लिखा था।
- सरोजिनी नायडू ने 1300 पंक्तियों की अंग्रेजी कविता 13 वर्ष की आयु में लिखी थी।
- रानी अहिल्या बाई ने 18 वर्ष की आयु में राजकाज सँभाला था।
- तोरण का किला शिवाजी ने 13 वर्ष की आयु में जीता था।
- सिकंदर ने 16 वर्ष की उम्र में शोरोनियाँ का युद्ध जीता।

□

43

विपत्ति के समय कोई किसी का नहीं होता

हे मुर्ख मना,
तू भगवान् के नाम का स्मरण कर—
जब तू भूख से तड़प रहा हो,
जब बैरी तुझे चारों ओर से घेर लें
जब बीमार होने पर शरीर जर्जर हो जाए,
जब तू अधरी हो उठे और
जब तुझ पर मुसीबतों का पहाड़ टूट पड़े।
तब तू भगवान् के नाम का स्मरण कर।

कनक दास के मुख से यह भजन निकला था, जब मल्ल नायक के साथियों ने कनक दास पर अचानक प्राण घातक वार कर दिया था और वह बच गया। उस समय कनक दास के मुख से यह भजन निकला। वार बहुत जबरदस्त था और कनक दास का शरीर लहू-लुहान हो गया था, वह अचेतन था; लेकिन जैसे ही उसे चेतना आई उसने इस भजन से प्रभु स्मरण किया।

कनक दास तेरहवीं शताब्दी के महान् भक्त संत थे। वे वैष्णव मत के प्रचारक थे और उनकी गणना आचार्य माधव के अनुयायियों में होती है। इनमें मुख्य नाम नरहरि तीर्थ, श्रीपाद तीर्थ, व्यास तीर्थ, वादि राज, पुरंदर दास, राघवेंद्र तीर्थ, विजय दास, गोपाल दास आदि है। ये सभी परम ज्ञानी संत थे।

कनक दास का जन्म कर्नाटक में धारवाड़ जिले के बंका पुर गाँव में बीर

गौडा और बचम्मा के गड़रिया परिवार में हुआ था। यह दंपत्ती सभी तरह से सुख-सुविधा संपन्न था, लेकिन काफी समय तक निःसंतान था। संतान प्राप्ति के लिए इन्होंने अनेक देवी-देवताओं की पूजा अर्चना की, व्रत, उपवास किए, मन्नत मनौतियाँ माँगी, दान दक्षिणा में भी कोई कमी नहीं रखी, लेकिन संतान सुख नहीं मिल सका। एक दिन जब वे अपने नित्य क्रम के बाद सो गए तो अचानक इन्हें स्वप्न में आभास हुआ जैसे कि तिरूपति के भगवान् वेंकट रमण स्वामी अपने हाथ के संकेत से इन्हें अपने पास बुला रहे हैं। इन्हें लगा इन्हें भगवत् दर्शन के लिए तिरूपति जाना चाहिए। अतः सुबह सोकर उठने के बाद दंपत्ती ने अपनी यात्रा की तैयारी शुरू कर दी। एक महीने की पैदल यात्रा के बाद ये दोनों तिरूपति पहुँचे। रास्ते में कई नदियाँ, नाले, ताल-तलैया पार किए। टीलों, पहाड़ों, पर्वत मालाओं से गुजरे और अंततः तिरूपति पहुँच गए। वहाँ पहुँचकर इन दोनों ने पूरे 48 दिन तक व्रत, पूजा, ध्यान आदि किए और जब ऐसा लगा कि उन्हें भगवान् का प्रसाद मिल गया है तो ये वापस अपने घर के लिए चल दिए। परिणामस्वरूप 1508 संवत्सर के कार्तिक महीने में कृष्ण पक्ष की तृतीया को गुरुवार के दिन इन्हें पुत्र रत्न की प्राप्ति हुई।

श्रीतिरूपति तिमप्पा की कृपा से बालक हुआ था अतः उस का नाम भी तिमप्पा रखा गया। तिमप्पा ने अपनी दीक्षा प्रतिभा के बल पर पाँच छह वर्षों में ही दस-पंद्रह वर्षों का ज्ञान अर्जित कर लिया। आठ वर्ष की आयु में ही तिमप्पा संस्कृत और कन्नड़ भाषा की व्याकरण में पारंगत हो गए। इनकी अद्भुत ग्रहण क्षमता, तर्क-वितर्क कुशलता और धर्म विवेचना की प्रतिभा से गुरु श्री निवासाचार्यजी अभिभूत थे। इसके बाद भी तिमप्पा अपने व्यवहार में अत्यंत विनम्र और विनीत थे।

मैं वेदों, शास्त्रों, पुराणों आदि द्वारा बताए गए पुण्य मार्ग को नहीं समझ पाता हूँ। मैं विभिन्न तर्कों और वाद-विवादों को भी नहीं समझ पाता हूँ। मैं मंद बुद्धि हूँ। तुम आदि मूर्ति हो, तुम मेरे हृदय रूपी आँगन में ज्ञान का प्रकाश करो और हमेशा मेरी रक्षा करो।

जिस प्रकार कोई माँ अपने बच्चे को भूखा जानकर अपने स्तनों से दूध

पिलाती है, उसी प्रकार तेरे सिवाय कौन है, जो हमारा पालन-पोषण करेगा। वेद कहते हैं कि तुझ में सारा ब्रह्मांड समाया हुआ है। हे प्रभु हमारी रक्षा करो।

कनक दास ने इस प्रकार के 160 पद लिखे, जो उनकी पुस्तक हरि भक्ति सागर में संकलित हैं। इनके गुरु इन्हें तिमप्पा की बजाय तिम्मरस कहते थे। इसका अर्थ है तिम्मराजा। इनके हृदय में गुरुजनों और देवताओं के प्रति असीम श्रद्धा थी। वे प्रतिदिन केशव के मंदिर में जाकर उनकी मूर्ति को टकटकी लगाकर देखते रहते थे। उनके मन में विचार उठते, मैं कहाँ से आया हूँ। आगे मुझे कहाँ जाना हैं ? यहाँ कब तक रहना हैं ? इन्हें सभी व्यक्तियों में भगवद् दर्शन होते थे।

एक दिन की बात है। तिम्मरस भगवन् ध्यान में लीन थे। उन्हें लगा कि पवन पुत्र हनुमानजी की मूर्ति उनके सामने विराजमान हैं। उनके मन में हनुमानजी और उनसे जुड़ी भगवान् राम संबंधी सभी घटनाएँ एक चित्र शृंखला की तरह दिखाई देने लगी। देखते-देखते उन्हें ऐसा लगने लगा जैसे सभी घटनाएँ उनके सामने घटित हो रही हों। थोड़ी देर बाद सामान्य स्थिति आने पर उन्हें लगा शायद हनुमानजी कुछ कह रहे हैं। उन्होंने हनुमानजी की एक कांस्य प्रतिमा बनवा कर आदि केशव के मंदिर में प्रतिष्ठित कर दी। अब वे प्रतिदिन केशव की पूजा अर्चना के बाद हनुमानजी की पूजा अर्चना भी करने लगे। उनकी एक ही इच्छा थी कि उनमें भी हनुमानजी जैसा भगवत भक्ति का भाव आ जाए। बारह वर्ष की अवस्था तक तिमप्पा ने विद्या, भक्ति, ज्ञान, वैराग्य और योग का अध्ययन कर लिया था। इनके माता-पिता को भी यह विश्वास हो गया था कि यह बालक अवश्य ही कोई देव पुरुष हैं, तिमप्पा को इससे दुःख हुआ; लेकिन अपनी माता के दुःख को देखकर वे स्वयं संयत हो गए। एक दिन इन्होंने देखा कि इनकी माता असहाय दुःख और वेदना से तड़प कर रो रही है। वह अपने और अपने बालक के भविष्य के प्रति अत्यधिक चिंतित थी। तब तिम्मरस ने उन्हें समझाया। माँ, इस संसार में सुख या दुःख कुछ भी स्थायी नहीं हैं। ये सब आते और जाते रहते हैं। इसलिए यह उचित नहीं कि हम सुख आने पर पुलकित हो जाएँ। याद करो कि हममें से

पहले कितने लोगों ने क्या-क्या कष्ट सहे हैं। इस संसार में कोई किसी का नहीं होता। अंत में भगवान् ही हमारा उद्धार करनेवाला है। हमें उसकी दया पाकर ही सुखी होना है। माता को लगा कि यह उसका बेटा नहीं कोई सिद्ध पुरुष बोल रहा हैं।

धीरे-धीरे तिम्मरस की भक्ति भावना की प्रसिद्धि आसपास के गाँव में फैलने लगी। सभी लोग इनके प्रवचन सुनने के लिए लालायित रहते। सबको ऐसा लगता कि तिम्मरस मानव के रूप में कोई अवतार हैं। वे एक महान् भक्त, विद्वान्, गायक और संत कवि के रूप में विख्यात हो गए। इसके साथ वे अपना खेती बाड़ी और भेड़-बकरी चराने का काम भी करते रहे।

एक दिन की बात है कि तिम्मरस कुदाली से जमीन खोद रहे थे। खोदते-खोदते इन्हें जमीन में कुछ घड़े मिले, जिसमें सोने के सिक्के भरे हुए थे। इन्होंने कुछ धन तो गरीबों में बाँट दिया और शेष धन मंदिरों के पुनर्निर्माण, धार्मिक आयोजन और भोज आदि पर खर्च कर दिया। लेकिन सोने के सिक्कों से भरे घड़े मिलने का सिलसिला बढ़ता गया। ये जहाँ भी कुदाली मारते वहीं पर सिक्कों का घड़ा निकल आता। इनके खर्च करने की प्रक्रिया भी बढ़ने लगी। गाँव में इस बात की चर्चा होने लगी कि तिम्मरस को जमीन से सोने के सिक्कों के घड़े मिलते ही जा रहे हैं और वह उसी तरह खुले हाथों से उन सिक्कों को खर्च भी करते जा रहे हैं।

□

44

जीवन में कर्म की प्रधानता

बहुत से लोग इस बात का रोना रोते रहते हैं कि उनका भाग्य ही खराब है। नसीब नहीं साथ दे रहा है, इसलिए किसी काम में सफलता नहीं मिलती है, जबकि सच यह है कि भाग्य तो कर्म के अधीन है। हाथ की लकीरों में अपने भाग्य को ढूँढ़ने की बजाय अगर हम हाथों को कर्म करने के लिए प्रेरित करें तो भाग्य रेखा खुद ही मजबूत हो जाएगी और हम वह पा सकेंगे, जिसकी हम चाहत रखते हैं।

कर्म के अनुसार बदलती है रेखा—हस्त रेखा विज्ञान के अनुसार कुछ रेखाओं को छोड़ दें तो बाकी सभी रेखाएँ कर्म के अनुसार बदलती रहती है। अपनी हथेली को गोर से देखिए, कुछ समय बाद रेखाओं में कुछ-न-कुछ बदलाव जरूर दिखेगा। इसलिए कहा गया है कि रेखाओं से किस्मत नहीं कर्म से रेखाएँ बदलती है।

सकल पदारथ एहि जग माहिं—गोस्वामी तुलसीदासजी कर्म के मर्म को बखूबी जानते थे, तभी उन्होंने कहा है—सकल पदारथ एहि जग माहिं। कर्महीन नर पावत नाहिं। तुलसीदासजी ने अपने दोहा में स्पष्ट किया है कि इस संसार में सभी कुछ है, जिसे हम पाना चाहें तो प्राप्त कर सकते हैं; लेकिन जो कर्महीन अर्थात् प्रयास नहीं करते इच्छित चीजों को पाने से वंचित रह जाते हैं।

सिंह को भी आलस्य त्यागना होगा—नीतिशास्त्र में कहा गया है कि

सिंह अगर शिकार करने न जाए और सोया रहे तो मृग स्वयं ही उसके मुख में नहीं चला आएगा, यानी सिंह को अपनी भूख मिटानी है तो उसे आलस्य त्यागकर मृग का शिकार करना ही पड़ेगा। इसी प्रकार हम सभी को जिस चीज की, जिस मंजिल की तलाश है उसके लिए प्रयास करने की आवश्यकता है, लेकिन परिणाम आपके पक्ष में होगा यह मानकर सही दिशा में प्रयास करते रहना चाहिए।

पृथ्वी यानी कर्म की भूमि—शास्त्रों में पृथ्वी को कर्म भूमि कहा गया है। यहाँ आप जैसे कर्म करते हैं, उसी के अनुरूप आपको फल मिलता है। भगवान् श्रीकृष्ण ने ही गीता में कर्म को ही प्रधान बताया है और कहा है कि हम मनुष्य के हाथों में मात्र कर्म है अत: हमें यही करना चाहिए। फल क्या होगा वह हमें भगवान् पर छोड़ देना चाहिए। भगवान् अपने भक्तों को कभी निराश नहीं करते हैं। उसे उसका वैसा ही फल देते हैं। सीधी बात यह है कि **कर्म प्रधान विश्व रचि राखा, जो जस करहिं सो तस फल चाखा**। अर्थात् जो व्यक्ति जैसा कर्म करता है उसे वैसा ही फल प्राप्त होता है।

□

45

मानव जीवन में संस्कारों का महत्त्व

आज धीरे-धीरे अच्छी मान्यताएँ समाप्त होती जा रही हैं। दिन-पर-दिन बढ़ते अपराध मानव के नैतिक मूल्यों के ह्रस के प्रतीक हैं। निःसंदेह अच्छे संस्कार परिवार से प्राप्त होते हैं। यदि माँ-बाप बच्चों के भविष्य के प्रति सचेत न होंगे तो वह कुसंगति में पड़कर न केवल अपने स्वयं के जीवन को चौपट कर लेगा, अपितु यदि प्रारंभ में अच्छे साथियों का साथ, गुरु, माँ-बाप का आदर्शमार्ग दर्शन मात्र प्राप्त होगा तो वह स्वयं अपने स्वर्णिम भविष्य का निर्माता होगा।

माँ-बाप के कुसंस्कार भी बच्चों पर विपरीत प्रभाव डालते हैं—**सुल्ताना डाकू को जब फाँसी लगाई जानी थी तो उससे उसकी अंतिम इच्छा पूछी गई तो उसने अपनी माँ से मिलने की इच्छा जताई, जब वह माँ से मिला तो माँ के कान में कुछ कहना चाहता था, उसने माँ के कान में कहने का बहाना करते हुए उसका कान काट लिया, जब उससे इसका कारण पूछा गया कि उसने ऐसा क्यों किया तो उसका उत्तर था—जब मैं चोरी करके घर लाता था तो माँ बहुत प्रसन्न होती थी, यदि प्रारंभ में ही माँ ने मुझे रोका होता तो मुझे आज फाँसी के फंदे पर नहीं झूलना पड़ता।**

संस्कारवान व्यक्ति संवेदनशील होता है, जो दूसरों के दुःख को अपनी पीड़ा समझता है, जब कि संस्कारहीन व्यक्ति अपने पशुवत आचरण द्वारा आतंक का पर्याय होता है।

एक कवि के शब्दों में—**पर हित सरिस धर्म नहीं भाई, पर पीड़ा सम**

नहीं अधमाई। महान् विद्वान् जॉर्ज वर्नाडशा का कथन है कि संस्कारवान सज्जन व्यक्ति जितना समाज से लेता है, उससे अधिक समाज को देता है—ऐसा व्यक्ति भद्रपुरुष की श्रेणी में आता है।

संस्कारहीन व्यक्ति का आचरण पशुतुल्य होने के कारण अपने निज हित के अतिरिक्त कुछ नहीं देखता। **राष्ट्र कवि श्री मैथली शरण गुप्त ने लिखा है कि यही पशु प्रवृत्ति है कि आप आप ही चरे।**

वास्तव में हम देखें तो ऐसे व्यक्ति में तथा पशु में कोई अंतर नहीं होता। कुसंगति के प्रभाव से मानव विपरीत दिशा में जब आचरण करता है तो उसके पैतृक संस्कार नष्ट हो जाते हैं।

महात्मा गांधी का पुत्र हरीलाल गांधी कुसंगति के कारण उनके अपयश का कारण बना।

मानव और मानवता एक-दूसरे से जुड़े हुए हैं, जो उसे देवत्व की श्रेणी में ले जाते हैं। पुराणों में एक कथा आती है कि ब्रह्माणिपुलस्य का पौत्र और विस्रवा जैसे तपस्वी का पुत्र होने के पश्चात् भी राक्षसों की कुसंगति के कारण रावण के पैतृक संस्कार नष्ट हो गए, जबकि हिरण्य कश्यप जैसे नास्तिक के पुत्र होने के बावजूद भी देवर्षि नारद से प्राप्त सुसंस्कारों से प्रह्लाद भक्त शिरोमणि हो गए।

व्यक्ति को तरासने का कार्य अच्छे संस्कार गुणी व्यक्तियों का सत्संग करता है। **मुझे आचार्य रजनीश (भगवान् ओशो) लिखित एक कथा याद आती है—नदी किनारे एक बड़ा सा पत्थर पड़ा था, जो सर्दी, गरमी, बरसात, धूल, आँधी सब झेलता था। वर्षों तक यह स्थिति बनी रही। एक रोज एक संगतराश उधर से गुजरा। उसने पत्थर को अपनी निगाहों से देखा और अपनी हथौड़ी, छैनी का इस्तेमाल कर उस पत्थर से कृष्ण और राम की दो सुंदर मूर्तियाँ प्रकट कर दीं, जिन्हें एक सेठ ने खरीद कर मंदिर में प्रतिष्ठित करवा दिया।**

इंसान भी एक पत्थर है, यदि उसे ज्ञान की हथौड़ी-छैनी से तराशा जाए तो उससे भगवान् पैदा हो सकते हैं जैसे संगतराश ने पत्थर से पैदा किया। यदि ज्ञान की हथौड़ी, छैनी से इंसान को तराशें तो वह देवता बन सकता है।

- अरस्तू ने अपने शिष्य सिकंदर को विश्व विजेता बना दिया।
- चाणक्य के कारण चंद्रगुप्त मौर्य महान् सम्राट् बना।
- गुरु रामदास के कारण शिवाजी छत्रपति शिवाजी बन गए।
- दौणाचार्य के कारण अर्जुन महान् धनुर्धारी बना।

आज हमारी शिक्षा संस्कार वान बालक नहीं ढाल रही है, जब गुरुकुलों में बालक शिक्षा ग्रहण करता था तो वह ज्ञानी होकर निकलता था।

आज शिक्षा भोजन और भोग को महत्त्व देती है। उसमें सहानुभूति, संवेदना, सदाचार, संयम, शील, करुणा और कर्तव्य रूपी संस्कारों को कोई स्थान नहीं हैं परिणामस्वरूप व्यक्ति अपराधों की ओर बढ़ रहा है। रोजाना बलात्कार अपहरण की घटित घटनाए चौंका देने वाली है।

आज आधुनिक शिक्षा के उच्च केंद्रों में पढ़े-लिखे उच्च पठित पशुओं की भीड़ से संसार तो भरा जा रहा है, लेकिन उनको यह नहीं सिखाया जाता कि अपने माता-पिता गुरु एवं समाज के साथ कैसा व्यवहार करना चाहिए।

आज इंसान अपने जीवन में तीन प्रकार के दोष को गले लगाता है, जिसमें पहला पाप मन से किया जानेवाला, दूसरा कर्म से तथा तीसरा वचन से।

मन से किए जानेवाला पाप दिखाई नहीं देता है, लेकिन वह न तो इंसान को शांति से जीने देता है और न ही शांति से मरने देता है। कर्म तथा वचन से किए जानेवाला पाप सबसे ज्यादा पीड़ा दायक होता है।

यद्यपि विज्ञान ने मनुष्य को प्रगति के उच्च सोपान पर पहुँचाया है, परंतु विज्ञान मनुष्य को धरती पर इंसानों की तरह रहना न सिखा सका। यह काम अंततः अध्यात्म कर सकता है।

□

46

अभिव्यक्ति की स्वतंत्रता

महान् विद्वान् वाल्टेअर ने कहा था कि भगवान् मुझसे सबकुछ छीन लेना, परंतु वाणी की स्वतंत्रता नहीं छीनना, आपके विचारों से असहमत होते हुए भी मैं आपके विचार प्रकट करने के अधिकारों की रक्षा करूँगा।

अभिव्यक्ति की स्वतंत्रता निःसंदेह मानव विकास की सबसे बड़ी कड़ी है, परंतु यदि व्यक्ति असंयत होकर अपने विचार व्यक्त करता है तो अभिव्यक्ति की स्वतंत्रता पर प्रश्न चिह्न लग जाता है।

यूरोप तथा अमेरिकी विधान मंडलों में शालीनता से व्यक्त उद्गार वहाँ की प्रजातंत्रीय व्यवस्था का मेरूदंड है, जबकि भारत में संसद् से लेकर विधानसभा भवनों में स्वस्थ बहस के स्थान पर अनर्गल शोर-शराबा देखने को जब मिलता है तो संसदीय व्यवस्था शर्मशार हुए बिना नहीं रहती। 90 प्रतिशत हमारे विधान मंडलों का समय शोर-शराबे में निकल जाता है, जबकि ब्रिटिश संसद् में सार्थक बहस विधेयकों पर देखने को मिलती है। पहली लोकसभा में कुल समय का 90 प्रतिशत हिस्सा विधायी चर्चाओं पर लगा था, जबकि 10 प्रतिशत समय ही हंगामें के कारण व्यर्थ हुआ था, जबकि संसदीय काररवाई के संचालन पर प्रतिघंटा 20 लाख रुपए खर्च होते हैं।

यह एक स्वागत योग्य निर्णाय है कि ई.वी.एम. में उम्मीदवारों के विकल्प के साथ उम्मीदवारों को नकाराने का विकल्प दिया जा रहा है तो यह एक ऐतिहासिक निर्णय होगा। इससे जन भावनाएँ उभरकर आएँगी।

हम अभिव्यक्ति की स्वतंत्रता का उसके सकारात्मक पक्ष को दृष्टिगत रखते हुए अपने जीवन का भाग बना सकते हैं। अभिव्यक्ति की स्वत्रंता का अर्थ यह कदापि नहीं है कि हम असहमति के अधिकार को नकार दें, इससे बदलाव की संभावना समाप्त हो जाएगी। इस तरह तो समाज बर्बर, निर्जीव और चिढ़ पैदा करने की हद तक ऊबाऊ हो जाएगा।

ब्रिटिश सांसद एवं विद्वान् एडमंड बर्क ने सन् 1774 में कहा था कि उसे अपनी निष्पक्ष राय, अपने परिपक्व फैसले, अपनी प्रबद्ध चेतना को किसी भी आदमी या आदमियों के समूह के लिए कुरबान नहीं करना चाहिए। निर्वाचित पदाधिकारी। प्रतिनिधि की जवाब देही बनती है कि वह चुनाव में किसी भी स्तर पर मदद करनेवाले लोगों के अनुचित दबाव में न आए।

आज हम सार्वजनिक क्षेत्र में इस संदर्भ में ध्यान दें तो हमें प्रतीत होगा कि किस तरह अभिव्यक्ति की स्वतंत्रता पर कुठाराघात स्वार्थी तत्त्वों द्वारा किया जाता रहा है।

डेनमार्क के एक कार्टुनिस्ट ने मोहम्मद साहब का चित्र बना दिया, मुस्लिम जगत् में हलचल मच गई उसे मारने का फतवा जारी कर दिया गया।

विदेश में बसे भारतीय लेखक सलमान रूश्दी की पुस्तक 'सैटनिक वर्सेज' एवं बंगलादेश की लेखिका तस्लीमान सरीन द्वारा लिखित पुस्तक 'लज्जा' उनके लिए जान की आफत का संदेश लेकर आई, जब मुस्लिम कट्टरपंथियों ने उनकी हत्या करनेवाले के लिए पुरस्कार की घोषणा की। आज उन्हें अपने जीवन की सुरक्षा छुपकर करनी पड़ रही है पश्चिमी देशों के सहारे।

उत्तर प्रदेश के एक पूर्व मंत्री आजम खाँ द्वारा भारत माता को डायन कहना व्यक्ति की स्वतंत्रता का हनन है। एक लेखक कंवल भारती ने कहा कि आजम खाँ को अफसोस है कि वे एक ईमानदार कर्तव्यपरायण श्रीमती दुर्गा शक्ति नागपाल (उ.प्र. की प्रशासनिक अधिकारी) के हाथ-पाँव नहीं तुड़वा पाए।

पाक प्रधानमंत्री नवाज शरीफ द्वारा पूर्व भारतीय प्रधानमंत्री डॉ. मनमोहन

सिंह को अमेरिकी राष्ट्रपति डॉ. बराक ओबामा से पाक हरकतों की शिकायत पर उन्हें देहाती औरत की संज्ञा देना 1 अरब 21 करोड़ भारतीय जनता की अभिव्यक्ति की स्वतंत्रता की आड़ में अपमान नहीं कहा जाएगा।

भारतीय राजनीति में कांग्रेस के दिग्गज नेता दिग्विजय सिंह ने सदैव गट्टर भाषा का प्रयोग कर एक विदूषक की अपनी छवि स्थापित की है।

आम पार्टी नेता अरविंद केजरीवाल द्वारा संसद् को बलात्कारियों एवं हत्यारों का ठिकाना बताना अभिव्यक्ति की स्वतंत्रता का दुरुपयोग है।

एक समय था, जब संसद् के लिए मंदिर शब्द का प्रयोग किया जाता था। आज उसे भले लोग चोरों, बदमाशों की शरणगाह बता रहे हैं।

बाबा रामदेव का राहुल के लिए यह कहना, जो व्यक्ति 42 वर्ष की आयु तक शादी नहीं कर पाया, वह देश को क्या चलाएगा। बाबा रामदेव के द्वारा कांग्रेस को हत्यारी पार्टी और कांग्रेस का साथ देने वालों को देशद्रोही कहना अभिव्यक्ति की स्वतंत्रता के विपरीत आचरण है।

पाक स्थित पंजाब के पूर्व राज्यपाल ताहिर (प्रसिद्ध लेखिका तबलीन सिंह के पति) की हत्या उनके अंग रक्षक द्वारा उनके इस्लाम से संबंधित सुधारवादी विचारों के कारण कर दी गई।

आज प्रधानमंत्री नरेंद्र मोदी की प्रशंसा करना अभिव्यक्ति की स्वतंत्रता पर आघात बन गया है तथा गुजरात के मौलवी गुलाम वास्तानवी, बिहार के जनता दल (यू) मंत्री गौतम सिंह, मार्क्सवादी पार्टी के सांसद अब्दुल्ला कुट्टी, साधु यादव तथा अमर सिंह सभी को उनके दलों से प्रताड़ित होना पड़ा है।

पति–पत्नी के मध्य अभिव्यक्ति वार्त्ता का आधार शालीनता पर आधारित होना चाहिए। न्यायालय के एक निर्णय के अनुसार पत्नी को साँवली कहना भी क्रूरता की श्रेणी में आता है। क्रांतिकारी संतमुनि तरुण सागरजी का कहना है कि अभिव्यक्ति की स्वतंत्रता का अर्थ उच्छृखल उद्गार व्यक्त करना कदापि नहीं है।

□

जीवन से जुड़े पहलू

47

बढ़ता प्रदूषण और घटता पर्यावरण

हम प्रदूषण को इस प्रकार परिभाषित कर सकते हैं, जब मानव द्वारा अवांछित तत्त्वों का संग्रहण उस सीमा तक कर लिया जाए जो आत्मसात् नहीं किया जाए। वायु में हानिकारक पदार्थों को छोड़ने से वायु प्रदूषित हो जाती है, इससे स्वास्थ्य समस्या पैदा होती है। वायु प्रदूषण के कुछ ऐसे प्रकृतिजन्य कारण भी है, जो मनुष्य के अधिकार में नहीं है। मरुस्थलों से उठने वाले रतीले तूफान, जंगलों में लग जानेवाली घास से जलने से उत्पन्न धुआँ कुछ ऐसे रसायनों को जन्म देता है, जिससे वायु प्रदूषित हो जाती है। यह प्रदूषण वायु के माध्यम से एक स्थान से दूसरे स्थान तक पहुँचता है। प्लास्टिक की बनी चीजें हार्डबोर्ड के फर्नीचर, सौंदर्य प्रसाधन, पेयजल, खाद्य पदार्थ हर वस्तु में हानिकारक रसायन भरे पड़े हैं, जो हर साल लाखों लोगों की मृत्यु का कारण बनते हैं।

उक्त दोनों शब्द एक-दूसरे के विलोम है। एक ओर प्रदूषण से मुक्ति हमारे लिए चुनौती है, दूसरी ओर पर्यावरण के संवर्धन में मानव कल्याण की भावना निहित है। विश्व के सभी देश (192), जब तक उक्त दोनों बातों को गंभीरता से नहीं लेंगे, तब तक मानव जाति के समक्ष संकट घहराता रहेगा। भारत के सर्वोच्च न्यायालय का मत है कि प्रदूषण आधुनिक जीवन की मजबूरी है। वाहनों से निकलने वाला धुआँ शोर-प्रदूषण को फैलाते हैं, जब तक ध्वनि की अधिकतम सीमा 55 डेसीबेल निर्धारित न हो। सरकार द्वारा आबादी वाले क्षेत्रों में ध्वनि की सीमा निश्चित होनी चाहिए।

जब मैं स्विट्जरलैंड यात्रा पर था तो ट्रेन के सफर के समय हम लोगों

के जोर से बोलने पर एक यूरोपीय महिला ने आपत्ति जताई। वैश्विक समुदाय विकास के नाम पर प्रत्येक वर्ष 7 करोड़ हेक्टेयर वन क्षेत्र का विनाश कर रहा है, इसका दुष्परिणाम यह कि वृक्षों की संख्या में 46 प्रतिशत और जंगली जीवों की संख्या में 50 प्रतिशत गिरावट आई है।

भारत में ही पिछले एक दशक में पर्यावरण को बनाए रखने में महत्त्वपूर्ण भूमिका निभाने वाले गिददों की संख्या में 97 प्रतिशत की गिरावट आई है। इससे मृत पशुओं की सफाई, बीजों का प्रकीर्णन और परांगण कार्य पूरी तरह प्रभावित हुआ है। गिद्दों की तरह अन्य प्रजातियाँ तेजी से विलुप्त हो रही हैं। वनों के विनाश से वातावरण भी जहरीला होता जा रहा है और प्रतिवर्ष 2 अरब टन अतिरिक्त कार्बन-डाइऑक्साइड वायुमंडल में घुल रही है, इससे हमारे जीवन की रक्षा कवच माने जानेवाले ओजान परत को नुकसान हो रहा है। अब तक वायुमंडल में 36 लाख टन कार्बन-डाइऑक्साइड की वृद्धि हो चुकी है। वायुमंडल से 24 लाख टन ऑक्सीजन समाप्त हो चुकी है।

अगर वृक्षों के काटने पर रोक नहीं लगाई गई तो 2050 के तापक्रम में लगभग 4 डिग्री सेल्सियस तक वृद्धि हो सकती है, यानी अगली सदी तक तापमान 60 डिग्री सेल्सियस तक पहुँच जाएगा। इससे ग्लेशियरों के पिघलने से समुद्र के जलस्तर में 10 इंच से 5 फीट तक वृद्धि हो सकती है, इसका परिणाम ये होगा कि भारत में मुंबई, कोलकाता, चेन्नई, पणजी, विशाखापट्टनम, कोचिन और त्रिवेंद्रम समुद्र में समा जाएँगे। जिस तरह बिजली उत्पादन के लिए नदियों के सतत प्रभाव को रोककर बाँध बनाए जा रहे हैं, उससे खतरनाक परिस्थितिकीय संकट उत्पन्न होगा। भारत में गंगा और यमुना जैसी अनगिनित नदियाँ सूखने के कगार पर हैं व प्रदूषण से कराह रही हैं।

नदियों में बहाए जानेवाले शव धार्मिक मोक्ष के नाम पर तथा नदियों के किनारे किए जानेवाले धार्मिक अनुष्ठान की सामग्री, औद्योगिक कचरा, नालों का गंदा पानी नदियों के प्रदूषण को बढ़ा रहा है। औद्योगिक कचरा बहाने के कारण क्रोमियम और मरकरी जैसी घातक रसायनों से नदियों का पानी जहरीला बनता जा रहा है।

वैज्ञानिकों की माने तो जल संरक्षण और प्रदूषण पर ध्यान नहीं दिया गया तो आनेवाले 200 सालों में भू-जल स्रोत सूख जाएँगे और मनुष्यों को भूकंप, भारी वर्षा, बाढ़ और सूखा जैसी आपदाओं से जूझना पड़ेगा। विश्व स्तर के जलवायु परिवर्तन के हुए सम्मेलनों में लिये गए निर्णयों का कोई विशेष प्रभाव नहीं पड़ा है। विश्व समुदाय को समझना होगा कि वह पर्यावरण को नुकसान पहुँचाकर स्वयं को सुरक्षित नहीं बना सकता। हम देखें तो ज्ञात होगा कि संवेदशील हिमालयी पर्यावरणीय क्षेत्र की हजारों एकड़ भूमि और वन क्षेत्र डुबोकर न केवल इसकी नाजुक परतों को विनाश करके पहाड़ियाँ खिसकने का खतरा बढ़ाया है और विशालकाय जलाशयों का निर्माण करके भूकंपों का खतरा भी बढ़ा दिया है। पिछले दिनों उत्तराखंड में आए भूकंप ने सारे भारत को हिला दिया, जिससे हजारों लोग मारे गए और इससे कई गुणा अधिक संख्या में बेघर हो गए।

भारत सरकार ने सर्वोच्च न्यायालय को बताया है कि गंगा, भागीरथी एवं अलकनंदा की तलहटियों में निर्मित जलविद्युत् परियोजनायों ने उत्तराखंड के जंगलों को सिकोड दिया है, जिससे भू-स्खलन की समस्याएँ पैदा हो गई हैं। नेपाल, अमेरिका, जापान आदि में समय-समय पर आनेवाले भूकंप वहाँ की स्थानीय जनता के लिए भयंकर विनाशलीला बनकर आते हैं।

हम पर्यावरण के अर्थ को समझें तो ज्ञात होगा कि जलवायु, पेड़-पौधे तथा संपूर्ण जीव-जंतुओं से मिलकर बनने वाला समस्त परिवेश जिनका सीधा प्रभाव मानव जीवन के प्रत्येक क्रियाकलाप पर पड़ता है, पर्यावरण कहलाता है।

विश्व पर्यावरण दिवस मनाने का निर्णय स्टाकहोम (स्वीडन) 5 जून, 1962 की बैठक में विकसित देशों द्वारा लिया गया तब से प्रतिवर्ष 5 जून को पर्यावरण दिवस मनाया जाता है। पर्यावरण के संवर्धन में पेड़-पौधों का सर्वाधिक योगदान है। हम देखें तो ज्ञात होगा कि वृक्ष पृथ्वी के आभूषण हैं, क्योंकि वृक्ष हमें जीवनदायी ऑक्सीजन के साथ फूल पत्ते व लकड़ी पैदा करते हैं। वास्तव में हम पेड़-पौधों और वनस्पति के कारण जीवित हैं। जिन देशों ने प्रकृति व पर्यावरण का दुरुपयोग किया है, वहाँ प्रकृति की विनाशलीला देखने

को मिलती है, जबकि जल की उपलब्धि वर्षा पर निर्भर है और वर्षा पेड़-पौधों पर निर्भर है। जब जंगल थे, तब वर्षा खूब होती थी अब वर्षा के अभाव में पृथ्वी का वो हिस्सा भी रेगिस्तान बन रहा है, जहाँ पर्याप्त वर्षा हुआ करती थी। जब घने जंगल होंगे, तब नियमित वर्षा होगी, तभी पर्यावरण को बचाया जा सकता है। भारत सरकार का यह निर्णय स्वागत योग्य है कि राजमार्गों के निर्माण की कुल लागत का 1 प्रतिशत खर्च पेड़-पौधे लगाने पर किया जाएगा।

पर्यावरण संवर्धन की दृष्टि से वन क्षेत्रों के संरक्षण एवं विकास की बात तो करते हैं, लेकिन विश्व स्तर पर वन क्षेत्र कम हो रहे हैं। वन क्षेत्रों का 10 प्रतिशत की दर से नुकसान हो रहा है, ये हालत तब है, जब हमारे एक दशक से पर्यावरणीय सुरक्षा के प्रयास जारी हैं।

हम अब प्रतिज्ञा लें कि हममें ऐसे संस्कार पैदा हों, जिससे संवेदनशील बन सकें, तभी हरियाली वापस लौट पाएगी। कई राज्य सरकारों द्वारा पंचायत चुनावों में निर्धारित योग्यता के साथ शौचालय होने की शर्त एक अच्छी बात है। प्रदूषण मुक्ति तथा पर्यावरण संवर्धन की दृष्टि से प्रधानमंत्री के देशव्यापी स्वच्छता अभियान की विश्व बैंक के अध्यक्ष जिमयंगकिम ने सराहना की है। इसे नदियों के स्वच्छता अभियान से भी जोड़ा जा सकता है। इस संदर्भ में स्वच्छता अभियान को प्रदूषण मुक्ति के रूप में देखा जा सकता है। इस कार्यक्रम के सफल होने के प्रयास हेतु केंद्र को अमृतानंदमयी मठ ने 100 करोड़ रुपए तथा केरल में इस अभियान को सफल बनाने के लिए शौचालय के निर्माण और स्वच्छता से जुड़े कार्यक्रम के लिए अतिरिक्त 100 करोड़ रुपए प्रदान किए हैं। यह अनुकंपा अम्मा (केरल) के नाम से मशहूर माता अमृतानंदमयी ने अपने 62वें जन्मदिवस के समारोह के अवसर पर यह पेशकश की, यदि इसी तरह अन्य क्षेत्रों से इस कार्यक्रम की सफलता हेतु योगदान मिले तो हम तेजी से प्रदूषण मुक्ति एवं पर्यावरण संवर्धन की दिशा में आगे बढ़ सकते हैं।

□

48

स्वच्छता और दीर्घ जीवन

स्वच्छता और दीर्घजीवन का अन्योन्याश्रित संबंध है। स्वच्छता शब्द को हम विस्तृत अर्थ में लें तो ज्ञात होगा कि यह जीवन के हर पहलू से जुड़ा हुआ है। हम अपनी गलत आदतों के कारण विश्व में उपेक्षा की दृष्टि से देखे जाते हैं। यूरोप के देश स्वच्छता को अपने जीवन का भाग मानते हैं। वहाँ का आम नागरिक स्वच्छता के प्रति सतर्क है। यही कारण है कि उनकी औसत आयु 80 वर्ष से अधिक भारतीयों से अधिक (69) है। वह अपना कर्तव्य समझता है कि उसे देश को सुंदर और स्वच्छ बनाए रखना उसका उत्तरदायित्व है।

स्वच्छ पेय जल व वायु का हमारे जीवन में अत्यधिक महत्त्व है। गंदे पीने के पानी से व सफाई के अभाव तथा दूषित वायु से पेट तथा पाचन संस्थान की बीमारियाँ 60 से 80 प्रतिशत तक होती हैं। जब गंगा की पवित्र धारा में कचरा—शवों को बहाना—नालियों का गंदा पानी छोड़े जाना हमारे यहाँ आम बात है। हम अपनी गलत आदतों के कारण गंगा के पवित्र जल को दूषित बना देते हैं। आज गंगा और यमुना का पानी प्राणियों के आचमन तक के लिए उपयुक्त नहीं रहा। लंदन में टेम्स नदी का जल दूषित था, उसकी बदबू वहाँ की संसद् में महसूस की जाती थी, आज उसका जल स्वच्छता की मिसाल है। जीवन में स्वच्छता को अपनाकर 80 प्रतिशत से अधिक बीमारियों से बचा जा सकता है। झूठे गिलास से पानी लेना हमारे यहाँ एक आम बात है,

जो कि खतरनाक है, जो हमें बीमारियों की ओर प्रेरित करती हैं।

राष्ट्रपिता महात्मा गांधी के लिए साफ-सफाई देश की आजादी से भी अधिक जरूरी थी उनका मानना था कि यदि अगर उन्हें एक दिन के लिए भारत का वायसराय बना दिया जाए तो उसके बाद भी वह वाल्मीकि समुदाय की गंदी बस्तियों को साफ करना पसंद करेंगे। उनका लोगों से कहना था कि यदि खुले में शौच करना है तो हर व्यक्ति अपने साथ छोटी खुर्पी अवश्य रखे। उनका कहना था कि स्वच्छता का मतलब परमात्मा के करीब होना है।

अस्वच्छता के संबंध में कहा जा सकता है कि 'माना अँधेरा बहुत घना है, पर किसने कहा कि दीपक जलाना (स्वच्छता अभियान चलाना) मना है। भारत सरकार के पंचायती राज मंत्रालय की एक रिपोर्ट में बताया गया है कि शौचालय रहित 1200 आबादी वाले एक गाँव में प्रत्येक व्यक्ति को रोजाना एक-दूसरे के अपशिष्टों के लगभग 3 ग्राम (मल-मूत्र---एक चॉकलेट के बराबर) रोजाना सेवन करना पड़ता है। मानवीय अपशिष्टों में बीमारियाँ फैलाने वाले रोगाणु बड़ी संख्या में होते हैं, जो हवा, मक्खियों, तरल पदार्थ, पैरों, उँगलियों, खेतों, जानवरों और वाहनों के जरिए मानव तंत्र में और भोजन में प्रवेश कर जाते हैं।

सर्वेक्षण पर आधारित एक रिपोर्ट बताती है कि शौचालय की सुविधा वाले 40 प्रतिशत से ज्यादा परिवारों में घर का कोई-न-कोई सदस्य खुले में ही शौच जाना पसंद करता है, लेकिन जिनकी मानसिकता शौचालय के प्रयोग की न हो उन्हें शौचालय के प्रयोग के लिए कैसे जागरूक किया जाए यह एक गंभीर चुनौती है।

हमारे प्रधानमंत्री नरेंद्र मोदी महात्मा गांधी की 150वीं जयंती वर्ष 2019 को स्वच्छ भारत के रूप में समर्पित करना चाहते हैं। यह तभी संभव है, जब देश का प्रत्येक नागरिक स्वच्छता कार्य को अपने जीवन का आधार बनाए। अमरीका के पूर्व राष्ट्रपति बराक ओबामा तथा विश्व के अन्य प्रमुख व्यक्तियों ने मुक्तकंठ से मोदीजी के इस स्वच्छता अभियान की प्रशंसा की है।

प्रधानमंत्री नरेंद्र मोदी का यह नारा स्वच्छता के संदर्भ में कितना सार्थक

है कि देवालय से पहले शौचालय बनाएँ। प्रधानमंत्री मोदी के अभियान में 2019 तक 11 करोड़ शौचालय बनाने का लक्ष्य रखा गया है, यानी हर रोज 60 हजार टॉयलेट या यूँ कहें कि एक सेकंड में एक शौचालय। इस समय भारत की आधी आबादी के घरों में शौचालय की व्यवस्था नहीं है। गुजरात सरकार का यह निर्णय स्वागत योग्य है कि जिसके घर में शौचालय नहीं होगा, वह व्यक्ति पंचायत का चुनाव नहीं लड़ सकेगा। खुले में शौच एक राष्ट्रीय अपराध माना जाना चाहिए।

- एक बार दिल्ली में रूस के प्रधानमंत्री बुल्गानिन एवं वहाँ की कम्युनिस्ट पार्टी के मुखिया निकेता ख्रुश्चेव भारत आए। उन्हें ट्रेन से सफर करना था। उस समय के तत्कालीन प्रधानमंत्री पंडित नेहरू ने रेल पटरी के सहारे पुलिस वाले खड़े करवा दिए, जिससे कोई व्यक्ति खुले में शौच करता हुआ, उन्हें दिखाई न दे। इसके पीछे उनका यह दृष्टिकोण था कि विदेशियों के समक्ष देश की प्रतिष्ठा धूमिल न हो।
- प्रधानमंत्री नरेंद्र मोदी का कहना है कि गंदगी के कारण औसतन 7000 रुपए प्रति व्यक्ति खर्च होता है, यदि 3 लोगों का परिवार है तो यह 21000 रुपए मासिक हो जाएगा।
- संयुक्त राष्ट्र की रिपोर्ट के अनुसार खुले में शौच करने के मामले में भारतीय अव्वल हैं। भारत में करीब 59.7 करोड़ लोग खुले में शौच करते हैं।
- दुनिया भर की कुल आबादी का छटा हिस्सा, यानी लगभग 1 अरब लोग खुले में शौच करते हैं।
- नि:संदेह स्वच्छ भारत ही उत्तम भारत और उत्पादक भारत बन सकता है। इसे विश्व के सबसे संपन्न एवं दानी व्यक्ति अमरीका के बिल गेट्स ने भी स्वीकार किया है।
- सर्वेक्षण बताता है कि जिन घरों में शौचालय है, उनमें से 88 प्रतिशत में अपने कल्याण और बेहतरी की भावना बढ़ी है तथा उनकी

महिलाएँ अपने आप को अधिक सुरक्षित महसूस करती हैं।

- इस संदर्भ में भारत सरकार द्वारा चलाए जानेवाले स्वच्छ भारत अभियान के लिए 62 हजार करोड़ रुपए रखे गए हैं।
- इस सत्र में भारत सरकार द्वारा संचालित स्वच्छता अभियान में कर्नाटक ने भारत में प्रथम स्थान प्राप्त किया है। इसके लिए वहाँ के जागरूक नागरिक बधाई के पात्र हैं।
- भारतीय शहरों में चंडीगढ़ स्वच्छता की दृष्टि से प्रथम तथा मैसूर द्वितीय स्थान पर है।
- स्वच्छ देशों में स्विट्जरलैंड, नॉर्वे विश्व में सबसे ऊपर हैं।
- वियतनाम और क्यूबा जैसे छोटे देशों ने स्वच्छता के क्षेत्र में उल्लेखनीय काम किया है।
- थाईलैंड और वियतनाम के बीच एक छोटा सा देश है लाओस। आबादी महज 65 लाख। बेहद गरीब। वहाँ स्वच्छता के क्षेत्र में महिलाओं ने श्रेयस्कर भूमिका निभाई। आज लाओस स्वच्छता की दृष्टि से दुनिया का आदर्श देश है। उसे स्वच्छ बनाने में वहाँ की महिलाओं को इसका श्रेय जाता है।
- हम सिंगापुर आदि देशों पर दृष्टि डालते हैं तो ज्ञात होता है कि वहाँ गंदगी फैलाने पर जुर्माना लगता है।
- सफाई की दृष्टि से भारत का स्थान विश्व में 123वाँ है तथा चीन 121वें स्थान पर है।
- हमारे यहाँ शवों के खुले में जलाने से फैलने वाले प्रदूषण को विद्युत् शवदाह गृह के माध्यम से कम किया जा सकता है।
- स्वच्छ भारत के अभियान के अंतर्गत हमें रासायनिक खेती की जगह जैविक खेती को बढ़ावा देना होगा।
- हमारे यहाँ पोलिथिन की थैलियों पर रोक प्रतीकात्मक है। 80 प्रतिशत पोलिथिन की वजह से गंदगी फैलती है। अमरीका में कैलिफोर्निया एक मात्र ऐसा राज्य है, जहाँ प्लास्टिक बैग पर रोक लगा दी गई है।

- हम सार्वजनिक स्थानों के थूक से गंदा करते हैं तथा ऐतिहासिक इमारतों, सार्वजनिक शौचालयों, ट्रेन के डिब्बों में अश्लील बातें लिखकर आखिर दुनिया को हम क्या संदेश देना चाहते हैं। भारत के अंतिम ब्रिटिश वायसरॉय लार्ड माउंटबेटन की पत्नी लेडी माउंटबेटन जब लाल किला (दिल्ली) देख रही थी तो उन्होंने उसकी दीवारों पर लिखे अक्षरों के बारे में गॉइड से पूछा तो उसे बताने में शर्मिंदगी हुई।
- भारत के बारे में विदेशी सैलानी की यह टिप्पणी कि यहाँ हर एक कौने में मूत्रालय है, बिल्कुल सही है। एक बार अमरीका घूम कर आए एक प्रोफेसर साहब से एक पत्रकार ने पूछा कि वहाँ आपको कैसा लगा तो उनका कहना था—भाई हमें तो अपना देश ही अच्छा लगता है, क्योंकि भारत में कहीं भी पेशाब कर सकते हैं। अमरीका में न तो ऐसे पेशाब कर सकते हैं और न कूड़ा ही फेंक सकते हैं।
- जापानियों की जीवनशैली 82.5 वर्ष है। वह उनकी स्वच्छता संबंधी आदतों के कारण है, जबकि भारत की 2014 की जनगणना के अनुसार जीवनशैली 69.6 वर्ष है।
- भारत को स्वच्छता के क्षेत्र में ऐसी सोच की महिलाओं की आवश्यकता है जैसा कि महाराष्ट्र में वहाँ की एक महिला द्वारा शौचालय बनवाने के लिए अपना मंगलसूत्र बेच दिया था। इस महिला का कहना था कि आभूषणों की तुलना में शौचालय एक बुनियादी जरूरत है।
- बॉलिवुड के महान् अभिनेता अमिताभ बच्चन को स्वच्छता अभियान का ब्रांड अंबेसडर बनाया गया है। उनका कहना है कि यदि उनका चेहरा और आवाज इस नेक काम में मदद कर पाए तो उन्हें गर्व होगा। स्वच्छ भारत, स्वस्थ भारत/दीर्घ जीवी भारत।
- हाथ साफ रखने के एक अभियान कार्यक्रम में बॉलीवुड अदाकारा काजोल के साथ यूनाइटेड नेशन में भारत के स्थायी प्रतिनिधि अशोक

मुखर्जी को जोड़ा गया है। गंदगी, कचरा, प्रदूषण ये ऐसी चीजें हैं, जिनके निस्तारण के बिना भारत कभी भी विश्व स्तर पर अपनी प्रतिष्ठा स्थापित नहीं पर सकता।

अत: यह कहा जा सकता है कि उपरोक्त उल्लिखित स्वच्छता संबंधी यदि बातों को हम अपने जीवन का भाग बना लें तो भारत दुनिया के आदर्श देशों में अपना विशिष्ट स्थान बना सकता है, तभी हम दीर्घजीवी होने के क्षेत्र में विश्व के उन्नत देशों की श्रेणी में गिने जा सकते हैं। हम सभी समाज बंधुओं का देश के एक नागरिक के नाते से कर्तव्य बनता है कि इस पुनीत यज्ञ में अपनी आहुति दे एक आदर्श राष्ट्र के निर्माण में प्रतिज्ञाबद्ध हो अपनी श्रेयस्कर भूमिका निभाएँ।

□

49

दुनिया में लंबी उम्र वाले लोगों की जीवनशैली

कई देश ऐसे हैं, जहाँ लोगों की औसत उम्र अधिक है। इसमें महत्त्वपूर्ण भूमिका वातावरण और जीवनशैली की होती है। उसमें व्यायाम जरूरी बताया गया है। ऐसे लोग, जो कठोर परिश्रम करते हैं, उनके संबंध में माना गया है कि वे ज्यादा जिंदगी जीते हैं। पर्यावरण का भी उम्र से संबंध है। लंबी उम्र के संबंध में तनाव को महत्त्वपूर्ण कारण माना गया है। जिन देशों में लोगों की जीवनशैली तनावमुक्त होती है, वहाँ भी लोग ज्यादा जीते हैं यथा—

जापान—यह देश सबसे अधिक उम्र वाले लोगों के लिए जाना जाता है, यहाँ के लोगों की औसत उम्र विश्व स्वास्थ्य संगठन की एक रिपोर्ट के अनुसार 84 वर्ष है, जो विश्व में सर्वाधिक है, जबकि ऐसे लोगों की संख्या ज्यादा हैं, जो 86 वर्ष तक जीते हैं। अच्छी खुराक, सक्रिय जीवनशैली और पारिवारिक मूल्य व संस्कृति लंबी उम्र का कारण है।

अमेरिका—अमेरिकी विश्व में आयु की दृष्टि से दूसरे नंबर पर आते हैं, जो 77 वर्ष आयु तक जीते हैं इसका कारण उनकी जीवनशैली है। व्यक्ति की आयु के निर्धारण में परंपरागत भोजन आचार-व्यवहार, शिक्षा, बुद्धि तत्त्व विशेष महत्त्व रखते हैं।

सिसिली (इटली)—यहाँ 100 वर्ष की आयु जीने वालें की संख्या काफी है। इनकी इस आयु का रहस्य लोगों की जीवनशैली और खान-पान

ही मुख्य कारण बताया गया है। शतकवीरों की उम्र का राज यही है कि वे शारीरिक तौर पर अपने को सक्रिय रखते हैं।

सिंगापुर—जापान के साथ-साथ सिंगापुर में भी लोगों को कठोर परिश्रम वाला माना गया है। यहाँ औसत उम्र 60 वर्ष बताई गई हैं, इसके अतिरिक्त लोग अपनी जीवनशैली में व्यायाम को भी महत्त्व देते हैं। संभवत: यही कारण है कि उनकी औसत उम्र अन्य देशों की तुलना में अधिक पाई गई है।

फ्रांस—दक्षिणी यूरोप में ज्यादा उम्र जीने वाले लोगों की श्रेणी में फ्रांस का भी दूसरा स्थान है। यहाँ बुजुर्गों की औसत आयु 60 से 85 वर्ष तक मानी गई है। विशेषज्ञों ने इसका कारण खुली हवा में जीने वाली संस्कृति और तनावमुक्त जीवनशैली को प्रमुख माना है।

स्पेन—इस देश में भू-मध्यसागरीय संस्कृति वाली डाइट को संस्कृति के साथ जोड़ा गया है। लोगों की जीवनशैली भी पर्यावरण से जुड़ी है। पारिवारिक सभ्यता और उसके मूल्यों को अधिक महत्त्व दिया जाता है, समझा जाता है कि इन्हीं कारणों से यहाँ के लोग औसत रूप से 60 से 85 वर्ष तक जीते हैं।

इटली—यहाँ लोगों की दिनचर्या खुशनुमा होती है। उसमें भी डाइट और जलवायु का विशेष महत्त्व है। इसके अतिरिक्त बाहरी गतिविधियाँ लोगों को स्वस्थ बनाए रखने में सहायक होती है। यहाँ बुजुर्गों की सेहत अन्य देशों की तुलना में ज्यादा अच्छी होती है।

न्यूजीलैंड—इस देश के हैल्थ इन्फ्रास्ट्रक्चर के लिए श्रेष्ठ माना गया है। शोध के अनुसार यहाँ लोग बाहरी गतिविधियों को ज्यादा प्राथमिकता देते हैं। इसके अतिरिक्त परिवहन के लिए शहरों में साइकिल को बढ़ावा दिया जाता है, जिससे पर्यावरण के साथ-साथ लोगों के स्वास्थ्य पर अच्छा असर होता है।

ऑस्ट्रेलिया—यूनिवर्सल हैल्थ केयर सिस्टम में ऑस्ट्रलिया अग्रणी है। सरकार के स्तर पर भी ऐसे प्रयास किए जाते हैं कि विशेष रूप से बुजुर्ग अपने स्वास्थ्य के प्रति सजग रहें। इस प्रचार को वहाँ अभियान के तौर पर लिया गया है, जिसका लाभ सभी को मिलता है।

अंडोरा—स्पेन के पड़ोसी देश अंडोरा में भी बुजुर्गों की औसत उम्र ज्यादा है। इसका कारण वातावरण, सामान्य जीवनशैली और डाइट है। इनके चलते वहाँ के बुजुर्गों को स्वास्थ्य की दृष्टि से बेहतर माना गया है। यहाँ पैदल चलना लोगों कीं सामान्य दिनचर्या का हिस्सा है, जिससे वे स्वस्थ रहते हैं।

□

50

धूम्रपान द्वारा जीवन के घटते पल

हमें उन चेतावनियों को कभी ओझल नहीं करना चाहिए, जिनका संबंध हमारी आयु को घटाता है। ज्यों-ज्यों सभ्यता का विकास हुआ। समाज में आर्थिक समृद्धि आई, त्यों-त्यों हम कुछ ऐसे चक्रव्यूह में फँसते चले गए, जो हमारी शारीरिक क्षमता पर विपरीत प्रभाव डालता है, जिनमें धूम्रपान भी एक हैं।

टी.बी. पर ऐसे विज्ञापन नहीं दिखाए जाने चाहिए, जो हमारे कोमल मस्तिष्क को इस दिशा में प्रभावित करने की क्षमता रखते हो। धूम्रपान केवल पीने वाले की ही आयु को प्रभावित नहीं करता, अपितु वह व्यक्ति भी प्रभावित होता हैं, जो एक के मुख से निकले धुएँ से वह पास बैठा व्यक्ति कैंसर जैसे भयंकर रोग का शिकार बनता है।

तंबाकू धूम्रपान का प्रमुख आधार है। विश्व में 125 करोड़ लोग धूम्रपान करते हैं। इनमें से 4 प्रतिशत विकास शील देशों में है। तंबाकू का सेवन करनेवाले 33 करोड़ भारतीयों में महिलाओ की संख्या 11 करोड़ है।

धूम्रपान करनेवालों की संख्या भारत में 15 करोड़ से अधिक है। धूम्रपान करनेवालों में 19 प्रतिशत सिगरेट पीते हैं तथा 54 प्रतिशत बीड़ी तथा शेष 27 प्रतिशत खैनी का इस्तेमाल करते हैं।

भारत में तंबाकू जनित बीमारियों से हर वर्ष 10 लाख से अधिक लोगों की मौत होती है, यदि इस पर प्रभावी नियंत्रण नहीं लगाया गया तो 2012 तक

मरने वालों को संख्या 30 लाख सालाना होगी, जबकि विश्व में धूम्रपान से प्रतिदिन होनेवाली मौतों की संख्या 11000 है।

तंबाकू के धुएँ में चार हजार ऐसे तत्त्व होते हैं, जो व्याधियों को बढ़ावा देते हैं। इनमें 438 तत्त्व कैंसर जैसे असाध्य रोग को बढ़ाने वाले होते हैं।

नवीनतम शोधो से पता चला है कि एक सिगरेट व्यक्ति की जिंदगी को 11 मिनट कम करती है।

दो पैकिट सिगरेट प्रतिदिन पीने वाले की आयु आठ वर्ष कम हो जाती है। बीड़ी में सिगरेट की तुलना में विषेली गैस दुगनी होती है।

भारत में 10 में से 7 रोगी कैंसर के रोगी होते हैं, जो धूम्रपान या जर्दे का सेवन करते हैं।

तंबाकू के व्यापार से सरकार को लगभग 5500 करोड़ का वार्षिक राजस्व प्राप्त होता है, लेकिन तंबाकू से पीड़ित व्यक्तियों के इलाज पर उसे 13,500 करोड़ रुपए से भी अधिक व्यय करने पड़ते हैं।

बहुत से देशों में धूम्रपान को प्रतिबंधित किया गया है। केंद्र शासित राज्य चंडीगढ़ में धूम्रपान पूर्णतया प्रतिबंधित है।

एक व्यक्ति की हत्या करने पर हत्यारे को फाँसी पर चढ़ा दिया जाता है, लेकिन अनेक लोगों को कैंसर जैसे प्राण घातक रोग की तरफ धकेलने वाले बीड़ी, सिगरेट और गुटखे बनाकर बेचने वालों पर मात्र कुछ राजस्व के लालच में सरकार का उन्हें वरदहस्त प्राप्त हो जाता है।

यदि एक व्यक्ति प्रतिदिन 25 रुपए की सिगरेट पीता है तो वह एक वर्ष में 9125 रुपए की सिगरेट पी जाता है। यदि ऐसा व्यक्ति अपनी उम्र के 40 वर्षों तक इस प्रकार धूम्रपान करे तो चालीस वर्षों में 3 लाख 65 हजार रुपए की सिगरेट पी जाएगा। यदि वही व्यक्ति इस रकम को धूम्रपान से फूँकने के बजाय प्रति वर्ष बचाकर ब्याज पर लगाता तो 40 वर्ष बाद वह रकम ब्याज सहित कम-से-कम 58 लाख रुपए हो जाती, क्योंकि सभी जानते हैं कि ब्याज पर लगी रकम में 20 वर्ष में 16 गुनी हो जाती है।

□

51

दीर्घ जीवन के गुण सूत्र

अंग्रेजी की एक कहावत है, जो कि हमारे दीर्घ जीवन से संबंधित है—Early to rise early to bed makes a man healthy wealthy and wise और अंग्रेजी की एक अन्य कहावत भी है—Health is Wealth if Wealth is lost Nothing is lost if Health is lost Everything lost. दीर्घ जीवन हमारे नित्य प्रति के क्रियाकलाप पर निर्भर है। स्वस्थ जीवन ही हमारे सुंदर भविष्य की आधार शिला है।

यदि कोई शतायु होने का आशीर्वाद देता है तो यह अब अखरता है, हम किसी के प्रति शुभकामना व्यक्त करें तो हम उसके दीर्घ जीवन की कामना करें। ऐसे अनेक उदाहरण है, जब किसी व्यक्ति ने 90 से 100 साल की आयु भोग कर स्वर्गारोहण किया है अथवा पिछले दिनों कम्युनिस्ट पार्टी के एक प्रमुख राजनेता ए.बी. वर्धन का 92 वर्ष की आयु में देहांत हुआ। स्थल सेना के प्रधान सेनापति ओम प्रकाश मल्होत्रा का 95 वर्ष की आयु में देहांत हुआ।

टी.वी. पर झंडु च्यवनप्राश के विज्ञापन में मिल्खा सिंह का गर्व से कहना कि मैं 84 वर्ष का हो गया हूँ तथा पूर्णतया स्वास्थ्य की दृष्टि से फिट हूँ। राजनेताओं में अटल बिहारी बाजपेयी (91) पूर्व प्रधानमंत्री, अच्युतानंदन पूर्व मुख्यमंत्री, केरल (86), करुणा निधि, तमिलनाडु (91) ओम प्रकाश चौटाला (80), लालकृष्ण आडवाणी, पूर्व गृह मंत्री (87), मोतीलाल वोरा, कोषाध्यक्ष काग्रेस (87), मुख्यमंत्री प्रकाश सिंह बादल (88), तरुण गोगोई, असम (79), वीरभद्र सिंह, हि.प्र. (81) आदि अधिक आयु में भी सक्रिय

हैं। फिल्म अभिनेता दिलीप कुमार भी शतायु की ओर अग्रसर हैं। यदि दीर्घ जीवन जीना चाहते हैं तो निम्न गुण सूत्रों को जीवन में उतारना होगा—

- दालों का खाने में प्रयोग करें। दालों से फाइबर मिलता है तथा दिल का खतरा कम हो जाता है। रक्त प्रवाह में मद्दगार, पाचन तंत्र में मजबूती, रोग-प्रतिरोधक शक्ति बढ़ना आदि गुण है।
- भूख लगने पर सोच-समझकर खाना खाएँ, इससे रक्त शर्करा स्तर भी सामान्य रहेगा। अधिक खाने से आदमी मरता है, कम खाने से कोई नहीं मरता। ऐसा जापान में चूहों पर की गई खोज से पता लगा है।—देर रात खाने से बचें, थोड़ा खाने वाले आरोग्य, आयु, बल, सुख, सुंदर संतान, सौंदर्य प्राप्त करते हैं।
- भोजन के तुरंत बाद चाय या पानी नहीं पीना चाहिए—भोजन के एक घंटे पश्चात् मीठा व फल खाने से पाचन तंत्र अच्छा होता है।
- रात्रि को दही, सत्तू, तिल एवं गरिष्ठ भोजन नहीं करना चाहिए। दूध के साथ नमक, दही, खट्टे पदार्थ, कटहल का सेवन नहीं करना चाहिए। शहद व घी का समान मात्रा में सेवन नहीं करना चाहिए। दूध-खीर के साथ खिचड़ी नहीं खानी चाहिए।
- हैल्थ वर्ल्ड के अनुसार 5 ग्राम सोयाबिन, 2 चम्मच मेथी दाने, 50 ग्राम इसबगोल, 2 आँवले, 4 कलियाँ लहसुन, चना का प्रयोग कोलेस्ट्रोल को नियंत्रण करने के साथ रक्त प्रवाह—ऑक्सीजन का प्रवाह सुचारु बनाने में सहायक है। लंदन यूनिवर्सिटी के विशेषज्ञों ने भी माना है कि इनसे हृदय रोगों की आशंका 88 प्रतिशत तक कम हो जाती है।
- अमरूद का प्रयोग सुबह-शाम करने से कई रोग तथा कब्ज आदि दूर रहते हैं।
- पानी स्वास्थ्य के लिए परम आवश्यक है। लगभग 3 लीटर (8 गिलास) पानी पुरुष तथा महिला के लिए 2.2 लीटर पानी की जरूरत होती है। पानी घूँट-घूँटकर पीएँ, गटके नहीं तथा बैठकर

पीएँ। एक साथ एक गिलास से अधिक नहीं पीए। 1/2-1 घंटे बाद पीएँ।

- खाने के तत्काल बाद पेशाब जरूर जाएँ। पेशाब बैठकर करें। खड़े होकर करने से बल्डपेशर बढ़ता है।
- शोच के बाद छोटे बच्चों को पकड़ने से पहले—हाथ मिलाते समय किसी चोट पर दवा लगाने के बाद तथा बीमार व्यक्ति से मिलने के बाद—खाने से पूर्व तथा खाने के बाद अपने हाथों को अच्छी तरह धोना चाहिए।
- हाथों के बढ़े हुए नाखुनों को समय-समय पर काट देना चाहिए। बढ़े नाखूनों में गंदगी रहने से बीमारी को बढ़ावा मिलता है।
- ज्यादा अदरक का प्रयोग हमारी पाचन क्रिया को प्रभावित करता है। पेट संबंधी रोगों को बढ़ावा मिलता है तथा एसिडिटी-अनिंद्रा-पित की पथरी-डायबिटीज की समस्या बढ़ सकती है।
- पीपल के 2 या तीन पत्तों को दूध में उबाल कर इसमें चीनी डालकर खाँसी-जुकाम से राहत मिलती है तथा पीपल के पत्ते का रस कान में डालने से दर्द में राहत मिलती है।
- नाश्ते में हरी सब्जी—फल, अंकुरित मोठ, चना, चपाती-दाल, दूध और दही का प्रयोग करें। खाली पेट घर से न निकलें।
- दिन में कम-से-कम 3 बार खाना अवश्य खाएँ। रोजाना खाली पेट एक सेब खाने से पेट की समस्याएँ दूर होती हैं।
- अजवाइन चबा कर प्रयोग करें तथा एक कप गरम पानी पी लें। इससे बार-बार पेशाब की शिकायत होने के साथ उदर विकार की समस्या नहीं रहती।
- चोकरयुक्त आटे का प्रयोग करें तथा हरी सब्जियाँ तथा तोरई, पालक्र कद्दू, टिंडा, शलगम, आँवला, नीबू, पुदीना आदि का सेवन करना चाहिए।
- अदरक युक्त एक कप चाय या हरी चाय का प्रातः प्रयोग करने से

पाचन तंत्र ठीक रहता है।

- पपीता का रोज प्रयोग करें, क्योंकि इसमें फाइबर अधिक होता है।
- प्रातः एक पाव दूध तथा 2 व 3 केले खाने से बल मिलता है।
- पीपल—वटवृक्ष के नीचे भोजन नहीं करना चाहिए, जूते पहनकर खड़े होकर, सिर ढक कर भोजन नहीं करना चाहिए।
- भोजन पूर्व और उत्तर दिशा की ओर मुँह करके ही करना चाहिए। पश्चिम दिशा की ओर किया हुआ भोजन खाने से रोग वृद्धि होती है। दक्षिण दिशा की ओर किया भोजन प्रेत को प्राप्त होता है।
- एक समय भोजन करता है, वह योगी और दो समय करता है, उसे भोगी कहा गया है।
- एक प्रसिद्ध लोकोक्ति है कि सुबह का खाना स्वयं खाओ, दोपहर का खाना दूसरों को दो और शाम का खाना दुश्मन को दो।
- भोजन के समय मौन रहें। रात्रि में भर पेट न खाएँ।
- सबसे पहले मीठा, फिर नमकीन अंत में कड़वा खाना चाहिए।
- नित्य सर्दी में कुनकुने पानी से नहाना स्वास्थ्य के लिए लाभदायक है तथा सर्दी के दिनों में कुनकुने पानी का पीने में प्रयोग करें।
- मल-मूत्र विसर्जन में आलस्य नहीं करना चाहिए। रात को सिर ढक कर सोना भी उचित नहीं होता।
- बादाम स्वास्थ्य के लिए अच्छा होता है। रोज 14 ग्राम बादाम खाने से वयस्क व बच्चों के स्वास्थ्य में सुधार होता है।
- नीम व बबूल की दातुन का प्रयोग करें।
- स्वस्थ रहने के लिए नारियल पानी, पपीता, अनार, सेब, ऐलोविरा (ग्वार पाठा) के रस के अतिरिक्त सूप का प्रयोग करें।
- हल्दी का प्रयोग खान-पान के साथ दूध के साथ एक चम्मच हल्दी का नित्य प्रयोग करें। जुकाम में हल्दी का प्रयोग लाभदायक है।
- सुबह उठने से पहले हथेलियाँ रगड़नी चाहिए और हथेलियों को अपनी आँखों पर रखना चाहिए, इससे जब हथेलियाँ रगड़ते हैं तो सभी

नाड़ियाँ सक्रिय हो जाती हैं और शरीर तत्काल सजग हो जाता है।

- आप सिर पूर्व दिशा में रखकर सोएँ। पूर्व दिशा सबसे अच्छी जगह है, फिर पश्चिम चलेगा अगर कोई विकल्प नहीं तो दक्षिण भी चलेगा। उत्तर बिल्कुल नहीं।
- दाईं करवट धीरे से उठें। उठने के साथ 1-2 मिनट पैर जमीन पर लटका कर रहें। तब जाएँ।
- ज्यादा मीठा और नमकीन खाने से परहेज करें। चीनी का अधिक प्रयोग स्तन कैंसर का कारण बनता है।
- विटामिन डी बेहद जरूरी है। हर रोज सुबह 10.00 बजे से पहले और सायं 4.00 बजे के बाद 40 मिनट धूप में बिताएँ।
- सर्दी में पैरों में जुराबें पहने।
- सौंफ व इलाइची का प्रयोग भोजन के बाद करें।
- गाजर का सर्दी के दिनों में प्रयोग करें। क्योंकि इसमें सभी प्रकार के पोषक तत्त्व मिलते हैं तथा यह एक प्राकृतिक औषधि है।
- दिन में 30 ग्राम (7 चम्मच के बराबर) से अधिक चीनी का प्रयोग न करें।
- आधा चम्मच अश्वगंधा का सोते समय दूध के साथ प्रयोग करें।
- हिचकी आने पर पुदिनें के पत्ते या नींबू चूस लें।
- केला हजम करने के लिए दो छोटी इलाइची ले लें।
- आम ज्यादा खाने पर उसे हजम करने के लिए थोड़े से नमक का सेवन करें।
- नीबू को बीच से काटने पर उस में 6/7 लौंग घुसा दें, इसे कमरे में रखें मच्छर भाग जाएँगे।
- खाँसी, कान, दाँत दर्द, अपचन में जीरा या हींग 1/1-2 ग्राम में सेवन करें, दाँत दर्द हींग फाहे में लपेट कर दर्द की जगह रखें।
- दिन में 4 कप चाय सेहत के लिए अच्छी है तथा ऐसा अमेरिका के डॉक्टरों ने इस साल के शोध से पता लगाया है।

- अल्जाइमर (स्मृति लोप) से मुक्ति के लिए तेज चलें।
- सौंफ, जीरा, धनिया—सब एक-एक चम्मच लेकर एक गिलास पानी में उबाल कर काढ़ा बनाएँ। आधा पानी गिलास में बच जाने पर उसमें एक चम्मच गाय का घी मिलाकर सुबह-शाम पीएँ। खूनी बवासीर में रक्त गिरना बंद हो जाता है।
- धनिया, जीरा, चीनी—तीनों को बराबर मात्रा में मिलाकर सेवन करने से एसिडिटी खत्म हो जाती है।
- गरम दूध, शहद मिलाकर पीने से पाचन शक्ति, तनाव मुक्ति, हड्डियों का मजबूत होना तथा नींद पाने के लिए सर्वोत्तम साधन है।
- आलू के प्रयोग से डायबिटीज का खतरा रहता है। उड़द की दाल, चावल का प्रयोग स्वास्थ्य की दृष्टि से हानिकारक है।
- हरी बींस खाकर आप अपने को कई बीमारियों के साथ डायबिटिज-कैंसर से बचा सकते हैं।
- नए शोध में पता चला है कि भोजन अच्छी तरह चबाने का संबंध न केवल पाचन क्रिया से अपितु मस्तिष्क की स्मरण शक्ति बढ़ने से भी है।
- उपवास से विकारों का नाश होता है।
- सोते समय तकिया प्रयोग न करना हितकर है।

□

52

मानव योनि की सर्वश्रेष्ठता

मानव सत और मनु की संतान है। वे आदिपुरुष हैं। सृष्टि की रचना से पूर्व मानव का कोई अस्तित्व नहीं था और शनैः-शनैः मानव जाति का विकास हुआ—मानव योनि सबसे दुर्लभ योनि है। जिसके बल पर मानव विकास का महल खड़ा है। मानव सभ्यता के विकास के साथ मानव योनि उत्तरोत्तर अपना विस्तार लेती गई।

यह मानव योनि सर्वश्रेष्ठ योनियों में गिनी जाती है। यदि मानव जाति का उदय नहीं हुआ होता तो सृष्टि की कल्पना कीजिए। तब वह निर्जन वन में अस्तित्व हीन होती।

सर्व प्रथम भगवान् का भक्त त्रैलोक्य में कहीं भी रहेगा, आनंद से रहेगा। भला जो सर्वशक्ति है, वह अपने भक्त को कैसे दुःखी देख सकेगा।

अपनी श्रद्धा भक्ति और विश्वास के द्वारा भगवान् के प्रति समर्पित होकर एक बार भगवान् की कृपा प्राप्त कर लेने की आवश्यकता है। फिर तो भगवान् स्वयं सब देखभाल रखते हैं, उनसे प्रार्थना करने की आवश्यकता नहीं पड़ती।

मन गोंद के समान है, जहाँ लगाओ, वहीं चिपक जाता है। व्यवहार में मन को विचारपूर्वक लगाना चाहिए। किस स्थान में मन कितना लगाया जाए, यह अवश्य विचार कर लेना चाहिए। मुख्य बात यही है कि व्यवहार में मन कम लगाया जाए और परमार्थ में अधिक। व्यवहार में यह भी ध्यान

रखना चाहिए कि जहाँ तक हो सके शास्त्रानुकूल ही व्यवहार किया जाए और मन का बहुत थोड़ा अंश उसमें लगाया जाए। मन से भीतर-भीतर परमात्मा का चिंतन करते चलेंगे तो व्यवहार भी सुंदर रहेगा और परमार्थ भी उज्ज्वल बनेगा।

शास्त्रानुकूल मर्यादानुसार विषय भोग किया जाए तो उससे उतनी हानि की शंका नहीं होती, परंतु यदि भोग वासना से प्रेरित होकर प्राणी मन को सदा विषय चिंतन में लगाए रहेगा तो उसका अंत:करण दुर्बल पड़ जाएगा और मानसिक शक्ति क्षीण होती जाएगी। जीवन बोझ हो जाएगा और लोक-परलोक कहीं न रहेगा, इसलिए व्यक्ति को चाहिए कि वह विषयों से बचें, परंतु उससे अधिक उसके मन को विषयों से बचाना आवश्यक है।

'मन के हारे हार है, मन के जीते जीत'। मन यदि पराजित हो गया, मन पर यदि विषयों का कब्जा हो गया तो जीवन ही विषयाधीन हो जाएगा। विषयाधीन जीवन, परवश जीवन, दु:खद ही रहता है। यदि विषय मन के अधीन रहेगा तो विषयों को जीतने वाला मन विजेता की भाँति सदा आनंद में रहता है, इसलिए व्यक्ति को चाहिए कि वह विजेता बनकर रहे, स्वतंत्र रहे, स्वतंत्रता में जीवन की सार्थकता है। अत: व्यक्ति विषयों के चिंतन से मन को बचाए।

सारी बात मन के ऊपर ही निर्भर है। मन जैसा चाहता है वैसा ही मनुष्य कार्य करता हे। प्रवृत्ति भी सबकुछ मन पर ही निर्भर हे। विदित-अविदित कोई भी कैसा कार्य हो, यदि मन ने करने का निश्चय कर लिया तो वह उसका रास्ता निकाल ही लेता है। मन जितना पवित्र होगा, प्रवृत्ति भी उतनी ही पवित्र होगी और कार्य उतने बलशाली तथा स्थायी होंगे। मन जितना मलिन और अपवित्र होगा, प्रवृत्ति उतनी ही दूषित होगी और कार्य भी उतने बुरे तथा उतने ही अस्थायी महत्त्व के होंगे।

इसलिए लौकिक और परलौकिक सब प्रकार की उन्नति के लिए मन को पवित्र रखना और उसकी पवित्रता बनाए रखना और बढ़ाते रहना आवश्यक है। इसलिए सत्संग करना और कुसंग से बचना, नित्य स्वाध्याय

करना, आहार-शुद्धि का ध्यान रखना, भगवान् का भजन-पूजन जप-ध्यान करना, सत्य व अहिंसा आदि का पालन करना, सदाचार का पालन करना और अपने को सदा मर्यादा के अंदर ही रखना आवश्यक है।

मनुष्य का शरीर दुर्लभ है यही शास्त्र कहता है। इसका अर्थ यह नहीं कि दुर्लभ शरीर मिला है तो अधिक-से-अधिक धन एकत्रित कर लिया जाए, और अधिक-से-अधिक पुत्र, पौत्रादि उत्पन्न किए जाएँ और अधिक-से-अधिक विषय भोग किया जाए। मनुष्य शरीर दुर्लभ है इसलिए कि कर्म योनि है और अन्य पशु-पक्षी, कीट-पतंगा आदि की योनियाँ भोग योनियाँ हैं।

कर्म योनि अर्थात् मनुष्य शरीर से जीव जो कर्म करता है, उसका हिसाब रहता है और प्रत्येक कर्म का उसे फल भोगना पड़ता है, इसलिए कर्म योनि (मनुष्य शरीर) दुर्लभ है। चौरासी लक्ष भोग योनियों के बाद यह प्राप्त होती है और इसको प्राप्त करके ऐसे कर्म किए जा सकते हैं, जिसके फलस्वरूप जीव का भटकना बंद हो जाए।

भगवान् ने कहा है कि मेरी त्रिगुणात्मिका माया दुरत्यया है अर्थात् पार करने के लिए कठिन है, परंतु जो मेरी शरण में आते हैं वह मेरी इस माया को भी पार कर जाते हैं।

अत: व्यक्ति को विघ्नों के भय से मार्ग नहीं छोड़ना चाहिए। भगवान् सब प्रकार से रक्षा करते हुए अपने समीप बुला लेते हैं। गिरने-गिराने का डर नहीं है, मार्ग पर चलते जाना ही श्रेयस्कर है।

देवता भी मनुष्य शरीर को प्राप्त करने के इच्छुक रहते हैं, क्योंकि मनुष्य योनि सोने के पासे के समान हैं। शुद्ध सोना है, अभी आभूषण नहीं बना है, जितना अच्छा कारीगर मिल जाए, उतना अधिक मूल्यवान आभूषण बना सकता है। यदि कुशल कारीगर (सुयोग्य गुरु) प्राप्त हो जाए तो मनुष्य साक्षात् परब्रह्म परमात्मा हो सकता है और ऐसा होने में ही मनुष्य योनि की सार्थकता है।

□

53

संत-असंत स्वभाव

श्रीरामचरित्र मानस के उत्तराखंड में गरुड़जी काकभुशुंडिजी से पूछते हैं, "कौन सा दुःख सबसे बड़ा है और कौन सा सुख सबसे बड़ा है? आप संत और असंत के मर्म (भेद) को जानते हैं, उनके सहज स्वभाव का वर्णन कीजिए। श्रुतियों में प्रसिद्ध सबसे महान् पुण्य कौन सा है और सबसे भयंकर कौन सा है?"

काकभुशुंडिजी कहते हैं, "हे तात! बड़े आदर के साथ और प्रेम से सुनो। दरिद्रता, अज्ञान से बढ़कर दुःख संसार में कोई नहीं हैं। संसार में जो आसक्ति है, यह सभी दुःखों का कारण है और संत-मिलन के समान जगत् में कोई दूसरा सुख नहीं हैं। मन, वचन, शरीर से दूसरे पर उपकार करना संत का सहज स्वभाव है। संत दूसरे के हित के लिए दुःख सहते हैं और असंत दूसरे को दुःख देने के लिए सबकुछ कहते हैं।"

दुष्ट बिना स्वार्थ के भी दूसरे को हानि पहुँचाता है। जैसे साँप डंक मारता है तो क्या उसको कुछ खाने-पीने को मिलता है? बस, दूसरे के अंदर जहर डालता है। चूहा भी दूसरों का कपड़ा काट देता है तो क्या उसका पेट भरता है? नहीं, वह निरर्थक दूसरों को हानि पहुँचाता है। ओले बरसकर गेहूँ-चने को नष्ट करके स्वयं धरती में मिल जाते हैं। दूसरे का नुकसान किया और स्वयं मिट्टी में मिल गए, दुष्ट का भी जन्म जगत् के अनर्थ के लिए है।

'संत उदय सतत सुखकारी'—संत का उदय, जन्म, अभ्युदय हमेशा

वैसे ही सुखकारी होता है, जैसे चंद्रमा और सूर्य का उदय लोगों के लिए हितकारी है।

'परम धर्म श्रुति विदित अहिंसा'—श्रुति विदित परम धर्म हैं, दूसरे को कष्ट नहीं पहुँचना, जानबूझकर किसी को तकलीफ न देना। दूसरे की निंदा करने से बढ़कर दूसरा कोई पाप नहीं है, जो भगवान् और गुरु की निंदा करता है, वह मेढक होता है। टर्र-टर्र··· जो बहुत करे, लेकिन ऐसी जीभ का क्या होता और क्या न होना। जीभ निंदा करने के लिए नहीं मिली हैं, यह तो भगवद्-गुणानुवाद के लिए मिली है।

ब्राह्मण (ब्रह्म में रमण करनेवाले संत-महापुरुषों) का निंदक बहुत नरक-भोग के बाद कौए का शरीर धारण करके संसार में पैदा होता है और व्यर्थ काँव-काँव करता है, क्योंकि पहले—

सुर श्रुति निंदक जे अभिमानी।
रौरव नरक परहिं ते प्रानी।
होहिं उलूक संत निंदा रत।
मोह निसा प्रिय ग्यान भानु गत।

'जो अभिमानी जीव देवताओं और वेदों की निंदा करते हैं, वे घोर नरक में पड़ते हैं। संतों की निंदा में लगे हुए लोग उल्लू होते हैं, जिन्हें मोहरूपी रात्रि प्रिय होती है और ज्ञानरूपी सूर्य जिनके लिए बीत गया (अस्त हो गया) रहता है।'

जो मूर्ख मनुष्य सबकी निंदा करते हैं, वे चमगादड़ होकर जन्म लेते हैं। □

54

नौकरी में खतरनाक आरक्षण

देश में किसी भी समाज को प्रगति करने से रोकना है तो उसे आरक्षण की बैसाखियों का सहारा प्रदान कर दीजिए। वह समाज अपने आप ही पतन की ओर अपने कदम बढ़ा देगा। वास्तव में देखा जाए तो आरक्षण समाज की धरातलीय प्रगति और विकास का आधार कभी बन ही नहीं सकता, जो लोग आरक्षण के सहारे विकास का सपना देख रहे हैं, वे सभी किसी-न-किसी रूप में अपने समाज की प्रगति और विकास को जाने अनजाने में रोकने का ही काम करते हुए ही दिखाई देते हैं।

कहा जाता है कि प्रतिभाएँ कभी किसी सहारे की तलाश नहीं करतीं। प्रतिभा हमेशा किसी-न-किसी रूप में छलक कर बाहर आ ही जाती है, जो लोग आरक्षण की माँग कर रहे हैं, वे मूलतः अपने समाज की आगामी पीढ़ी के लिए हीनभावना को विकसित करने का मार्ग बना रहे हैं। कौन नहीं जानता कि आज के समय में जिन समाजों की पूर्व से आरक्षण की सुविधा प्राप्त हैं, उन्हें समाज नीची जाति की संज्ञा देता हैं। वास्तव में आरक्षण ऊँच-नीच का भाव पैदा करने का माध्यम है, जो भारत में सांस्कृतिक अवधारणा को खत्म करने जैसा कदम है।

हम यह भी जानते हैं कि जब तक भारत के ताने-बाने में यह ऊँच-नीच का भाव विद्यमान रहेगा, तब तक भारत आगे बढ़ने का मार्ग तैयार करने में असमर्थ ही होगा। अंग्रेजों ने यही तो किया था, यहाँ के समाज में फूट पैदा

करके उन्होंने पूरे देश को ही गुलामी की जंजीरों में जकड़ लिया था। वर्तमान में आरक्षण की माँग करनेवाले लोग सीधे तौर पर समाज में फूट पैदा करने का ही मार्ग तैयार कर रहे हैं। इस प्रकार का काम करनेवाले लोगों को कम-से-कम एक बार तो देश का ख्याल करना चाहिए।

गुजरात में चल रहे आरक्षण आंदोलन के पीछे केवल यही बात सामने आ रही है कि उसमें आरक्षण कम और राजनीतिक उद्देश्य ज्यादा दिखाई दे रहा है। शांति प्रिय गुजरात में उथल-पुथल मचाने के लिए किए जा रहे इस आंदोलन के सहारे किसी को फायदा मिले या न मिले, लेकिन एक दो व्यक्ति नेता जरूर बन जाएँगे। कांग्रेस और आम आदमी पार्टी के नेता के रूप में जाने जा रहे, हार्दिक पटेल वास्तव में पूरे गुजरात में नेता बनने का दिवास्वप्न देख रहे हैं, लेकिन यह बात याद रखनी चाहिए कि देश के सभी वर्गों के आदर के पात्र बने पटेल समाज के मार्गदर्शक सरदार वल्लभ भाई पटेल देश की राजनीति के नीति निर्धारक रहे, क्या उन्होंने कभी आरक्षण का सहारा लिया। गुजरात की मुख्यमंत्री बनी आनंदी बेन पटेल स्वयं पटेल समुदाय से सरोकार रखती थी, यह सब उनकी खुद की प्रतिभा के कारण ही था।

मेरा मानना तो यह है कि देश से आरक्षण की व्यवस्था समाप्त होनी चाहिए, जो व्यक्ति इस प्रकार के आंदोलन करके आरक्षण की माँग करते हैं, उनको यह बात सोचनी चाहिए कि इस प्रकार की माँग के सहारे वे कहीं-न-कहीं समाज की प्रतिभाओं का हनन तो नहीं कर रहे, क्योंकि आरक्षण के सहारे निश्चित रूप से समाज के वे लोग नौकरियों में जाएँगे, जो उन नौकरियों के योग्य ही नहीं है। आरक्षण की माँग करना देश की प्रतिभा के साथ एक मजाक है, अगर यह लोग वास्तव में ही समाज का उत्थान चाहते हैं, तो समाज के अंदर शिक्षा के प्रति जो अलगाव पैदा हो रहा है, उसको दूर करने का सफल प्रयास करना चाहिए। समाज के बालकों की उचित शिक्षा प्रबंधन ही समय की धारा के साथ चलने का सामर्थ्य पैदा कर सकता है।

वास्तव में किसी की प्रतिभा और क्षमता का आंकलन करना है तो उसे संसार में खुला छोड़ दो, प्रतिभाशाली व्यक्ति अपनी अलग पहचान के साथ

पूरी भीड़ में भी दिखाई दे जाएगा। आरक्षण की माँग करनेवाले समाज के पास खुद के बलबूते पर अपनी काबिलियत दर्शाने का जोश नहीं होता। वे अपनी नाकामी को भी समयानुकूल दिखाने का व्यवहार करते दिखाई देते हैं। जहाँ तक गुजरात में चलाए जा रहे आरक्षण के आंदोलन का सवाल है तो सबसे पहले यह जानना जरूरी है कि कहीं इस आंदोलन के माध्यम से राजनीति तो नहीं की जा रही।

यदि आरक्षण देना है तो उसमे हिंदू-मुस्लिम-बौद्ध-जैन-ईसाई आदि वर्गों के नाम पर न देकर मात्र गरीबों/आर्थिक आधार पर दिया जाना चाहिए। आर.एस.एस. के सर संघ संचालक मोहन भागवत का कहना है कि आरक्षण की समीक्षा होनी चाहिए, इसी बात का समर्थन लोकसभा अध्यक्षा सुमित्रा महाजन ने किया है, उनका कहना है कि जातीय आधारित आरक्षण अप्रासांगिक है। संविधान निर्माता डॉ. अबंडेकर ने आरक्षण की व्यवस्था 10 वर्ष के लिए की थी, परंतु वोट की राजनीति के कारण हर बार सभी राजनैतिक दलों के समर्थन के कारण इसे बढ़ाया जाता रहा है। बिना आरक्षण के वियतनाम जैसा छोटा गरीब देश तेजी से 20, 25 वर्षों में विकास की दिशा में आगे बढ़ा है, जो आश्चर्यजनक है। हमारे यहाँ 65 वर्षों के बाद भी दलित और पिछड़ों की हालत जस-की-तस बनी हुई है।

आरक्षण देना देश विरोधी कदम है, क्योंकि आंदोलन के सहारे जो अप्रिय घटनाएँ होती हैं, उससे सरकार का तो नुकसान दिखाई देता है, लेकिन सत्य यह है कि यह हम सबका नुकसान है। राजस्थान में चला जाट-गुर्जर आरक्षण आंदोलन पूरे भारत के सड़क तथा रेल विभाग के आवागमन को प्रभावित कर गया था। आरक्षण आंदोलन के कारण उपजी अव्यवस्थाओं ने कई ट्रेनों तथा सड़क के मार्ग परिवर्तित कर दिए थे। इसमें सीधे तौर पर आम जनता का ही नुकसान हुआ। गुर्जर आंदोलन में 72 गुर्जरों ने अपनी जान गँवाई। जाट और पाठीदार (गुजराती पटेल) जैसी सशक्त जातियाँ आरक्षण माँगती हैं तो लगता है कहीं देश आरक्षण के नाम पर विघटन की ओर तो अग्रसर नहीं हो रहा है।

गुजरात हाईकोर्ट के एक जज का कहना कितना सटीक है कि इस देश

को भ्रष्टाचार और आरक्षण ने विनाश के कगार पर खड़ा कर दिया है। इन आरक्षण ने देश की प्रतिभाओं के देश से पलायन के साथ उचित अवसर न मिलने के कारण आत्महत्या के लिए विवश किया है। पूर्व प्रधानमंत्री वी.पी. सिंह के प्रधान मंत्रित्व काल में पिछड़े वर्ग को आरक्षण दिए जाने के कारण अनेक प्रतिभाओं ने इसके विरोध में आत्मदाह कर लिया, परंतु यहाँ की जातियों आधारित गंदी राजनीति पर कोई प्रभाव नहीं पड़ा। यदि सर्वोच्च न्यायालय ने आरक्षण की 50 प्रतिशत की सीमा के उल्लंघन पर रोक नहीं लगाई होती तो कल्पना कीजिए कि सामान्य वर्ग के प्रतिभावान युवकों का क्या होता ?

यदि देखें तो सभी स्तर पर आरक्षण बंद होना चाहिए। केंद्रीय मंत्री श्रीराम विलास पासवान तथा बिहार के मुख्य मंत्री श्री नीतीश कुमार का कहना कितना घातक है कि निजी व्यवसाय में भी आरक्षण लागू होना चाहिए। बी.एस.पी. नेता मायावती भी जातिगत आरक्षण को बढ़ावा देने की बात करती है। इस आरक्षण से क्या देश की अर्थव्यवस्था पर प्रभाव नहीं पड़ेगा ? अक्षम व्यक्ति को कानूनन प्रोत्साहन का परिणाम उत्पादन में गिरावट के कारण बड़ा भयंकर होगा।

हम जानते हैं कि हमारे देश ने ज्ञान और विज्ञान के क्षेत्र में पूरे विश्व का मार्गदर्शन किया था, इसलिए यह तो कहा ही जा सकता है कि पुरातन काल से ही भारत की भूमि ने प्रतिभाओं को जन्म दिया है। आज जो समाज आरक्षण का लाभ ले रहा है। उनके समाज में उस समय भी प्रतिभा पैदा हुई थी, इसलिए यह तो तय है कि आज भी भारत के अंदर प्रतिभाएँ जन्म लेती हैं; लेकिन हमारा समाज इस सत्य को भूल गया है। यह सब स्वार्थी सोच और मेहनत से जी चुराने का ही परिणाम है। हमारे अंदर सुशुप्तावस्था में जो प्रतिभा विद्यमान है, उसका विकास करने के लिए मार्ग तैयार करना चाहिए।

आरक्षण के सहारे जो व्यक्ति नौकरी प्राप्त करता है, वह सामान्य व्यक्ति के समक्ष अयोग्य ही होता है। इसे एक उदाहरण के साथ समझा जा सकता है। किसी प्रतियोगी परीक्षा में सामान्य वर्ग का परीक्षार्थी अगर 80 प्रतिशत अंक

हासिल करके नौकरी प्राप्त करता है और अगर आरक्षण प्राप्त सभी व्यक्तियों के 25 प्रतिशत से भी कम अंक प्राप्त होते हैं तो नियमानुसार निर्धारित संख्या को उतने प्रतिशत पर भी नौकरी मिल जाएगी। हम जानते हैं कि किसी भी परीक्षा को पास करने के लिए कम-से-कम 33 प्रतिशत अंकों की जरूरत होती है, लेकिन आरक्षण के तहत व्यक्ति अयोग्यता की श्रेणी में होने के बाद भी 80 प्रतिशत वाले के समान नौकरी प्राप्त करने में सफल हो जाते हैं। यह योग्य व्यक्ति के अधिकार को समाप्त करने के समान ही माना जाएगा।

इसे यों भी स्पष्ट किया जा सकता है कि उच्च शिक्षण संस्थाओं (आई.आई.टी.) में 504 में से 31 अंक यानी 6.1 प्रतिशत अंक लाने पर भी प्रवेश दिया गया। विशिष्ट सेवाओं में ऐसी प्रतिभाएँ आनी चाहिए, जो कुशाग्रबुद्धि हो यदि कोई छात्र कम अंक लाकर सीट हासिल करता है तो राष्ट्रीय संसाधनों की बरबादी है। निर्धन वर्ग के छात्रों के लिए आरक्षण के स्थान पर विशेष शिक्षण सुविधाएँ निशुल्क उपलब्ध कराई जाती और सभी की योग्यता का आधार एक होता तो नि:संदेह एक ऐसे कुशल भारत का उदय होता, जो सभी प्रकार के कौशल विकास में नए मापदंड छू रहा होता।

आज तो अधिकांश राजनैतिक दल दो केंद्रीय विश्वविद्यालय—जामिया मिलिया इस्लानिया (संस्थापक—डॉ. जाकर हुसैन), मुस्लिम विश्वविद्यालय, अलीगढ़ (संस्थापक—सर सैयद अहमद खाँ) को वोट की राजनीति के कारण इन्हें अल्प संख्यक विश्वविद्यालय का दर्जा देने के लिए चीख रहे हैं। सर सैयद अहमद खाँ का कहना था कि अलीगढ़ विश्वविद्यालय की स्थापना का उनका उद्देश्य मुसलमानों को कठ मुल्लावाद से निकाल कर आधुनिक शिक्षा प्रदान करना है, जो हिंदुओं से 100 साल पीछे चल रहे हैं। पंडित नेहरू का भी कहना था कि किसी भी प्रकार का आरक्षण देंगे तो समाज का विघटन/संतुलन बिगड़ेगा, जबकि संविधान की धारा के अनुच्छेद 20 के अंतर्गत इस बात का उल्लेख है कि सरकार कोई भी अल्प संख्यक शिक्षण संस्था स्थापित नहीं कर सकती। भारत के अटोर्नी जनरल मुकुल रोहतगी ने अदालत में कहा था कि यह दोनों विश्वविद्यालय अल्प संख्यक संस्थान नहीं है। इनमें शिक्षण

बिना किसी भेदभाव के सभी जाति वर्ग के लोगों के लिए खुला हुआ है, यदि इन्हें अल्प संख्यक शिक्षण संस्थान का दर्जा दिया जाता है तो यह हमारे धर्मनिरपेक्ष स्वरूप/मूल्यों के विपरीत होगा।

इससे तीव्र सांप्रदायिक विद्वेष बढ़ेगा। भारत सरकार के मुखिया प्रधानमंत्री नरेंद्र मोदी अपने भाषणों में युवाओं से आह्वान करते हैं कि देश में बौद्धिक विकास बहुत जरूरी है, लेकिन यह भी तय है कि यह सोच केवल सरकारी स्तर पर पूरी नहीं की जा सकती, इसके लिए जागरूक व्यक्ति और संस्थाओं को सरकार का साथ देना होगा, तभी बौद्धिक विकास की अवधारणा को धरातल पर उतारा जा सकता है।

□

55

कर्कशता के स्वर

अरस्तू कहा करता था कि मनुष्य एक सामाजिक प्राणी है, जो व्यक्ति समाज में नहीं रहता, वह या तो देवता है या पशु; लेकिन समाज की कुछ मान्यताएँ हैं, यदि हम उन मान्यताओ कि विपरीत आचरण करते हैं तो हम समाज के क्षरण को बढ़ावा दे रहे हैं तो इससे किस उद्‌देश्य की पूर्ति करना चाहते हैं? क्या हम बदबू फैलाकर ऐसी विकृति को जन्म नहीं दे रहे हैं, जिसके लिए इतिहास हमें कभी क्षमा नहीं करेगा। नि:संदेह जूता फेंक संस्कृति के दर्शन हमारे इस बदबूदार कृत्य में देखने को मिलते हैं। कुछ विभिन्न पत्रों में समाज की समरसता के विरुद्ध जब लेख देखने को मिलते हैं तो आखिर वे लोग समाज को क्या संदेश देना चाहते हैं।

विरोध का यह तरीका ठीक वैसा ही है, जिस बात को हम समाज के मंच से नहीं कहना चाहते, उसे दूसरे माध्यम से प्रकाशित करा समाज एकता के विरुद्ध विषवृक्ष को पनपने का अवसर दे रहे हैं। बढ़ावा दे रहे हैं।

ऐसे लोग यदि वे स्वयं वर्तमान में समाज के शीर्ष पदाधिकारी होते और उनके विरुद्ध इस तरह की भूमिका निभाई जाती तो कोई समाज का प्रबुद्ध व्यक्ति इसकी क्या सराहना करता? जब इनकी सराहना हम नहीं कर सकते तो इनकी विघटनकारी विचारधारा को कैसे स्वीकार किया जा सकता है।

यह कैसी निंदनीय सोच है कि सार्वजनिक/सामाजिक जीवन से जुड़े व्यक्ति का मूल्यांकन उसके व्यक्तिगत जीवन की किसी घटना के घालमेल

के आधार पर किया जाए। आवश्यकता आज ऐसे समर्पित कार्यकर्ताओं की है, जो सामाजिक क्षेत्र में समर्पण भाव से अपनी भूमिका निभा सके। ऐसे व्यक्तिओं की संख्या अत्यंत नगण्य है। आज समाज संगठन ऐसे व्यक्तिओं पर ही अवलंबित है अन्यथा कोई भी विध्वंसक तत्त्व समाज के समरसता के ताने-बाने को बिखेरने की क्षमता रखता है।

संकीर्ण सोच हमें आखिर किस दुर्गति की ओर ले जाएगी, जहाँ हम परस्पर लड़-झगड़कर के समक्ष समाज के समक्ष स्वर्णिम भविष्य के स्थान पर विघटन का स्वरूप ही तो प्रस्तुत करेंगे।

यदि समाज के शीर्ष पर बैठे व्यक्ति अपनी व्यक्तिगत महत्त्वकांक्षा की पूर्ति के लिए समाज संगठन को दुर्बल बना अपना कोई निहित उद्‌देश्य हल करना चाहते हैं तो आगे आनेवाला समाज उन्हें कैसे क्षमा करेगा।

नि:संदेह कोई समाज निर्विकार रूप से तभी जीवित रह सकता है, जब उससे संबंधित समाज बंधु सत्य और असत्य के अंतर को समझ समाज हित की दृष्टि से अपने को सकारात्मक पक्ष से जोड़ सुनहरे सपने देखता है।

यदि विध्वंसक तत्त्वों की विचारधारा को किसी क्षेत्रीय संगठन द्वारा प्रश्रय दिया जाता है तो यह एक आत्मघाती कदम होगा।

□

56

अंधविश्वास, आस्था, परंपरा एवं विज्ञान

अनादि काल से लोग अंध विश्वास से जकड़े रहे हैं, जिसके कारण लोग अपनी अज्ञानता के कारण ठगे जाते हैं। जब शिक्षित व्यक्ति इन पाखंडों के चक्कर में फँस जाएँ तो हम कैसे सही रास्ता अपना कर अपने जीवन में सत्य तलाश सकते हैं। ऐसे शिक्षित व्यक्ति को हम कदापि शिक्षित न कहे केवल साक्षर कह सकते हैं।

आस्था परंपरा भी इसी से जुड़े हुए हैं, जहाँ हम आस्था परंपरा के नाम से अवैज्ञानिक बातों में जब विश्वास करने लगते हैं तो हम अपने आदर्श परिवार की कल्पना कैसे कर सकते हैं। नित्य प्रति होनेवाली इनके नाम पर घटनाएँ आखिर क्या संदेश देती हैं कि आज के वैज्ञानिक युग में कब तक अवैज्ञानिक सोच के शिकार बने रहेंगे, जिन महापुरुषों ने इनके विरुद्ध आवाज उठाई है, उन्हें अपने जीवन से हाथ धोना पड़ा है।

- **दयानंद सरस्वती**—आर्य समाज के संस्थापक इसी कुत्सित सोच के शिकार हुए—उनके रसोइए ने उन्हें दूध में शीशा पीसकर पिला दिया और उस महान् समाज सुधारक की अल्पायु में मृत्यु हो गई।
- द्वारिका पीठ के शंकराचार्य स्वरूपानंद सरस्वती का कहना—हिंदुओं द्वारा साईं बाबा की पूजा करना धर्म संगत नहीं है, उनका यह कहना समाज की समरसता को प्रभावित करता है तथा किसी आराध्य की पूजा करना व्यक्ति की निजी आस्था से जुड़ा सवाल है और इसके

लिए किसी को बाध्य नहीं किया जा सकता। इन्होंने साईं बाबा को भगवान् मानने से इंकार करते हुए पूजा न करने का आह्वान किया।

- 1856 में प्रकांड विद्वान् रघुनाथ दाभोलकर ने एक पुस्तक साईं बाबा सद्‌चरित्र लिखी थी, जिसमें उनके चमत्कारों का वर्णन क्या है, यद्यपि चमत्कारों का वैज्ञानिक आधार भले न हो कल्पना इनका आधार भले हो, परंतु बुरी बात कहने से तो अच्छी कल्पना करना कहीं बेहतर है।
- पिछले दिनों मलेशिया की सर्वोच्च अदालत ने अपने एक फैसले में निर्णय दिया है कि 'अल्लाह' मुसलमानो के लिए ही है—जज शायद नहीं जानते कि 'अल्लाह', 'भगवान' अथवा गौड ऐसे शब्द हैं, जिन्हें किसी भी दायरे में नहीं बाँधा जा सकता।
- इक्कीसवीं सदी में भी अपेक्षा कृत पढ़े-लिखे राज्य कर्नाटक में ब्राह्मणों के थूक पर इस विश्वास के साथ दलित लोटते हैं कि इससे उनकी बीमारियाँ एवं समस्याएँ दूर भाग जाएँगी। लोगों की मान्यता है कि ब्राह्मणों का थूक भगवान् का थूक माना जाता है।
- वही ब्राह्मणों की जूठन खाने। लेटने पर रोग मुक्ति मिलती है।
- धार्मिक और आध्यात्मिक प्रचारक बारबरा टेलर (अमेरिका) का कहना है कि ईसाई धर्मशास्त्रों के अनुसार अंधकार में दैविक रहस्य छिपा है। उन्होंने अपनी पुस्तक में लिखा है कि मैंने अँधेरे से ऐसी बात सीखी है, जो मैं रोशनी से नहीं सीख सकती थी। ईश्वर ने अब्राहम से रात में मुलाकात की थी।
- विश्व के अधिकतर प्रमुख धर्मों में ईश्वर को अँधेरे में खोजने का जिक्र है। गौतम बुद्ध ने पेड़ की छाया में ध्यान किया था।
- पिछले दिनों साधु शोभन सरकार ने अपने सपने में संज्ञान लेकर भविष्य वाणी की थी कि उन्नाव जिले (उ.प्र') के डौडिया खेड़ा गाँव में राजा राव राम बख्श सिंह का 3 लाख टन सोना गड़ा हुआ है। भारत सरकार के पुरातत्त्व विभाग का लंबे अर्से तक खुदाई करने

के बाद मिले चंद पुराने बर्तन, लोहे की कीलें, परंतु यह आस्था झूठ के अलावा कुछ नहीं थी।

- मुहम्मद साहब को मक्का के बाहर एक गुफा में कुरआन मिली थी।
- 16वीं लोकसभा के अवसर पर शुभ मुहूर्त के नाम पर भरे जानेवाले उम्मीदवारों के पर्चे हमारी अवैज्ञानिक सोच का परिणाम है। यथा नेहरू परिवार में इंदिरा गांधी के समय से रायबरेली से पर्चा भरने से पूर्व 45 वर्ष से हवन को प्राथमिकता दी जाती रही है।
- लालू यादव (पूर्व मुख्यमंत्री बिहार) अपने बुरे दिनों से मुक्ति पाने के लिए अनेक टोटके तांत्रिक विभूति नारायण उर्फ पगला बाबा से करवाते रहे हैं। परिणाम शून्य रहा है।
- तमिलनाडु की पूर्व मुख्यमंत्री जयललिता सदैव इस बात का ध्यान रखती थी कि मंच से भाषण देते समय उत्तरदिशा की ओर मुँह करके बोले।
- ज्योतिषी के कहने पर कांग्रेस सरकार में केंद्र में रहे वितमंत्री पी. चिदंबरम लोकसभा चुनाव में इसलिए खड़े नहीं हुए कि उनकी ग्रह दिशा ठीक न होना था।
- हरिद्वार मृतक के फूल विसर्जन के लिए जाते समय लोग अपने दिवंगत के नाम से भी एक टिकट खरीदते हैं। मान्यता यही है कि जब तक अस्थि विसर्जन और पिंडदान नहीं होता, तब तक दिवंगत की आत्मा अस्थियों के आसपास ही मँडराती रहती हैं।
- डॉ. नरेंद्र दाभोलकर की हत्या 2 अगस्त, 2013 को ऐसे ही अंधविश्वासों का विरोध करने के कारण कर दी गई थी। उन्होंने 1989 में महाराष्ट्र अंध श्रद्धा निर्मूलन समिति की स्थापना की थी।
- कर्नाटक में पूर्व केंद्रीय मंत्री कांग्रेस उम्मीदवार के.एच. मुनियप्पा ने तो उस समय हद कर दी, जब इस अंध विश्वास के आधार पर अपनी ई.वी.एम. मशीन की दिशा बदलकर दी, क्योंकि उसका मुँह दक्षिण की ओर था। मुनियप्पा समर्थकों ने ड्यूटी कर रहे लोगों की

मदद से उत्तर पूर्व दिशा में मुँह करके रख दिया। यद्यपि ई.वी.एम. की दिशा परिवर्तित करना कानून गलत है।

- कुछ लोग तंत्र-मंत्र की आड़ में लोगों की अज्ञानता का फायदा उठाने से रोग दूर करने के नाम पर स्त्रियों के साथ अनुचित हरकतें करने से नहीं चूकते स्वयं आशाराम को उनकी इन्हीं हरकतों के कारण जेल जाना पड़ा।
- अमेरिका में धर्म गुरु हैराल्ड कैपिंग (92) ने पहली बार 1994 में दुनिया के खत्म होने की भविष्यवाणी की थी कि जब यह तिथि निकल गई तो फिर कहा कि 2012 में दुनिया खत्म हो जाएगी तो लोगों ने दुनिया खत्म होने के चक्कर में अपनी जमीन-जायदाद दान कर दी कि दुनिया खत्म होने के बाद उसका क्या होगा।
- केरल में भगवान् अयप्पन का मंदिर है, उसमें 10 वर्ष से 50 वर्ष तक की औरतों का प्रवेश वर्जित है। पंडितों का कहना है कि यदि औरतों को प्रवेश दिया गया तो भगवान् औरतों की सुंदरता से मुग्ध होकर मंदिर से पलायन कर सकते हैं।
- झारखंड में आदिवासियों में यह प्रथा है कि लड़की की शादी छोटी आयु में कुत्ते से इसलिए कर दी जाती है कि इससे उस लड़की की जिंदगी पर छाया अशुभ का साया हट जाता है।
- ब्रिटेन के पूर्व प्रधानमंत्री टोनी ब्लेयर मिस्र में ममी देखने गए तो उन्हें बताया कि 4600 साल पुरानी इस ममी को देखने जो भी आया है, उसे दो दिन दाड़ी नहीं बनानी चाहिए, यदि ऐसा नहीं किया तो अनिष्ट की संभावना बनी रहती हैं।
- यूरोप में 13 का अंक अशुभ माना जाता है, क्योंकि ईसा को मृत्यु की सजा दी गई थी, उस दिन शुक्रवार 13 तारीख थी।

उन बातों की कतई नहीं मानना चाहिए, जो आपको अंधविश्वास की तरफ ले जाए, चाहे वह धर्म हो या परंपरा। अपने विवेक का उपयोग करो। ईसा का मानना था कि अच्छी परंपराओ का पालन करना चाहिए। दक्षिण

भारत में नए साल के दिन गुड़ और नीम के पत्ते खाने की परंपरा है। यह दोनों सुख और दुःख के संकेत हैं। दीपावली पर दीप जलाना, नवरात्रों में, श्री दुर्गा सप्तशती पाठ—रघुकुल में सत्य वचन का पालन। ये शुभ परंपराए हैं—किसी परंपरा का पालन करते समय उसका तात्त्विक आधार जान लेना आवश्यक है, लेकिन सोच का वैज्ञानिक आधार ही हमारे विचारों की परिपक्वता का द्योतक है तथा वे ही जाति उन्नति के शिखर पर पहुँचती हैं।

□

57

रूस के विचित्र अंधविश्वास

शुक्रवार और तेरह तारीख यानी 'ब्लैक फ्राइडे' से समस्त दुनिया के अंधविश्वासी लोग डरते हैं। कुछ लोग इस दिन अपने महत्त्वपूर्ण काम रद्द कर देते हैं, तो कुछ लोग बतौर सावधानी चौकन्ने हो जाते हैं। इस मामले में रूस भी कोई अपवाद नहीं है। इसके अलावा भी रूस में कई और अंधविश्वास प्रचलित है और उनका एक लंबा इतिहास रहा है।

- नमक के बिखरने से परिवार में कलह होता है—प्राचीन समय में नमक सभी दृष्टि से लोगों के लिए विशेष रूप से महत्त्वपूर्ण था। नमक पहली ऐसी चीज थी, जिससे मनुष्य ने अपने भोजन में स्वाद जोड़ना शुरू किया। प्राचीन और मध्ययुग में नमक बहुत महँगा हुआ करता था। ऐसा भी समय था, जब नमक को मुद्रा की मान्यता प्राप्त थी। लोगों को नमक कई बार वेतन की तरह दिया जाता था। साथ ही यह भी मान्यता थी कि नमक जादुई लक्षण रखता है। यह माना जाता था कि उसकी सहायता से जादू की चपेट वाली सामग्री को साफ किया जा सकता हैं। यह सब देखते हुए यह स्पष्ट हो जाता है कि क्यों नमक का बिखरना परिवार में कलह का कारण होता था।
- दहलीज पर हाथ मिलाना या कुछ लेना-देना उचित नहीं—इस अंधविश्वास का भी काफी ऐतिहासिक आधार है। बहुत पहले पूर्वजों की राख दहलीज के नीचे रखने का प्रचलन था। उस समय से

दहलीज को धरती और परलोक यानी जीवित एवं मृत के बीच की सीमा समान माना जाता है।

- कुछ भूलने पर आधे रास्ते से लौटना ठीक नहीं—यह अंधविश्वास भी सीधे दहलीज की दो लोकों को बाँटने की मान्यता से जुड़ा हुआ है। अगर इंसान अपने उद्देश्य की पूर्ति के बगैर वापस लौटता हैं तो दहलीज के पास वह कमजोर हालत में पहुँचेगा। ऐसी हालत में इस बात का खतरा होता है कि दहलीज के पास स्थित परेशान आत्माएँ आदि उस पर हावी हो जाएँ, इसलिए रूस में यह कहते हैं कि अगर आधे रास्ते से वापस लौटना पड़े तो बुरी आत्माओं से छुटकारा पाने के लिए आइने में जरूर देखना चाहिए।
- मेहमानों की विदाई के बाद झाड़ू नहीं लगाते हैं—कुछ लोगों का यह विश्वास है कि परिवार के सदस्यों या मेहमानों के प्रस्थान के तुरंत बाद झाड़ू नहीं लगाना चाहिए। इस अंधविश्वास के अनुसार ऐसा करने से सब गंदगी लोगों के पीछे चल देगी और उनके साथ कोई दुर्घटना हो सकती है। कुछ लोगों का यह मानना है कि जानेवाले के तुरंत बाद झाड़ू लगाकर मेजबान उसके कदमों के निशान मिटा देता है, यानी वह इंसान फिर कभी उस घर वापस नहीं आएगा।
- कमरे में सीटी बजाने से धन की हानि होती है—प्राचीन काल से यह माना जाता है कि सीटी बजाकर परलोक से बुरी ताकतों को बुलाया जाता है। यह अंधविश्वास स्लाव लोगों के अलावा जापान में भी प्रचलित है। कुछ यूरोपीय देशों में सीटी का सीधा संबंध डायन से माना जाता है सीटी को डायन का ही एक साधन माना जाता है। अंधविश्वास के अनुसार घर सीटी बजाने से धन की हानि होती है।
- खाली बाल्टी के साथ जाती महिला से दूर रहो—रूस में यह माना जाता है कि खाली बाल्टी के साथ जाती औरत के साथ मुलाकात विफलता का एक संकेत है। इस अंधविश्वास की जड़ें उस समय पड़ीं, जब महिलाएँ बाल्टी लेकर पानी भरने कुओं या नदी पर

जाया करती थीं। आज उन बाल्टियों की जगह कचरे की टोकरियों ने ले ली है। यह अभी तक ज्ञात नहीं हैं कि क्यों खाली बाल्टी को विफलता का संकेत माना जाता है। इसके जवाब में रूसी बड़ी वाकपटुता से कहते हैं कि 'दरिद्रता होगी'।

- घड़ी, चाकू और रूमाल उपहार में नहीं दिए जाते—किसी रूसी को चाकू, रूमाल या घड़ी उपहारस्वरूप देकर प्रसन्न नहीं किया जा सकता है। यह माना जाता है कि उपहारस्वरूप प्राप्त रूमाल अपने साथ आँसू भी लेकर आता है। घड़ी को जुदाई एक अग्रदूत के रूप में माना जाता है। चाकू के साथ फिर एक रहस्यमयी कथा जुड़ी हुई है। तेज़ किनारे वाली या काटने वाली वस्तुओं को बुरी आत्माओं के लिए स्वर्ग माना जाता है। अंधविश्वासी लोग आज भी यह मानते हैं कि चाकू आदि उपहारस्वरूप नहीं देने चाहिए, क्योंकि उनके साथ बुराई भी सौंपी जाती है।
- कुँवारी लड़कियों को मेज के कोने पर नहीं बिठाएँ—रूस में मेज के कोनों पर आमतौर पर अधेड़ अविवाहिताओं को बैठाया जाता था। वहीं से यह अंधविश्वास शुरू हुआ कि अगर कुँवारी लड़की मेज के कोने पर बैठेगी तो सात साल तक उसकी शादी नहीं होगी। आजकल आधुनिक लड़कियाँ कोने की जगह पसंद होने पर यह हाजर जवाब देती हैं कि उनके पति के पास कोना यानी आवास होगा। हालाँकि आज भी आम तौर पर यही कोशिश होती है कि कुँवारी लड़कियों को मेज के कोने पर न बिठाया जाए और वे भी इसी कोशिश में रहती हैं।

□

58

कैसे-कैसे अंधविश्वास

आज विज्ञान का युग है, जहाँ दो और दो चार होते हैं। आदिम काल से मानव जाति पर अंधविश्वासों की काली छाया देखी जाती रही है। इन अंधविश्वासों की मूल जड़ अशिक्षा है, जहाँ धूर्त और चालाक लोग सीधे-साधे व्यक्तियों को अपने जाल में फँसा लेता है। जहाँ लोगों को न केवल अपने धन से हाथ धोना पड़ता है अपनी जान भी गँवानी पड़ती है।

जैसे-जैसे शिक्षा का प्रसार होगा वैसे-वैसे हम अंधविश्वासों से मुक्त होकर यथा स्थिति को समझ निर्णय लेंगे। दुर्भाग्यवश दुःख तब होता है, जब शिक्षित व्यक्ति भी इन अंधविश्वासों का शिकार हो अपनी कुंठित मानसिकता का परिचय देता है। आजादी के 70 वर्ष बाद भी देश में बड़ी संख्या में लोग अंधविश्वासों का शिकार होकर भूत-प्रेत और जादू-टोने के चक्कर में उलझे हुए हैं।

तभी रामपाल (हरियाणा) जैसे ढोंगी साधु इतनी शक्ति, धन व जन की लोगों की अज्ञानता के कारण एकत्रित कर लेते हैं कि वे राजसत्ता को चुनौती देने लगते हैं। लोगों को स्वर्ग दिलाने का झाँसा देकर पैसा ऐंठने में महारथ हासिल कर लेते हैं। संत शब्द का प्रयोग इन लोगों के लिए शर्म की बात है। संत आशाराम बापू लंबे समय तक लोगों को मूर्ख बनाता रहा, जब उसके विकारों का संग्रह हो गया, तब एक न एक दिन भंडाफोड होना था। संत की आड़ में बलात्कार को अपने जीवन का आधार बनाने वाला संत आशाराम

बापू इसी दुर्गुण से ग्रसित होने के कारण बाप-बेटा जोधपुर जेल में हैं, जब उनकी कारगुजारियों का भंडाफोड हुआ तो वह अर्स से फर्श पर आ पड़ा, तभी उसके अंधविश्वासों की आस्था डगमगाई। बहुत कम सच्चे धर्म वेदांत की बात करते हैं। कोई बीज मंत्र से कैंसर का उपचार करने के दावा कर रहा है।

गुरमीत राम रहीम तथा फलाहारी बाबा (अलवर) अकूल संपति के मालिक होने के साथ अपने कुकर्मों के कारण जेल की सजा काट रहा है। निर्मल बाबा भी हमारी आस्था के लिए चुनौती हैं, जो लोगों को अपने खाते में धनराशि जमा करने के लिए हमारी इच्छा पूर्ति की झूँठी आड़ में अपना खेल खेल रहे हैं। ऐसे अनेक ढोंगी संत समाज को सदियों से ठगते रहे हैं। ये लोग असाध्य रोगों के उपचार के लिए भभूति आदि देकर हमें ठग रहे हैं। आखिर वह समय कब आएगा, जब हम इन अंधविश्वासों के मुक्त होकर सामान्य जीवन जीने की कला जानेंगे।

- बुल्गारिया (यूरोप)—वहाँ सोफिया नामक स्थान पर एक झील है, उस झील में पादरी द्वारा लकड़ी से बने धार्मिक चिह्न को डाला जाता है, मान्यता है कि जो व्यक्ति इस चिह्न को सबसे पहले ढूँढ़ लेता है, वह सुंदर, स्वस्थ और समृद्धि पा लेता है।
- कर्नाटक के एक राजस्व मंत्री सतीश जर्की होली ने 6 दिसंबर, 2014 की रात्रि को अंधविश्वास के खिलाफ जागरूकता उत्पन्न करने के लिए एक रात्रि बेलगावी गाँव में स्थित बैकुंठ धाम—श्मशान घाट में अन्य सैकड़ों लोगों के साथ गुजारी, ताकि लोगों का यह भय दूर हो जाय यहाँ भूत नहीं बसते। वहीं रात का खाना खाया, तब वहाँ अंधविश्वास विरोधी अधिनियम लाया गया। मंत्री महोदय के पास स्वयं 600 करोड़ रुपए की संपत्ति है, उनका कहना है कि यदि अंधविश्वासों को दूर नहीं किया गया तो पिछड़े और अनपढ़ लोगों को कभी न्याय नहीं मिल पाएगा।
- एक अंधविश्वास ये भी है नदियों में बहाए जानेवाले दीपक आत्माओं

को श्मशान तक आने का रास्ता दिखाते हैं।

- अंधविश्वासी लोग बुरी शक्तियों से बचाव के नाम पर या गढ़ा धन प्राप्त करने के लिए भी तरह-तरह के अनुष्ठान ऐसे लोगों से श्मशान घाटों आदि में करवाते रहते हैं।
- दुनिया का सबसे बड़ा अमीर और दानी व्यक्ति बिल गेट्स (अमेरिका) कभी चर्च नहीं जाते और न पूजा करते हैं।
- कर्नाटक के पूर्व मुख्यमंत्री बी.एस. येदियुरप्पा की अंधविश्वास के प्रति विचित्र आस्था देखिए कि वे शतरु दुष्टात्माओं के नाश के लिए फर्श पर कई-कई रात निर्वस्त्र सोने के अलावा गधे आदि की बलि भी देते रहे हैं।
- पिछले दिनों महाराष्ट्र के समाजसेवी नरेंद्र दाभोलकर की अंधविश्वासों के विरुद्ध आवाज उठाने के कारण अगस्त 2013 में पुणे में गोली मारकर हत्या कर दी गई। आज महाराष्ट्र ने अंधविश्वास निरोधक विधेयक पास कर दाभोलकर को सच्ची श्रद्धांजलि दी हैं।
- आचार्य रजनीश से पूछा गया कि भारत में धर्म पर आधारित कितने कार्यक्रम होते हैं, परंतु फिर भी हम भ्रष्ट देशों में गिने जाते हैं। उन्होंने उत्तर दिया, क्योंकि भारत में गंगा बहती है। एक दिन गंगा स्नान करके अधिकतर लोग सोचते हैं कि उनके 364 दिनों के सारे पाप धुल गए और उसके बाद फिर से जिंदगी उसी रास्ते पर चलने लग पड़ती है, आज पूजा भी धंधा बन गई है।
- अपनी मनोकामना पूर्ण करने के लिए किसी ढोंगी ज्योतिषी द्वारा बताए जाने पर एक नेता रात को नंगे सोते रहे।
- हिमाचल का काँगड़ा का बगलामुखी मंदिर देश भर के नेताओं की तांत्रिक पूजा का केंद्र बन गया है।
- आतंकियों की मान्यता है कि यदि हम महिलाओं के हाथों मारे जाते हैं तो उन्हें स्वर्ग नहीं मिलेगा।
- केरल का पद्मनाभन मंदिर है, वहाँ धोती लगाकर तथा बिना कमीज

बनियान के जाने का नियम है। भगवान् के घर में इस प्रकार के नियम हमारी कूपमंडूकता दर्शाते हैं—क्या कपड़े उतारने से कोई पवित्र होता है कर्म भले कैसे ही करता हो।

- केरल के सबरीमाला मंदिर में भगवान् अयप्पन की पूजा की जाती है वहाँ स्त्रियों का प्रवेश वर्जित है। मान्यता है कि 10 वर्ष से लेकर 50 वर्ष की औरतों का प्रवेश इस आधार पर निषिद्ध है कि भगवान् अयप्पन स्त्री की सुंदरता से मुग्ध होकर मंदिर से पलायन कर सकते हैं।
- हमीरपुर जिले के बालकनाथ मंदिर (हिमाचल प्रदेश), अमृतसर के शनि मंदिर में महिलाओं का प्रवेश वर्जित है, यह कैसी बेतुकी धर्म की मान्यता है।
- टी.वी. आदि पर अंधविश्वास को हवा दी जाती है कि राहु-केतु का प्रभाव समाप्त करने के लिए इस तरह के दान-पुण्य करने पर बल दिया जाता है तथा इससे उनके बच्चों को अच्छी नौकरी मिलेगी।
- एक प्रसिद्ध तांत्रिक के कहने से पूर्व केंद्रीय मंत्री श्री प्रकाश जैसवाल ने दो महीने तक जेल में बनी रोटियाँ मँगवाकर खाई, ताकि जेल योग से बचा जा सके।
- कोयला घोटाले की आँच की तीव्रता से बचने के लिए पूर्व कोयला मंत्रीगण श्री प्रकाश जैसवाल, प्रफुल्ल पटेल और विजय दर्डा ने पूजा पाठ के अलावा निरंतर जाप का सहारा लिया।
- लंका के पूर्व राष्ट्रपति महेंद्रा राजपक्षे को ज्योतिषी के चक्कर में सत्ता से बाहर का रास्ता देखना पड़ा। ज्योतिषी बेगुणावर्धन के कहने से उन्होंने निर्धारित अवधि से दो वर्ष पहले चुनाव कराए। शुभ मुहूर्त में चुनाव की घोषणा की, वे जीत के प्रति आश्वस्त थे, परंतु फिर भी हार गए। ज्योतिषी ने यह कहकर पल्ला झाड़ लिया कि मैं तो पाँच प्रतिशत ही मदद कर सकता हूँ, बाकी 95 प्रतिशत तो आपको ही कोशिश करनी होती है।

- दुनिया में सिंगापुर जैसे छोटे देश स्वाभिमान और खुशहाली का जीवन व्यतीत कर रहे हैं। वहाँ प्रवचन नहीं होते। कुंभ नहीं होता। धर्म के नाम पर कोई पाखंड नहीं होता। लोग काम को पूजा समझते हैं और ईमानदारी के साथ देश और समाज के लिए जीते हैं।
- हमारे यहाँ उपदेश, प्रवचन, स्नान व कुंभ की कल्पना तन-मन की शुद्धि के लिए की गई थी, उससे आध्यात्मिक प्रेरणा मिलती थी, अब यह रस्म बन गई है। पिछले पाप धोकर नए करने के लाइसेंस लेने का तरीका बन गया है।
- भारत के अनेक सामाजिक सेवा से जुड़ी संस्थाएँ—यथा रामकृष्ण मिशन, आर्य समाज, पतंजलि योग (बाबा रामदेव) आर्ट ऑफ लिविंग (रविशंकरजी महाराज) आदि बड़े सराहनीय सार्थक व रचनात्मक कार्य करती हैं। उन्हें और सक्रिय होकर समाज को ढोंगी बाबाओं—अंधविश्वासों आदि से मुक्ति दिला राष्ट्र के गौरव को स्थापित करना होगा, तभी हम विश्व में आध्यात्मिक गुरु की भूमिका का सार्थक रूप में निर्वहन कर सकते हैं।

□

59

तिलों का निहितार्थ

शरीर खूबसूरत हो या नहीं हो, छोटे-बड़े खूबसूरत तिल करीब-करीब हर महिला-पुरुष के शरीर पर पाए जाना आजकल साधारण बात हो गई है। पहले जहाँ होंठ के पास, ऊपरी या चेहरे पर किसी तिल को सुंदरता का पैमाना मापा जाता था, वहीं अब शरीर के अलग-अलग भागों में पाए जानेवाले तिल व्यक्तित्व की पहचान माने जाने लगे हैं। शरीर पर इनका आकार, रंग और उपस्थिति एक तरह से तकदीर भी बताने का जरिया है। आइए, जानें तिलों की उपस्थिति और इनका प्रभाव—

- अगर लालट पर दाईं तरफ तिल हो तो व्यक्ति विलक्षण प्रतिभा का धनी होता है, जबकि बाईं तरफ का तिल फिजूलखर्ची होने का तथा मध्य का तिल प्यार करनेवालों के लिए किस्मतवाला माना जाता है।
- यदि गाल पर दाईं तरफ तिल है तो यह स्वस्थ वैवाहिक जीवन की निशानी है।
- होंठ पर तिल का होना व्यक्ति के मनमौजी तथा विलासी होने का प्रतीक है। यदि ठोड़ी पर तिल हो तो संतुष्टि एवं सफलता व्यक्ति की तकदीर में मिलती ही हैं।
- कान पर तिल हो तो फिक्र न करें। ऐसा व्यक्ति गंभीर एवं विचारशील व्यक्तित्व का स्वामी होता है।
- अगर आँख पर तिल है तो आप कम पैसा खर्च करने में पारंगत है। तिल आँख में है तो आप बड़े नाजुक है।

- यदि दाईं भौंह पर तिल है तो इसका अर्थ है कि आपकी वैवाहिक जिंदगी खुशियों से भरपूर होगी। मुँह के करीब तिल है तो भी सुंदर ही लगेगा, क्योंकि यही तो शादी के बाद भाग्य का सितारा चमकाएगा। वैसे ऐसे लोग धनवान भी होते हैं।
- नाक पर तिल हो तो और क्या चाहिए, क्योंकि सफलता और प्रगति यही तो लाता है।
- जबड़े पर यदि तिल है तो ऐसा व्यक्ति शारीरिक रूप से दुर्बल हो सकता है।
- जिसको वफादार दोस्तों की तलाश है, वह उन्हें तलाशे जिनकी गरदन पर तिल हो।
- कंधे पर अगर दाईं तरफ तिल है तो इसका धारक दृढ संकल्पी तथा बाईं तरफ हो तो ऐसे व्यक्ति को जल्दी गुस्सा आता है।
- यदि कोई ज्यादा बुद्धिमान लगे तो समझ लीजिए कि उसकी कलाई पर कोई तिल होगा ही।
- अगर कमर पर तिल बना है तो इसका धारक रोमांटिक व्यवहार वाला होता है, वहीं यही तिल दाईं तरफ हो तो ऐसे व्यक्ति ईमानदार तथा वफादार होते हैं।
- जिनके पेट पर तिल हैं, वे ज्यादातर सुस्त और स्वार्थी व्यवहार दर्शाते हैं।
- नाभि पर छोटा-बड़ा तिल है तो यह व्यक्ति के मूडी, मनमौजी तथा मस्त होने की निशानी है।
- किसी के टखने पर कैसा भी तिल हो तो वह व्यक्ति स्वतंत्र विचारों वाला होकर सुशिक्षित होता है।

इन स्थानों के अलावा शरीर पर गहरे रंग के तिल बाधाओं को, लाल रंग के तिल पूर्व जन्म को, हल्के रंग के तिल सकारात्मक और नकारात्मक विशेषताओं को तथा बड़े तिल अच्छे शगुन को अभिव्यक्त करते हैं; लेकिन जिन तिलों पर बाल रहते हैं उन्हें बेहतर नहीं माना जाता।

□

60

वास्तु द्वारा शुभ-अशुभ का संकेत

अक्सर हमारे बड़े बुजुर्ग शुभ-अशुभ के बारे में बातें किया करते हैं और यह कहा करते हैं कि यह मत करो अशुभ होता है। वहाँ मत जाए वो जगह शुभ नहीं है। भारतीय प्राचीन ग्रंथों एवं जीव संबंधों के बारे में अनेकानेक तथ्यों से शुभाशुभ की जानकारी किसी भी स्थान पर रहनेवालों को प्राप्त होती रहती है। प्रकृति को विभिन्न विकिरणों एवं संदेशों को समझने एवं ग्रहण करने की क्षमता मनुष्य से कई गुना अधिक होती है। तद्नुसार वे अपने माध्यम से मनुष्य को आनेवाले शुभाशुभ की जानकारी देते रहते हैं। ऐसे ही कुछ प्रमुख शकुन एवं अपशकुन की जानकारी दे रहे हैं, लेकिन इन्हें प्रयोग में लाने से पूर्व किसी विवाद में न पड़कर स्वयं समय-समय पर इनका निरीक्षण परीक्षण आप स्वयं ही कर सकते हैं।

- जिस भवन के द्वार पर आकर गाय जोर-जोर से रँभाए तो निश्चय ही उस घर के सुख में वृद्धि होती है।
- जिस घर में काली चींटियाँ समूहबद्ध होकर घूमती हों, वहाँ ऐश्वर्य वृद्धि होती है, किंतु मतभेद भी होते हैं।
- भवन के सम्मुख कोई कुत्ता भवन की ओर मुख करके रोए तो निश्चय ही घर में कोई विपत्ति आनेवाली है अथवा किसी की मृत्यु होनेवाली है।
- घर में कबूतरों का वास शुभ होता है।

- पीला बिच्छु माया का प्रतीक है। पीला बिच्छु घर में निकले तो घर में लक्ष्मी का आगमन होता है।
- घर में मकड़ी के जाले नहीं होने चाहिए, वे शुभ नहीं होते।
- घर की सीमा में मयूर का रहना या आना शुभ होता है।
- जिस घर में बिच्छु कतार बनाकर बाहर जाते हुए दिखाई दें तो समझ लेना चाहिए कि वहाँ से लक्ष्मी जाने की तैयारी कर रही है।
- जिस भवन में बिल्लियाँ प्राय: लड़ती रहती हैं, वहाँ शीघ्र ही विघटन की संभावना रहती है विवाद वृद्धि होती है। मतभेद होता है।
- जिस घर में प्राय: बिल्लियाँ आकर विष्ठा कर जाती हैं, वहाँ कुछ शुभत्व के लक्षण प्रकट होते हैं।
- घर में चमगादड़ों का वास अशुभ होता है।
- जिस भवन में छछूँदरें घूमती हैं, वहाँ लक्ष्मी की वृद्धि होती है।
- जिस भवन में छत पर कौए, टिटहरी अथवा उल्लू घोर शब्द करें, तब वहाँ किसी समस्या का उदय अचानक होता है।
- जिस घर में काले चूहों की संख्या अधिक हो जाती है, वहाँ किसी व्याधि के अचानक होने का अंदेशा रहता है।
- जिस घर में छत या मुंडेर पर कोयल या सोन चिरैय्या चहचहाए, वहाँ निश्चित ही श्री वृद्धि होती है।
- जिस घर के आँगन में कोई पक्षी घायल होकर गिरे वहाँ दुर्घटना होती है।
- जिस घर के द्वार पर हाथी अपनी सूँड़ ऊँची करें, वहाँ उन्नति, वृद्धि तथा मंगल होने की सूचना मिलती हैं।

□

61

देशों में अजीब पाबंदियाँ

चीन में 21 अक्तूबर से पाबंदी लगी है कि कम्युनिस्ट पार्टी के 8 करोड़ 80 लाख सदस्य गोल्फ कोर्स में न जाएँ। फुटबाल ईरान का लोकप्रिय खेल है। अरसे तक कानून रहा कि उस दौरान महिला स्टेडियम में दाखिल होने की हिमाकत करें तो उसे गिरफ्तार कर जेल में डाल दिया जाएँ।

चीन में हाल में एक आदेश में कम्युनिस्ट पार्टी के सदस्यों के लिए गोल्फ खेलना प्रतिबंधित कर दिया गया है। आज के समय में जब विचारों और आचरण में खुलापन दुनिया भर में बढ़ रहा है, इस तरह की पाबंदी अजीब लगती हैं; लेकिन यह आम चलन हो गया है। कहीं नैतिकता के नाम पर तो कहीं परंपराओं की आड़ में लोगों की सामान्य जीवनशैली में छोटी-छोटी बंदिशों का जाल बढ़ता ही जा रहा है।

कहीं इन मामलों में सामाजिक मान्यताएँ आड़े आ जाती हैं तो कहीं धर्म बाधा बन जाता है। यह इस मानसिकता के तहत किया जाता है कि व्यक्ति को सभ्य व सुसंस्कृत बने रहने देने के लिए कुछ सीमाओं में बाँधना जरूरी है। कुछ पाबंदियाँ व्यवस्था बनाए रखने के लिए जरूरी भी होती है, लेकिन अक्सर सामाजिक या धार्मिक गुटों की सनक लोगों को हास्यास्पद बंदिशों में बाँध देती है और सरकारी तंत्र उसके सामने लाचार नजर आता है। चीन में 21 अक्तूबर की पाबंदी का मतलब यह है कि कम्युनिस्ट पार्टी के 8 करोड़ 80 लाख सदस्य गोल्फ कोर्स में प्रवेश नहीं कर पाएँगे।

दुनिया के सबसे बड़े लोकतांत्रिक देश भारत की तो महिमा ही निराली है। गजब विविधता है देश में धर्म, संप्रदाय, जाति के नाम पर और उस पर परंपराओं व मान्यताओं को बनाए रखने की हठधर्मिता। बंदिशों की इसीलिए कोई सीमा नहीं है।

इस तरह के अभियान में सिर्फ पिछड़े हुए या धार्मिक मान्यताओं के लिए कट्टर माने जानेवाले देश ही शामिल नहीं है। विकसित देश भी इस बीमारी से बच नहीं पाए हैं। छोटे बच्चे ठीक से चल सकें, इसके लिए आप घरों में बेबी बाकर का इस्तेमाल किया जाता है। लेकिन कनाडा में इसे बच्चों के लिए असुरक्षित मान कर 2004 में हर तरह के बेबी वाकर्स पर प्रतिबंध लगा दिया गया है।

इसके लिए बाकायदा कानून बना दिया गया है, जिसे तोड़ने पर एक लाख डालर तक का जुर्माना हो जाता है। वीडियो गेम्स में बढ़ती हिंसा व अश्लीलता से बच्चों को बचाने के लिए ऑस्ट्रेलियाई सरकार ने इसी साल चार महीने के भीतर 220 शीर्षक वाले वीडियो गेम्स पर प्रतिबंध लगा दिया है। इससे पहले के दो दशक में 50 शीर्षक के दायरे में आए थे।

इटली के कुछ राज्यों में अलग-अलग तरह के कानून हैं। कांट्रोन कस्बे में अगर दोपहर दो बजे से चार बजे के बीच सार्वजनिक स्थल पर कोई कुत्ता भौंकता है तो उसके मालिक को दो हजार से पचास हजार रुपए तक का जुर्माना भरना पड़ सकता है। कुत्ते पालने वालों के लिए यह अनिवार्य है कि रात में वे अपने कुत्तों को शांत रखें। इससे उलट तोरिनों कस्बे में अगर कोई व्यक्ति दिन में तीन बार अपने पालतू कुत्ते को टहलाने न ले जाए तो उसे कानून तोड़ना माना जाता है। कुछ देशों में तो शासकों की सनक की वजह से सामान्य गतिविधियों तक पर प्रतिबंध लगा दिया गया है। ताली बजाना भी अपराध हो सकता है, यह संभव कर दिखाया है बेलारूस ने। कुछ लोग वहाँ गुट बनाकर गलियों में ताली बजाते निकलते हैं। इसे विरोध का एक लोकप्रिय जरिया माना जाता है। बेलारूस के उग्रपंथी व तानाशाही प्रवृत्ति के राष्ट्रपति अलेक्जेंडर लुका शेंकों को यह तरीका इतना नागवार गुजरा कि जुलाई 2011

में देश के स्वतंत्रता दिवस के मौके पर उन्होंने फरमान जारी कर दिया कि योद्धाओं के सम्मान के अलावा किसी भी मौके पर सार्वजनिक रूप से ताली बजाना गैर-कानूनी होगा। 2013 में इस अपराध में एक व्यक्ति को गिरफ्तार भी कर लिया गया।

परंपराओं की आड़ में कई मुस्लिम देशों में महिलाओं को उनके सामान्य अधिकारों से वंचित कर दिया गया। उन पर लागू नियम वहाँ के शासकों की देन है और इसे वे इस्लामी नियमों के तहत वाजिब भी मानते हैं। लेकिन सोमालिया में उग्रवादी गुट अल शबाब ने जुलाई 2011 में समोसे को इस्लाम विरुद्ध बताकर उस पर प्रतिबंध लगा दिया। समोसे का तिकोना आकर उसके लिए शामत बन गया। अल शबाब की दलील है कि समोसे का तिकोना रूप ईसाइयत का आभास देता है। गोल समोसा लोग खाने लगे तो शायद गुट को कोई एतराज न हो।

सऊदी अरब में महिलाएँ ड्राइविंग नहीं कर सकती। बार्बी डॉल खरीदने पर उन्हें सजा भुगतनी पड़ सकती है। तैराकी करना उनके लिए अपराध है। वे ऐसे कपड़े नहीं पहन सकती और न ही ऐसा मेकअप इस्तेमाल कर सकती है, जो उनके सौंदर्य को निखारे। वेलेंटाइन डे पर समारोह करना उनके लिए वर्जित है। युवा जोड़ों को उस दिन प्रेम अभिव्यक्त करने पर रोक हालाँकि नहीं है और चॉकलेट भी मिल जाती है, लेकिन बेहद सीमित स्तर पर।

पिछले साल पाँच पुरुषों को 32 साल की कैद और 4500 कोड़ों की सजा इसलिए दी गई, क्योंकि उन्होंने वेलेंटाइन डे पर एक पार्टी दी थी, जिसमें महिलाएँ भी शामिल हुई थी। बदलते समय ने सऊदी अरब की महिलाओं के लिए आजादी की राह थोड़ी-बहुत खोलनी जरूर शुरू कर दी हैं। 12 दिसंबर को निगमों के लिए हुए चुनाव में महिलाओं को पहली बार न सिर्फ मतदान का अधिकार दिया गया, बल्कि उन्हें चुनाव लड़ने की छूट भी दी है।

बदलाव की बयार ईरान की महिलाओं के लिए भी बहने लगी है। बरसों से वहाँ की महिलाएँ तरह-तरह की बंदिशों में जकड़ी रहीं। पूरी तरह मुक्ति उन्हें अभी भी नहीं मिली है। पुरुष खिलाड़यों को खेलते देखना उनके लिए

वर्जित है। उन्हें ऐसे मौकों पर स्टेडियम में प्रवेश ही नहीं करने दिया जाता।

फुटबाल ईरान का लोकप्रिय खेल है। अरसे तक कानून रहा कि उस दौरान कोई महिला स्टेडियम में दाखिल होने की हिमाकत करे तो उसे गिरफ्तार कर जेल में डाल दिया जाए। इस साल अप्रैल में वहाँ के शासकों ने इस प्रतिबंध में आंशिक ढील दे दी है। पति या परिजनों के साथ अब महिला फुटबाल मैच देख सकती है।

अक्सर नशे के सुरूर में लोगों की गायन प्रतिभा जाग जाती है और वे गला फाड़ कर गाने लगते हैं। पर्यटन स्थलो पर तो यह हरकत अक्सर बाकियों के लिए सिरदर्द बन जाती है। इसीलिए होनोलूलू में कानून बना दिया गया है कि सूरज डूबने के बाद तेज आवाज में गाना अपराध होगा।

जॉगिंग को दुनिया भर में व्यायाम का सबसे आदर्श तरीका माना जाता है, लेकिन बुरूंडी में नहीं। वहाँ की राजधानी बुजुंबरा के मेयर ने पिछले साल गुट में जॉगिंग करने पर प्रतिबंध लगा दिया। इसका उल्लंघन करनेवाले को जेल भेजने का कानून भी बनाया गया। विरोधी पार्टियों ने इस कानून का विरोध किया, पर उसका कोई असर नहीं हुआ। जॉगिंग करने के अपराध में 21 लोग उम्रकैद की सजा पा चुके हैं।

दुनिया के सबसे बड़े लोकतांत्रिक देश भारत की तो महिमा ही निराली है। गजब विविधता है देश में धर्म, संप्रदाय, जाति के नाम पर और उस पर परंपराओं व मान्यताओं को बनाए रखने की हठधर्मिता। बंदिशों की इसीलिए कोई सीमा नहीं है। कुछ राज्य सरकारों की देन है तो बंदिशें थोपने में सामाजिक और धार्मिक संगठन भी पीछे नहीं हैं। सरकार प्रायोजित प्रतिबंध में तो फिर भी यह दलील समझ में आती है कि उस तरह के फैसले लोगों के हित में किए जाते हैं।

बिहार में पाँचवीं बार मुख्यमंत्री बने नीतीश कुमार ने शराब पर प्रतिबंध लगा दिया है। गुजरात, मणिपुर, नागालैंड व लक्ष्यद्वीप में पहले से ही प्रतिबंध हैं। गुजरात में तो कोई हादसा हो जाने पर शराब बनाने और बेचने वालों को मौत की सजा तक जाने का प्रावधान है। गोवा में एक कानून बनाने की तैयारी

हो रही है, जिसके तहत कसीनों में जुआ खेलना अपराध हो जाएगा। किताबों और फिल्मों पर प्रतिबंध लगाने का सिलसिला काफी पुराना है और यह अभी तक थमा नहीं हैं।

गैर–सरकारी स्तर पर लगाए जानेवाले प्रतिबंधों की तो कोई सीमा नहीं है। आम लोगों की जीवनशैली को नैतिकता और मर्यादा में बाँधे रखने की सनक कभी कपड़ों पर तो कभी मोबाइल फोन पर और कभी वेलेंटाइन डे पर टूट पड़ती है। स्थानीय स्तर पर पंचायत हो या कोई संगठन, किसी भी चीज को संस्कार और परंपराओं के खिलाफ बता कर उनके इस्तेमाल के खिलाफ निर्देश जारी करने में सभी तत्पर रहते हैं।

□

62

स्वप्नों के निहितार्थ

सपने कभी-कभी इतने डरावने होते हैं कि नींद उड़ जाने के बाद भी डर बना रहता है। लगता है कोई है। कोई है, जो पीछा कर रहा है। कोई है, जिसने जकड़ लिया है और सारी शक्ति लगाने के बाद भी हिल तक नहीं पा रहे हैं। आइए जाने क्या हैं भयानक सपनेक—

लोक मान्यता : स्वयं की मौतें, अंत्येष्टि, कब्रिस्तान, लाश आदि देखना शुभ है, लेकिन सींग, बड़े-दाँतों वाले जानवर, भयानक पुरुष, राक्षस, भूत-प्रेत, आग, तूफान आदि देखना अशुभ है।

चीनी व्याख्या : पानी में डूबना, भयानक आँधी-तूफान, सूखे गिरते पेड़, खाली मकान, टूटा आईना आदि स्वप्न अशुभ संकेत देते हैं।

मनोवैज्ञानिक दृष्टि : दिनभर की दिलोदिमाग पर छाई आशंकाएँ सपने बनकर उतरती हैं। हर आशंका निराधार नहीं हो सकती, इसलिए कई बार सपने सच्चे साबित हो जाते हैं।

यदि दिन में आशंकाओं का सामना व समाधान कर लिया जाए तो काफी हद तक डरावने सपनों से मुक्ति मिल सकती हैं, जब शारीरिक तंत्र ठीक से काम नहीं करता और कमजोरी आ जाती है, तब रात को किसी के द्वारा जकड़ लेने जैसे भयानक सपने आते हैं। ऐसी स्थिति में स्वास्थ्य पर ध्यान देना चाहिए। बेवजह चिंता करने की आदत, डरावने क़िस्से-कहानियाँ, सीरियल भी खतरनाक सपनों का कारण बनते हैं।

ये पाँच विलक्षण सपने जो धन प्राप्ति का संकेत देते हैं—

प्राचीन भारतीय दार्शनिकों के अनुसार, आत्मा 84 लाख योनियों में जन्म लेने और भ्रमण करने के बाद मनुष्य योनि प्राप्त करती है। स्वप्न के माध्यम से वह विभिन्न योनियों में अर्जित अनुभवों का पुनः स्मरण करती है। यही स्वप्न भावी जीवन के शुभाशुभ के संकेत देते हैं।

आइए जानते हैं कौन से वे 5 सपने हैं, जो आपको धनवान बनाने में मददगार हैं—

- यदि अगर आप स्वप्न में चींटियाँ देखते हैं तो यह आपके लिए धन प्राप्ति का संकेत हो सकता है।
- यदि अगर आप स्वप्न में अपने कानों में बाली धारण किए हुए देखते हैं तो यह स्वप्न अपार धन प्राप्ति का संकेत है, जो आगामी समय में आपको होनेवाली है।
- अगर आप स्वप्न में स्वर्ण यानी सोना देखते हैं तो यह भी धन प्राप्ति का संकेत है।
- गौ माता का स्वप्न में दर्शन देना अत्यंत शुभ माना गया है। इससे व्यक्ति को धन के साथ-साथ यश-वैभव एवं समृद्धि की प्राप्ति होती है।
- अगर आप स्वप्न में आम या और कोई भी फल वाला वृक्ष देखते हैं तो यह आपको अकस्मात धन मिलने का संकेत देता है।

□

63

9 अनमोल बातें, जो हम सबको जानना जरूरी

शास्त्रों और पुराणों में जिस तरह 5 और 7 का महत्त्व है, उसी तरह 9 की संख्या का भी विशेष महत्त्व है। 9 नारायण से लेकर नवरात्र तक सब हमारी संस्कृति में पवित्र, शुभ और पूजनीय माने गए हैं। यहाँ प्रस्तुत है 9 बातें जो जीवन को खूबसूरत बनाने के लिए सभी को याद रखनी चाहिए।

दान की महिमा हम सब जानते हैं, लेकिन पुराणों में वर्णित है कि 9 प्रकार के ऐसे लोग है, जिन्हें दान कभी नहीं दिया जाना चाहिए। अगर दिया है तो वह व्यर्थ ही जाएगा। अतः इन 9 लोगों को कुछ भी देने से बचें और अगर दे दिया है तो मान कर चलें कि यह बेकार ही जाएगा।

कौन से नौ प्रकार के व्यक्ति हैं, जिन्हें कुछ दिया जाता है, वह निष्फल जाता है—

1. धूर्त
2. बंदी
3. मूर्ख
4. अयोग्य चिकित्सक
5. जुआरी
6. शठ

7. चाटुकार
8. चारण
9. चोर।

ये 9 बातें अवश्य बतानी चाहिए—

शास्त्रों में कहा गया है कि मानव जीवन में अगर 9 बातें गोपनीय रखनी चाहिए तो 9 ऐसी बातें हैं, जो किसी-न-किसी को अवश्य बता कर रखनी चाहिए।

जानिए 9 ऐसी कौन सी बातें हैं, जो छुपाना नहीं चाहिए—

1. ऋण लेने की बात
2. किसी कर्ज से उऋण होने की बात
3. दान में मिली वस्तु
4. अध्ययन
5. विक्रय की गई वस्तु के बारे में
6. कन्यादान
7. मृषोत्सर्ग
8. एकांत में किया गया पाप तथा
9. अनिंदित कर्म।

9 परम गोपनीय बातें जो किसी को नहीं बतानी चाहिए—

हर व्यक्ति के जीवन में कुछ रहस्य होते हैं, जिन्हें वे हमेशा छुपाकर रखते हैं। हमारे शास्त्रों में भी कहा गया है कि 9 प्रकार की ऐसी बातें हैं, जिन्हें कभी किसी को नहीं बतानी चाहिए।

9 परम गोपनीय बातें जो गृहस्थों को कभी प्रकट नहीं करना चाहिए—

1. अपनी आयु

2. धन
3. घर का कोई भेद
4. मंत्र
5. मैथुन
6. औषधि
7. तप
8. दान, तथा
9. अपमान।

9 निंदित कर्म जो नहीं करने चाहिए—

1. असत्य भाषण
2. परस्त्रीगमन
3. अभक्ष्य भक्षण
4. अगम्यागमन (जहाँ जाना निषेध हो)
5. अपेय पान (जो पीना निषेध हो)
6. हिंसा
7. चोरी
8. वेदों के विरुद्ध आचरण
9. मैत्री धर्म का निर्वाह न करना।

यह 9 (चीजें/व्यक्ति) संकट के समय किसी को न दें—

हर समाज में मुसीबत के समय एक दूजे के काम आने की सलाह दी गई है, लेकिन 9 सलाह ऐसी है, जो शास्त्र कहते हैं कि विपत्ति के समय किसी को न दें।

जानिए यह 9 चीजें या व्यक्ति क्या हैं, जो संकट के समय किसी को भी देने से बचना चाहिए—

1. सर्वसामान्य जनता की संपत्ति

2. चंदे की राशि
3. धरोहर की संपत्ति
4. बंधन की वस्तु
5. अपनी पत्नी
6. पत्नी का धन
7. जमानत की संपत्ति
8. अमानत की वस्तु
9. संतान होने पर अपनी संपत्ति

ये 9 अति आवश्यक कर्म सबको करना चाहिए—

हम सभी जानते हैं कि हमारी दैनिक दिनचर्या में कुछ बेहद जरूरी है, जो करने ही चाहिए। इन्हें 9 संस्कारों के नाम से जाना जाता है।

आइए अपने बच्चों के साथ खुद भी सीखें कि वे कौन से 9 काम हैं, जो हम सभी को करना चाहिए—

1. प्रातः सूर्योदय से पूर्व उठना
2. स्नान
3. संध्या
4. देवपूजन
5. स्वाध्याय
6. समय पर भोजन
7. अतिथि सेवा
8. देव, पितर, मनुष्य, दीन, अनाथ, तपस्वी, माता-पिता एवं गुरु आदि का यथायोग्य सत्कार
9. सुखपूर्वक शयन।

इन 9 लोगों को दिया संकट में आड़े आता है—

कहते हैं दान-पुण्य हमेशा संकट में आड़े आता है, यानी दान करने से

शुभता मिलती है। 9 प्रकार के दान ऐसे होते हैं, जो निष्फल होते हैं, जबकि 9 प्रकार के दान ऐसे भी होते हैं, जो कभी असफल नहीं होते।

जानिए कौन हैं वे लोग, जिन्हें दिया कभी व्यर्थ नहीं जाता। नौ प्रकार के वे लोग जिनको जो भी दिया जाता है, वह सफल एवं अक्षय होता है—

1. माता
2. पिता
3. गुरु
4. मित्र
5. विनयी
6. उपकार करनेवाला
7. दीन
8. अनाथ
9. सज्जन।

□

64

माता–पिता–गुरु की सेवा

वर्तमान संदर्भ में हम देखें कि समाज में तीनों के प्रति पूज्य/श्रद्धा/सम्मान/आदर भाव में कमी आई हैं। गुरुकुल के गुरु का स्थान सच्चे मार्गदर्शक की तुलना में व्यावसायिक बन गया है, जहाँ उसे पैसे से शिक्षा प्रदान करने का मोह है।

माता–पिता के प्रति अश्रद्धा के भौतिकवादी वातावरण की देन है। जहाँ विवाहोपरांत पुत्र अपनी पत्नी–संतान तक सिमट कर रह जाता है। वृद्ध माँ–बाप को भार स्वरूप समझता है।

आखिर संतान द्वारा छिटकाए जाने पर वृद्ध माँ–बाप कहाँ जाएँ, आज हम उसकी दुःख भरी वेदना पीड़ा सुनते हैं तो सिर लज्जा से झुक जाता है, जब उन्हें कदम–कदम पर तिरस्कृत किया जाता है, क्या कभी उन्होंने अपनी संतान की परवरिश के समय यह सोचा होगा। वह बड़ा होकर वृक्ष की भाँति उन्हें छाया रूपी आश्रय भी नहीं दे पाएगा।

हमारे धर्म शास्त्रों में इन तीनों की गरिमामयी स्थिति का उल्लेख मिलता है। इसकी सेवा पर ही हमारे लिए स्वर्ग नरक के द्वार खुले हुए हैं। शांति पर्व में इन तीनों की महिमा का गुणगान मुक्त कंठ से किया गया है। इनकी उपेक्षा/निरादर पर हम घोर पाप के भागी हैं। माता–पिता की सेवा पर ही हमारे परिवार की सुख, समृद्धि, शांति के साथ स्थायी रूप से लक्ष्मी निवास की कामना की

जा सकती है। नारी के पाँवों के नीचे जन्नत होती है ऐसा कुरआन में माँ के लिए कहा गया है।

जब युधिष्ठिर ने भीष्म पितामह से पूछा, "हे पितामह, धर्म का मार्ग बहुत विशद है और उसकी अनेक शाखाएँ हैं। इनमें से किस धर्म को आप विशेष रूप से आचरण के योग्य समझते हैं।" भीष्म पितामह ने उत्तर दिया, "हे युधिष्ठिर, मैं तो माता-पिता तथा गुरुजनों की सेवा को श्रेष्ठ धर्म मानता हूँ। माता-पिता, गुरुजन जो आज्ञा दें, उसका पालना करना चाहिए। उनकी आज्ञा को ही धर्म मानकार चलना चाहिए। माता-पिता और गुरु ये तीनों लोक हैं। तीनों वेद हैं और तीनों अग्रणी हैं। इन तीनों की सेवा प्रमाद रहित होकर करने से तीनों लोकों को जीता जा सकता है। इनकी आज्ञाओं का कभी उल्लंघन नहीं करें। सदा इनकी सेवा में तत्पर रहें। यही उत्तम पुण्य हैं, जिसने इन तीनों का सत्कार किया, उसने मानो सारे जगत् का सत्कार किया, जो इनका अनादर करता है उसके सारे शुभ कर्म व्यर्थ हो जाते हैं।

हे युधिष्ठिर, मेरा ऐसा विश्वास है कि आचार्य का दर्जा माता-पिता से भी ऊपर होता है। माता-पिता तो केवल शरीर को जन्म देते हैं, परंतु आत्म तत्त्व का आदेश देने वाले आचार्य से जो जन्म प्राप्त होता है। वह दिव्य तथा अजर-अमर होता है, जो लोग गुरु का आदर नहीं करते, मन वचन कर्म से गुरु की सेवा नहीं करते, उन्हें भ्रूण हत्या का पाप लगता है।

जिस प्रकार गुरुओं का कर्तव्य है शिष्यों को आत्मोन्नति के पथ पर चलाना उसी प्रकार शिष्यों का धर्म है—गुरुओं की सेवा करना।

जो मनुष्य पिता को प्रसन्न करता है, उससे प्रजापति ब्रह्मा भी प्रसन्न होते हैं। माता को प्रसन्न करने से सारी पृथ्वी की पूजा होती है, परंतु जिस व्यवहार से शिष्य अपने गुरु को प्रसन्न कर देता है, वह मानो परमब्रह्म परमात्मा की पूजा करता है। माता-पिता और गुरु का भी अपमान नहीं करें और उनके किसी कार्य की निंदा भी नहीं करें, जो लोग वृद्धावस्था में पिता और माता से द्रोह करते हैं तथा जो वृद्धावस्था में उनका भरण-पोषण नहीं करते उन्हें भ्रूण हत्या का पाप लगता है। उनसे बढ़कर पापी संसार में कोई नहीं।

मित्र द्रोही, कृतघ्न, स्त्री का हत्यारा और गुरु का वध करनेवाला—इन चार प्रकार के पापियों के उद्धार का कोई प्रायश्चित नहीं सुना गया है, इसलिए माता-पिता और गुरु की सेवा ही मनुष्य के लिए प्रधान धर्म है। यही कल्याण का साधन हैं। इससे बढ़कर कोई पुण्य नहीं है।

□

65

आयु वृद्धि एवं कम होने का रहस्य

प्राचीन-काल से व्यक्ति की दीर्घ जीवी की इच्छा रही है, कोई भी व्यक्ति स्वयं नहीं मरना चाहता। दीर्घ जीवन अपने खान-पान पर भी निर्भर है, परंतु पौराणिक कथाओं में उल्लिखित वे बातें जो व्यक्ति की आयु वृद्धि तथा कम पर प्रभाव डालती है।

यदि हम अपने प्राचीन ग्रंथों में उल्लिखित बातों पर ध्यान दें तो निःसंदेह हमें दीर्घ काल तक सुखमय जीवन जीने की कुंजी मिल जाएगी। वास्तव में हमारा जीवन ऐसा होना चाहिए कि लोग हमारी जीवन चर्या का अनुसरण करे।

गलत आदतों वाले व्यक्ति सदैव निंदा के पात्र होते हैं तथा उनसे बचकर रहने में ही हमारा हित निहित है। ऐसा कहना बिल्कुल ठीक है कि राम के आदर्श जीवन का हम अनुसरण करें तथा कृष्ण के जीवन का नहीं अपितु कर्मों का अनुसरण करें।

ऐसे सदाचारी व्यक्ति जीवन पर्यंत सुखी रहते हैं। सुखी जीवन दीर्घ आयु की आधार शिला है। हमें ऐसे महापुरुष मिल जाएँगे, जो जीवन की क्षण भंगुरता की नहीं अपितु शतायु रहने का संदेश देते हैं। महात्मा गांधी कहा करते थे कि मैं शतायु को प्राप्त होऊँगा, परंतु हत्यारे ने समयपूर्व उनकी जीवन लीला (78 वर्ष) समाप्त कर दी।

अच्छी बातें ग्रहण करने में हमें अपनी अनुचित इच्छाओं का दमन करना

पड़ेगा, तभी हम निरोग रहते हुए भीष्म पितामह की तरह इच्छा मृत्यु को प्राप्त कर सकेंगे। आदर्श जीवन शाश्वत सत्य की ओर ले जाता है, यही सत्य हमारे लिए दीर्घ जीवन की कुंजी है।

अतः हम उन बातों से बचें, जिन्हें शास्त्र सम्मत आधार पर आयु घटाने वाला बताया गया है।

धर्म ग्रंथों के अनुसार, पहले के समय में मनुष्य की उम्र 100 या उससे अधिक होती थी, लेकिन वर्तमान समय में वह कम होती जा रही है। मनुष्यों की उम्र कम क्यों होती जा रही है, इसका कारण भी हमारे धर्म ग्रंथों में ही बताया गया है। साथ ही ये भी बताया गया है कि क्या काम करने से मनुष्यों की आयु बढ़ती है। आज हम ऐसे कामों के बारे में बता रहे हैं, जिन्हें करने से मनुष्य की उम्र कम या अधिक होती है। इन कामों के बारे में महाभारत के अनुशासन पर्व में भीष्म पितामह ने युधिष्ठिर को बताया था—

- महाभारत के अनुसार जो मनुष्य तिनके तोड़ता है, नाखून चबाता है तथा हमेशा अशुद्ध रहता है, उसकी मृत्यु जल्दी ही हो सकती है। उदय, अस्त, ग्रहण एवं दिन के समय सूर्य की ओर देखनेवाले मनुष्य की मृत्यु भी कम उम्र में हो जाती है।
- गुस्सा न करनेवाले, सच बोलने वाले, सभी को एक समान रूप से देखनेवाले और धोखा नहीं करनेवाले मनुष्य की उम्र 100 वर्ष होती है। रोज ब्रह्म मुहूर्त में जागकर फिर शौच-स्नान करने के बाद सुबह की संध्या (पूजन की एक विधि) व शाम के समय भी विधिपूर्वक संध्या करनेवाले मनुष्य की आयु भी अधिक होती है।
- बाल संवारना, दाँत-मुँह धोना और देवताओं का पूजन करना—ये सभी काम दिन के पहले पहर में ही करना चाहिए, जो लोग ये काम समय पर नहीं करते, वे शीघ्र ही काल का शिकार हो जाते हैं।
- भगवान् को न मानने वाला, कुछ काम न करनेवाला, गुरु और शास्त्र की बात न मानने वाला व धर्म को न जानने वाले बुरे लोगों की मृत्यु कम उम्र में हो जाती है, जो लोग अपनी पत्नी के अलावा दूसरी

महिलाओं से संपर्क रखते हैं, वे भी जल्दी ही मृत्यु को प्राप्त होते हैं।

- मल-मूत्र की ओर देखनेवाले, पैर पर पैर रखनेवाले, दोनों ही पक्षों (कृष्ण व शुक्ल पक्ष) की चतुर्दशी व अष्टमी तथा अमावस्या व पूर्णिमा पर स्त्री समागम करनेवाले लोगों की मृत्यु कम उम्र में ही हो जाती है।
- दूसरों के पहने हुए कपड़े व जूते नहीं पहनने चाहिए। दूसरों की निंदा व चुगली नहीं करना चाहिए। किसी को भला-बुरा न बोलो। अपंग व कुरूप की हँसी नहीं उड़ाना चाहिए। इन्हें मानने वाले लोगों की मृत्यु कम उम्र में नहीं होती।
- जो लोग सूर्योदय होने तक सोतें हैं व ऐसा करने पर प्रायश्चित भी नहीं करते। शास्त्रों में जिन वृक्षों की दातून का उपयोग करने के लिए मना किया गया है, उनसे दातून करनेवाला मनुष्य जल्दी ही मृत्यु को प्राप्त होता है।
- मैले दर्पण में मुँह देखनेवाला, गर्भवती स्त्री से समागम करनेवाला तथा उत्तर और पश्चिम की ओर सिरहाना करके सोने वाला, टूटी व ढीली खाट पर सोने वाला, अँधेरे में रखे पलंग पर सोने वाले लोग जल्दी ही यमराज के दर्शन करते हैं।
- उत्तर दिशा की ओर मुँह करके मल-मूत्र त्याग करना चाहिए। दातून किए बिना देवताओं की पूजा नहीं करनी चाहिए। कभी भी बिना कपड़े के या रात को न नहाएँ। नास्तिक लोगों के साथ नहीं रहे। नहाए बिना चंदन न लगाएँ। नहाने के बाद गीले कपड़े न पहनें। इन बातों का ध्यान रखनेवाला मनुष्य 100 वर्ष तक सुख भोगता है।
- बोए हुए खेत में, गाँव के आसपास तथा पानी में मल-मूत्र त्याग करनेवाला, परोसे हुए भोजन की निंदा करनेवाला, भोजन से पूर्व आचमन नहीं करनेवाला तथा भोजन करते समय बोलने वाले मनुष्य की आयु कम हो जाती है।
- अपवित्र अवस्था में सूर्य, चंद्रमा और नक्षत्र की ओर देखनेवाले,

वृद्धों के आने पर खड़े होकर प्रणाम नहीं करनेवाले, फूटी हुई काँसे की थाली का उपयोग करनेवाले, एक ही कपड़ा पहनकर भोजन करनेवाले और अपवित्र अवस्था में सोने वाले लोगों की आयु जल्दी ही समाप्त हो जाती है।

- दूसरे के नहाए हुए पानी का किसी भी रूप में उपयोग न करें। भोजन बैठकर ही करें। खड़े होकर मूत्र त्याग न करें। राख तथा गौशाला में भी मूत्र त्याग न करें। भीगे पैर सोए नहीं। इन सभी बातों का ध्यान रखनेवाले लोगों की उम्र अधिक होती है।
- सिर पर तेल लगाने के बाद उसी हाथ से दूसरे अंगों का स्पर्श नहीं करना चाहिए। जूठे मुँह नहीं पढ़ना या पढ़ाना चाहिए, जो लोग जूठे मुँह ही घर से बाहर जाते हैं, जो सूर्य, अग्नि, गाय तथा ब्राह्मणों की ओर मुँह करके तथा बीच रास्ते में मूत्र त्याग करते हैं, उन सभी की आयु कम हो जाती है।
- गुरु के सामने कभी जिद नहीं करना चाहिए। यदि गुरु अप्रसन्न हों तो उन्हें हर तरह से मान देकर मनाकर प्रसन्न करने की कोशिश करनी चाहिए।
- गुरु बुरा बर्ताव करते हों तो भी उनके प्रति अच्छा ही बर्ताव करना उचित है। गुरु की निंदा मनुष्यों की आयु कम कर देती है।

□□□